ACCESO GRATIS *a la Lectura en la Nube*

Para visualizar el libro electrónico en la nube de lectura envíe junto a su nombre y apellidos una fotografía del código de barras situado en la contraportada del libro y otra del ticket de compra a la dirección:

ebooktirant@tirant.com

En un máximo de 72 horas laborables le enviaremos el código de acceso con sus instrucciones.

LA PANDEMIA Y EL TRABAJO

Reflexiones sobre el mercado laboral español antes, durante y después de la pandemia

LA PANDEMIA Y EL TRABAJO

Reflexiones sobre el mercado laboral español antes, durante y después de la pandemia

VALERIANO GÓMEZ
Economista, ex Ministro de Trabajo e Inmigración del Gobierno de España
SANTOS MIGUEL RUESGA
Catedrático de Economía Aplicada en la Universidad Autónoma de Madrid

Prólogo de Joaquín Almunia

tirant lo blanch
Valencia, 2024

En caso de erratas y actualizaciones, la Editorial Tirant lo Blanch publicará la pertinente corrección en la página web www.tirant.com.

La presente obra ha sido sometida a la revisión de pares ciegos según el protocolo de publicación de la editorial de ofrecer el rigor y calidad correspondiente tanto en su contenido como en su forma, aplicándose los criterios específicos aprobados por la Comisión Nacional E 016 (BOE núm. 286, de 26 de noviembre de 2016).

© TIRANT LO BLANCH
EDITA: TIRANT LO BLANCH
C/ Artes Gráficas, 14 - 46010 - Valencia
TELFS.: 96/361 00 48 - 50
FAX: 96/369 41 51
Email: tlb@tirant.com
www.tirant.com
Librería virtual: www.tirant.es
DEPÓSITO LEGAL: V-196-2024
ISBN: 978-84-1197-512-4

Si tiene alguna queja o sugerencia, envíenos un mail a: *atencioncliente@tirant.com*. En caso de no ser atendida su sugerencia, por favor, lea en *www.tirant.net/index.php/empresa/politicas-de-empresa* nuestro procedimiento de quejas.

Responsabilidad Social Corporativa: http://www.tirant.net/Docs/RSCTirant.pdf

Índice

II. SOBRE REFORMAS LABORALES

III. SOBRE LAS POLÍTICAS LABORALES Y SOCIALES

Índice de figuras y tablas

PRÓLOGO

Por Joaquín Almunia[1],

Valeriano Gómez y Santos Ruesga han compilado en este libro un buen número de sus artículos y otros escritos publicados desde 2016 hasta la fecha. La larga experiencia de ambos autores, uno como ministro de Trabajo y consultor en temas laborales y el otro como catedrático de economía interesado en esos temas, les permite analizar críticamente lo sucedido en muchos ámbitos, aunque aquí el abanico de asuntos abordados gire básicamente alrededor del empleo, el mercado de trabajo, los salarios y las pensiones. Su mirada, casi siempre enfocada en la realidad española, se extiende a veces a un plano más amplio.

Los años cubiertos por sus análisis no fueron precisamente tranquilos en estas cuestiones. Hubo serias turbulencias en los mercados, con serias consecuencias sociales que acabaron influyendo en un profundo giro político. Los trabajos más antiguos se refieren a los efectos negativos de la austeridad salarial y fiscal impuesta por la UE durante la Gran Recesión, agravados sin duda por las opciones elegidas por el gobierno conservador de Rajoy, que ahondaron la dureza de las reglas comunitarias. En particular, ni los contenidos de la reforma laboral de 2012 ni los de la reforma del sistema de pensiones de 2013 podían deducirse mecánicamente de las recomendaciones aprobadas por la UE en aplicación del marco de estabilidad presupuestaria, o de las condiciones que acompañaron el rescate de nuestro sistema financiero. Ambas reformas, además, se llevaron a cabo sin recurrir al diálogo social ni a pactos políticos con la oposición, lo que llevó a que tuviesen una vida efímera.

---

1 Joaquín Almunia fue Ministro de Trabajo y Seguridad Social (1982-1986; Ministro de Administraciones Públicas (1986-1991); Portavoz del PSOE en el Congreso (1994-1997); Secretario general del PSOE (1997-2000); Comisario europeo de Asuntos Económicos y Monetarios (2004-2010) y Vicepresidente de la Comisión Europea y comisario europeo de Competencia (2010-2014).

A partir de la moción de censura que llevó a Pedro Sánchez a La Moncloa a mediados de 2018, la orientación de las políticas sociolaborales cambió de forma radical, sobre todo tras las elecciones de noviembre de 2019 y la constitución del gobierno PSOE-Podemos. Además, cuando aún no habían transcurrido tres meses desde la toma de posesión del nuevo gobierno, también lo hizo la situación económica como consecuencia de la irrupción del Covid. Ante la necesidad de ordenar el confinamiento de la población, la actividad de buena parte del sistema productivo quedó drásticamente paralizada. El PIB sufrió una caída vertiginosa cuyos efectos hubo que abordar sin tardanza. Y cuando parecía que el impacto económico de la pandemia empezaba a quedar superado, la invasión de Ucrania por parte de Putin en febrero de 2022 exacerbó la subida de los precios de la energía iniciada el año anterior, alimentando un proceso inflacionista por primera vez desde décadas. Para entonces, los coletazos de la crisis de 2008, en términos de desempleo y de recortes sociales, y los de la paralización de la economía, se habían ido difuminando y el enorme golpe al poder adquisitivo de los salarios tomó el relevo como prioridad en la lista de problemas a resolver con urgencia. El programa del gobierno hubo de ser adaptado a las circunstancias generadas por imponderables externos.

Ninguno de los estallidos de las sucesivas crisis vividas desde 2008 habían sido anticipados por las autoridades nacionales, europeas o internacionales. Cierto es que la Gran Recesión quizás hubiese podido serlo, en vista de los desequilibrios macroeconómicos de muchas economías. Aun siendo de naturaleza diferente en cada una de ellas —la de Estados Unidos respondía a sus propios desajustes, la de Grecia era diferente a la de España, la de Portugal a la de Irlanda, etc. ...— a todas les unían algunos elementos comunes de índole política: de un lado, la confianza exagerada en la eficiencia de los mercados financieros, poco regulados y mal supervisados; y de otro, la renuncia de las autoridades a abordar a tiempo los ajustes imprescindibles y su pereza a la hora de emprender las obligadas reformas para hacer frente al futuro en mejores condiciones.

También se repiten muchos de los retos que fueron apareciendo a lo largo de las crisis sucesivas, por distintas que fuesen sus causas. Y esos retos estaban interrelacionados. En el caso de España, la caída del PIB obligaba a diseñar estrategias para recuperar cuanto antes su nivel previo al estallido de la crisis; en paralelo, la destrucción de empleo y la pérdida de poder adquisitivo de los salarios hacía imprescindible apostar por un diálogo social basado en un reparto equitativo de esfuerzos; y el déficit del sistema de pensiones públicas como consecuencia de lo anterior llamaba a su reforma para garantizar su sostenibilidad; como corolario, el incremento de los niveles de endeudamiento o el aumento de las desigualdades no podían ignorarse. Todo ello aparecía de forma recurrente entre las prioridades políticas proclamadas a lo largo de esos años, pero el tratamiento recibido de los sucesivos gobiernos fue muy distinto. Los autores profundizan en ello a lo largo del libro. Los resultados obtenidos en términos de eficiencia y equidad antes y después de 2018 marcan con claridad las diferencias entre una orientación progresista y otra conservadora.

La salida de la crisis económica de 2008-2013 diseñada por los gobiernos de Rajoy desde finales de diciembre de 2011 se caracterizó por un ajuste muy negativo desde el punto de vista del empleo, la aplicación de fuertes recortes de la cobertura social y el aumento de las desigualdades, incluidas las salariales. Como se reitera en varios de los trabajos de Santos y Valeriano, se agudizó el desequilibrio entre los derechos de los trabajadores y los de los empresarios. Y el diálogo social fue el gran ausente en el modelo de reformas del PP. Cuando se produjo la recuperación, los resultados en términos de evolución del PIB a partir de 2013 fueron mejores que los obtenidos en términos del mantenimiento del poder adquisitivo o de la reducción de los niveles de desempleo.

Tras el cambio político, las cosas cambiaron de forma palpable. En el terreno de los salarios, es especialmente significativa la evolución del salario mínimo interprofesional, que no ha dejado de aumentar desde 2019. También se ha introducido el Ingreso Mínimo Vital. Los resultados en cuanto a la reducción de desigualdades son obvios. En cuanto a la evolución del empleo, la reforma laboral de 2022 ha introducido un giro copernicano en los niveles de temporalidad. Y la reforma del sistema de pensiones liderada por José Luis Escrivá, en sus dos etapas, permite garantizar el poder adquisitivo sin cuestionar la sostenibilidad del sistema gracias a las correcciones introducidas por el lado de los ingresos.

De todo ello se habla extensamente en las páginas que siguen. Los análisis de Valeriano y Santos muestran su coherencia intelectual y política a lo largo del tiempo, tanto en sus críticas a las políticas regresivas como en las propuestas de futuro que avanzan en diferentes momentos. Además, el libro invita a sus lectores a mirar al futuro, insertando los comentarios de los autores sobre cada uno de los periodos cubiertos en sus diferentes capítulos en un contexto más amplio.

Los efectos positivos de la reforma laboral de 2022 —confirmados una vez más por los últimos datos conocidos al escribir estas líneas, referidos a marzo de 2023— incitan a reflexionar sobre los pasos a dar para mejorar de manera más intensa nuestros niveles de empleo —femenino, juvenil, de mayores de 55 años, de inmigrantes u otros colectivos con dificultades de inserción en el mercado de trabajo, ...— hasta equipararnos con los de nuestros socios en la UE, de los que aún nos separan en promedio cinco puntos porcentuales. A ello hay que añadir la urgencia de mejorar la eficacia de nuestro sistema de formación profesional a todos los niveles. Nuestra fuerza de trabajo no sólo debe aumentar en número, sino adquirir cuanto antes las cualificaciones necesarias para asimilar los cambios tecnológicos, lo que a su vez mejorará sus niveles salariales y la calidad de sus empleos, lo que a su vez ayudará a las necesarias mejoras de productividad. Junto a ello, la reducción de la brecha de género en materia salarial va a requerir mejorar de manera significativa las posibilidades de conciliar las tareas familiares y las derivadas de la maternidad, contribuyendo así a mejorar los niveles de empleo y de productividad, y a quebrar las tendencias demográficas, que sitúan a España en la cola de los países europeos en cuanto a la tasa de fertilidad.

La demografía nos obliga a reflexionar en muchas direcciones, una de las cuales es la sostenibilidad de nuestro estado de bienestar. El sistema de pensiones, que representa una parte relevante del mismo, seguirá necesitando reformas periódicas, tomando en consideración las proyecciones de los demógrafos, y la evolución esperable de las principales variables macroeconómicas, en particular el empleo y la productividad. Esta, a su vez, será una guía orientativa para estimar la futura evolución de los salarios. De lo que vaya a suceder a medio y largo plazo con todo ello se derivará el ajuste en mayor o menor medida de los parámetros de nuestro modelo de reparto para garantizar su suficiencia y sostenibilidad: la evolución de la edad efectiva de jubilación, la compatibilidad entre la jubilación y el trabajo, la relación entre el último salario y la pensión inicial, la política respecto de los flujos migratorios. La garantía del poder adquisitivo de las pensiones nunca más debiera ser puesta en duda, pero el resto de los parámetros no puede considerarse inamovible si queremos consolidar la sostenibilidad del sistema.

A su vez, tratar de establecer contradicciones entre la seguridad de los pensionistas de una parte, y la atención de los (muchos) problemas de las generaciones más jóvenes de otra, me parece infundado e injusto. La calidad del sistema educativo y su acceso al mercado de trabajo, la formación permanente a lo largo de la vida, y unos niveles salariales decentes, que les permitan gozar de las condiciones para emprender su carrera profesional y organizar su vida con perspectivas de futuro, son las verdaderas cuestiones por considerar, que muy poco tienen que ver con tratar de limitar la calidad de vida de sus padres y abuelos.

El propio concepto de trabajo va a seguir estando sometido a fuertes cambios. La pandemia ha puesto de manifiesto el nuevo papel del trabajo a domicilio, facilitado por las nuevas tecnologías, pero también por el contenido mismo de las actividades desarrolladas en las sociedades postindustriales. La regulación de la jornada laboral de cuarenta horas semanales se está quedando obsoleta, y su flexibilidad debe entre otras cosas abrir espacios a la mejora de la conciliación familiar. Las propias estructuras organizativas de las empresas, en particular en el sector servicios, llaman a pensar en una reforma en profundidad del Estatuto de los Trabajadores, que requerirá contar con el diálogo entre los interlocutores sociales, el concurso de los expertos y, por supuesto, con un clima político más relajado que el actual, evitando cambios de orientación continuos.

Los autores se refieren, en varios de sus artículos, a la necesidad de fortalecer un diálogo social capaz de generar la coherencia y la estabilidad de las reformas necesarias en un contexto de cambios estructurales en el terreno tecnológico, sociológico y geopolítico, sin someterlas continuamente a los vaivenes propios de la alternancia política. Las razones que avalan ese deseo las comparto plenamente, y creo que también lo hacen una gran parte de los trabajadores y los empresarios de nuestro país. Y con ellos, una amplia mayoría de los ciudadanos.

Joaquín Almunia, 8 de abril de 2023

PRESENTACIÓN

Cuando ya los sinsabores y las incertidumbres socioeconómicos y financieros que sembró por doquier la Gran Recesión iniciada allá por el año 2008, en los albores del año 2020 el mundo volvió a descubrir el vacío de una acelerada contracción en la economía global. La pandemia que expandió el virus denominado COVID-19 por todo el planeta generó impactos desconocidos con anterioridad en muchos aspectos, en las economías y las sociedades del globo terráqueo. Aunque quizás es aún pronto para sopesar y valorar con perspectiva de futuro todo lo que ha supuesto la crisis vivida durante dos años desde marzo de 2020, no por ello es menos necesario y urgente profundizar en el análisis de lo ocurrido y despejar sobre el horizonte futuro de la humanidad buena parte de las incertidumbres acumuladas.

Así, entre otras cosas, en el terreno laboral, por ejemplo, los efectos sobre el empleo y sus características y el impacto en materia salarial han incentivado la búsqueda de nuevas fórmulas de prestación laboral y de remuneración del trabajo. Y todo ello, en un contexto de cambio tecnológico acelerado que afecta con intensidad en el mundo de las relaciones laborales.

Así nos ha preocupado como abordar el fuerte "shock" de empleo provocado de forma inmediata con la aparición y rápida expansión de la pandemia. Hemos visto como se ha expandido el teletrabajo, en respuesta al confinamiento decretado para frenar el contagio. Pero al mismo tiempo, heredábamos de la anterior Gran Recesión un mercado de trabajo aún no recuperado en sus niveles previos.

Se han acentuado desigualdades, también en parte relacionadas con la dinámica anterior, en materia salarial, por ejemplo. El avance de la robotización en muchos sectores parece acentuar la dispersión salarial abriendo la brecha de cualificación entre diferentes sectores de la población activa.

En este contexto hablar sobre el futuro del trabajo, puede llevarnos a ver el fin del empleo, tal como preconizaba Jeremy Rifkin hace casi tres décadas. En el momento actual, las señales pueden interpretarse como más intensas, el trabajo humano se acercaría a su fin a expensas de la Inteligencia artificial y los robots de cuarta o quinta generación. Sin embargo, se puede mantener también la visión contraria, entendiendo que la demanda de trabajo, aunque vaya en descenso, si se reparte entre los demandantes disponibles y se reordena la gobernanza laboral en torno a jornadas laborales mucho más reducidas, el hipotético conflicto social derivado de un mal reparto del empleo se minimizaría. A fin de cuentas, es lo que ha sucedido en las transiciones laborales de siglos anteriores (revolución industrial, máquina de vapor, etc.). ¿Mejorarán así las condiciones laborales de todos los trabajadores o, por el contrario, una parte importante de la mano de obra menos cualificada, ocupando puestos menos rutinarios pero pocos productivos, se verá abocada a subsistir en límites de la pobreza? Son interrogantes que la pandemia y el contexto en el que se ha desarrollado nos ponen en primera línea de la reflexión colectiva.

Y el debate se hace cada vez más complejo cuando analizamos las políticas económicas y laborales que ha ido y van tratando de dar respuesta a todos esos interrogantes, los más inmediatos y los que aún no se han materializado. La introducción de los ERTEs, al modo alemán, o la aplicación de diferentes subsidios para abordar las situaciones sociales más precarias, con algunas voces señalando a la renta mínima universal como paradigma para la inclusión, muestran algunas de las herramientas en juego. En última instancia el modelo de relaciones laborales, el grado de protección que se ofrece al empleo o, la flexibilidad de las mismas, siguen liderando el diálogo social. Y se acumulan reformas laborales, una de las más singulares en nuestra reciente historia, promulgada en 2022, en la fase de salida de la recesión provocada por la pandemia.

Este debate que se alarga hacia las distintas políticas sociales que, con vínculos con la relación laboral, tienen también como objetivo la disminución de las situaciones de exclusión social. Ahí las pensiones públicas juegan un papel relevante y los problemas a futuro del diseño de un modelo suficiente y financiable, lleva años ocupando el debate público.

De todo ello trata este libro, circunscritas las reflexiones pertinentes sobre el escenario español. La evolución del empleo, la dinámica salarial y las diferentes políticas laborales y sociales se analizan, antes, en y después de la pandemia, a lo largo de los treinta capítulos que contiene este texto. No es un análisis omnicomprensivo de todo lo acaecido en el terreno laboral en estos tiempos, pero si es un compendio extenso sobre esta materia. Análisis que se enraíza en nuestra particular perspectiva de cambio estructural, de modificación de nuestro modelo productivo que está en la base definitoria del mercado laboral vigente. Buscamos fórmulas que aseguren mejores equilibrios sociales y laborales, que pongan, entre otros objetivos, en paridad a hombres y a mujeres o mantengan el trabajo como un factor definitorio de las relaciones económicas sociales.

Los artículos de donde proceden los textos de este libro se han publicado entre los años 2018 y 2023, como decimos antes, durante y después de la pandemia. Se han ordenado acudiendo a una tipología temática, que abarca tres grandes apartados. Uno primero, en el que se incluyen reflexiones sobre el empleo y los salarios en España. En la segunda parte, se incorporan varios artículos que analizan desde diferentes planos las reformas laborales más recientes, en particular la aprobada en el año 2002, ahora vigente. Y, finalmente, en la tercera parte, se trabaja sobre diversas políticas laborales y sociales en vigor, en su nueva andadura (ERTEs) o en su reforma cuasi permanentemente abierta (pensiones).

Conviene que el lector tenga en cuenta el contexto y, por tanto, la fecha en que cada capitulo ha sido publicado en algún medio. Asimismo, es preciso considerar que el texto de cada capítulo respeta estrictamente la redacción original del artículo del que proviene. Porque ello es determinante para la correcta comprensión de su contenido.

Queremos transmitir nuestro agradecimiento de forma muy especial a los medios en los que se han publicado los trabajos aquí recogidos, su confianza en nuestro saber y entender en estos terrenos. Nos gustaría citarlos explícitamente: *elconfidencial.com*, *El País*, entre los medios periodísticos y *Revista de Derecho de la Seguridad Social-Laborum* y *Temas-Revista para el debate*, entre las publicaciones académicas. Y a numerosos colegas y amigos los comentarios que hemos recibido, de uno y otro signo, en torno a ellos. Es obvio que el resultado es atribuible exclusivamente a los autores. Y, por supuesto, tal resultado de esta compilación queda a juicio del afable y crítico lector, al que agradecemos ya de antemano sus comentarios y valoraciones.

INTRODUCCIÓN. EL *SHOCK* DE EMPLEO[2]

Las cifras del *shock* de empleo

Las cifras a 31 de marzo del 2020 de afiliación a la Seguridad Social nos dejaron apabullados. Cerca de novecientos mil afiliados menos que el último día del mes anterior. No obstante, no nos ha sorprendido el fortísimo golpe de la caída de empleo en lo que llevamos de confinamiento. Es más, como trataré de explicar, las cifras son incluso moderadas, a tenor del alcance potencial del parón de la actividad productiva al que el confinamiento frente a la expansión del COVID 19 nos ha llevado. De poco sirven las comparaciones con otros momentos críticos de nuestra historia económica, más o menos cercanos, por esta situación que estamos viviendo es absolutamente singular. Al menos, desde que podemos contar con estadísticas laborales no habíamos padecido un parón de nuestra economía tan profundo en un *lapsus* de quince días. En conjunto, entre el confinamiento inicial, a raíz de la declaración del Estado de Alarma del 14 de marzo pasado y las últimas medidas para evitar el avance de los contagios y la letalidad de la pandemia (con el cierre de las actividades productivas no esenciales) se ha paralizado, total o parcialmente, el funcionamiento de en torno a 2/3 de nuestro tejido productivo. Con este panorama no extraña por tanto dicho descenso.

La secuencia diaria, que muestra el gráfico adjunto, indica que hasta el 13 de marzo la tendencia seguía la senda marcada en los años anteriores, en un mes que se iniciaban las contrataciones en la hostelería y otros sectores conexos, mirando a la campaña turística de Semana Santa, y en la agricultura, temporada hortofrutícola. Es en ese día cuando se inicia la quiebra de la curva de variación neta en la afiliación (diferencia entre altas y bajas) mostrando su situación más negativa el siguiente lunes, día 16, reflejando ya los cierres vincu-

---

2 Proviene de Santos M. Ruesga (2020). "El shock de empleo", El confidencial. com, 12/04/2020. Extraído de: https://blogs.elconfidencial.com/espana/tribuna/2020-04-12/shock-empleo-seguridad-social-coronavirus2543715/.

lados al confinamiento decretado por el estado de alarma, el punto más alto de caída en la afiliación en lo que resta del mes de marzo (-182 miles de afiliaciones en un día), seguido del dato registrado el día 31 del mes (-127 miles).

Figura 1. Evolución diaria de altas y bajas en la afiliación a la Seguridad Social, en el mes de marzo de 2020

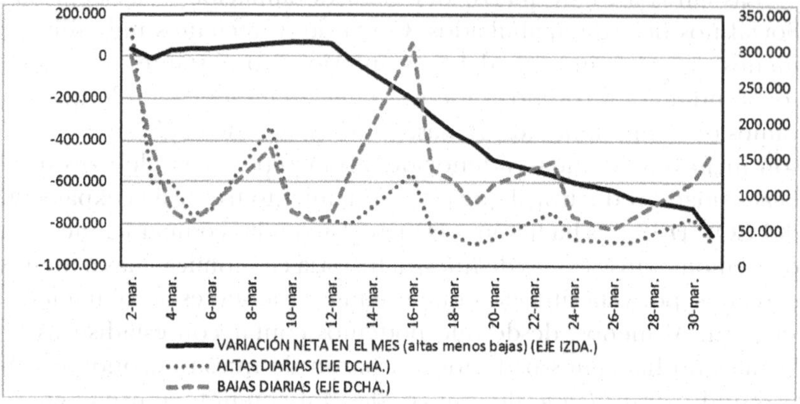

Fuente: Elaboración propia sobre datos TGSS.

En consecuencia, el descenso de la afiliación media durante todo el mes, algo inferior a 250.000 de afiliados, contrasta con un ascenso mensual de más de 150.000 afiliados en el mismo periodo del año 2019, cuando la Semana Santa también se situó en abril. De no mediar la crisis sanitaria y las medidas adoptadas, habríamos podido esperar un ascenso en la afiliación, como venía ocurriendo en años pasados, por encima de los cien mil afiliados, en media, durante este mes.

Los efectos paliativos sobre el *shock* de empleo

Y, sin embargo, estas cifras no reflejan aún, con total precisión, la intensidad del *shock* de empleo que se nos avecina. Varios son los motivos que explican como el descenso de la afiliación es aún una cifra reducida respecto a lo que cabía esperar en ausencia de las intervenciones de política económica auspiciadas por el gobierno estos días y los habituales retrasos temporales entre la toma de decisiones empresariales y el correspondiente reflejo administrativo y registral que ellas conllevan. Así pues, las cifras citadas, que tanto nos alarman, no recogen el efecto real y global de la lucha contra la pandemia.

En las dos primeras semanas de abril seguiremos, posiblemente, observando un ascenso acusado en las cifras de bajas en afiliación a la Seguridad Social. Las cifras de abril, reflejados ya los posibles retrasos en el hecho registral, nos mostrarán con toda su crudeza el impacto de la situación sobre la ocupación en el mercado de trabajo. La vuelta a la actividad, si la crisis sanitaria lo permite y así se confirma, tras la Semana Santa, significará la recuperación paulatina de las afiliaciones a la Seguridad Social, pero será interesante observar cual es el ritmo de recuperación, en función del escalonamiento en la vuelta a la actividad que establezcan las autoridades y la recuperación de las expectativas empresariales y del consumo interno —cabe esperar que el consumo externo tardará en hacerlo más tiempo, con un *décalege* temporal importante vinculado a la recuperación de la confianza en la movilidad internacional de mercancías y personas—.

Será interesante, también constatar, con mayor detalle y precisión, cuáles han sido los impactos sobre el empleo de las medidas iniciales adoptadas para contener las cifras de ocupación, manteniendo la vigencia los contratos de trabajo.

Porque, en efecto, las medidas adoptadas estas semanas atrás, en relación con el ajuste habido en el mercado de trabajo, pare que, a priori, han tenido un efecto positivo en el objetivo de contener la avalancha de despidos que podrían haberse producido como reacción a la caída radical de la actividad. En primer lugar, en el capítulo de paliativos en la caída de los registros de ocupación, cabe mencionar la recomendación e impulso al “teletrabajo”, que ha supuesto el mantenimiento de actividad en sectores de servicios, tales como educación, banca, seguros, servicios a empresas y un largo etcétera. Algunas empresas han trasladado parte de sus puestos de trabajo a los domicilios de sus empleados.

Conviene, no obstante, tener en cuenta que, por un lado, este es un movimiento limitado, del que no tenemos cifras fehacientes, que difícilmente ha alcanzado al amplio espectro de las PYMES, la parte fundamental de nuestro tejido empresarial. La digitalización requerida para expandir el teletrabajo esta aun poco extendida en este espectro de empresas. En perspectiva, puede verse este movimiento de utilización del "teletrabajo" como un ensayo amplio de lo que nos deparará en el futuro, en buena parte de las actividades de servicios, en la organización del trabajo, en ese horizonte que denominamos "el futuro del trabajo". Con lo que ello significará, en diversos sentidos, para la trasformación de las relaciones laborales.

Por otro lado, si bien ello significa mantener en vigor muchos contratos, el rendimiento de este "teletrabajo" resulta muy inferior al que se obtiene en su lugar de origen, en la oficina, entre otras razones por la limitación de las infraestructuras requeridas para que ese cambio de ubicación resulte eficiente a los ojos de la visión empresarial. Ello significa que, si la situación de confinamiento se prolonga— y así parece que ocurrirá— parte de tales empleos irán causando baja en los registros de afiliación (o se añadirán a las filas de los Expedientes de Regulación Temporal de Empleo —ERTEs—) ante la dificultad de las empresas para mantener trabajos con menor productividad, en un contexto de fuerte caída de demanda.

El papel de los ERTES

En segundo lugar, el impulso a los ERTEs —con suspensión temporal de contratos o reducción de jornada—, o la prolongación de los contratos temporales, también actúan en la decisión de moderar la caída en las cifras de afiliación a la Seguridad Social. Algunas entidades hablan, a primeros de abril, de más de 2.600.000 afectados por ERTES. La medida tiene un efecto positivo en el mantenimiento de la vigencia de los contratos de trabajo, aunque engrosará de manera notable la cuenta de gastos de las arcas públicas, tensionadas también por otras vías. Sin duda, el avance de los ERTES frente a los despidos definitivos es algo que ya se reclamaba en la crisis anterior, con la finalidad de "hibernar" los contratos laborales durante el tiempo de duración de la crisis, siguiendo lo que denominábamos por aquel entonces el "modelo alemán" ("Kurzarbeit"), de regulaciones temporales de empleo con reducción de jornada frente a despidos. No obstante, a pesar del encarecimiento del despido, que *de facto* suponen las medidas aprobadas por el gobierno, hay aquí una enorme bolsa de desempleo potencial que se puede materializar a medida que la crisis sanitaria se alargue. A lo que había que sumar el numeroso grupo de autónomos que, a pesar de los apoyos financieros que se están habilitando para que mantengan abiertos sus negocios, pueden también incorporarse paulatinamente a la bolsa de inactividad laboral. El Ministro de Inclusión, Seguridad Social y Migraciones estimaba hace unos días en medio millón la cifra de autónomos que habían solicitado la prestación por cese de actividad a causa del COVID 19. Cabe esperar que en estos primeros días de abril la cifra siga en ascenso.

En tercer lugar, algunas de las medidas económicas impulsadas —como las vacaciones pagadas anticipadas— tienen un horizonte temporal limitado, y dejaran de ofrecer su paraguas para la contención del empleo en unos días, lo que, en particular, pondrá a muchas PYMES en la tesitura del ERTE o del despido. Dependerá del ritmo y de las características de la vuelta a la actividad escalonada y la marcha del consumo, que, con esta y otras medidas se pretende también estimular.

Y, sin agotar el análisis de los efectos paliativos sobre la caída del empleo, conviene considerar también como el esfuerzo que se está implementando en la producción de bienes y servicios esenciales, particularmente en sanidad y su entorno, aportan al balance del mercado laboral algunos miles de nuevos puestos de trabajo, parte de los cuales remitirán con la vuelta a la "normalidad" productiva.

Finalmente, las características de esta fortísima caída del empleo no difieren, en lo sustancial, en lo que ha ocurrido en otros episodios de crisis de empleo, considerando, no obstante, las peculiares significativas de esta crisis, inicialmente sanitaria. Los descensos en la afiliación más acusados se registran entre los asalariados, los menos cualificados, entre los contratados temporalmente, los varones y en sectores de servicios, en particular la hostelería y el comercio y la construcción. Lo que determina también la distribución geográfica del "shock" de empleo. En esta ocasión, dadas las características de la crisis y las medidas adoptadas frente a ella, se refuerzan algunas tendencias: menos afectación a las mujeres (por el mantenimiento de algunas ramas muy feminizadas, como la sanidad), mayor salida relativa de los temporales, o incorporación rápida de los autónomos al cese de la actividad, entre otras.

Hasta la fecha no habíamos conocido un *shock* en el mercado laboral de la intensidad y naturaleza del que se vivió entre los años 2020 y 2022. Habrá que observar con detalle las tendencias que se apunten en el futuro para valorar los daños causados por esta contracción motivada por una epidemia de escala planetaria.

A ello, al análisis de lo acontecido, con referencias a los años previos a la pandemia, se centra este libro. Con todo ello habrá que seguir el detalle evolutivo de la recuperación que, con altibajos, ha venido a continuación. Y, en este contexto, se analiza no solo la dinámica del mercado laboral sino las actuaciones de muy distinto tipo que en torno a ella se han venido desarrollando en torno a él, en materia de políticas de mercado de trabajo y de políticas sociales.

I. REFLEXIONES SOBRE EL EMPLEO Y LOS SALARIOS

1. DOS AÑOS DE PANDEMIA EN EL MERCADO DE TRABAJO ESPAÑOL[3]

Introducción

Marzo de 2020 supuso una imprevisible ruptura del ciclo económico en el que España había logrado por fin entrar en 2014, tras la Gran Recesión (2008-2013). La fase de expansión iniciada en aquella fecha, con tasas anuales de crecimiento del producto interior bruto (PIB) entorno al 2,5%, queda paralizada por la llegada de la pandemia de covid-19. Los datos para el país muestran una caída interanual del 4,3%en el primer trimestre de 2020, que se precipita hasta un -21,5% en el segundo trimestre, mostrando el claro impacto de los inevitables confinamientos para frenarlos contagios. Sin embargo, en esta crisis, la caída del empleo y el aumento del paro quedan amortiguados por ciertos elementos de protección, ofreciendo una foto muy diferente de la mostrada en la anterior Gran Recesión.

En términos de empleo, midiendo la evolución del número de personas empleadas, la variación interanual indica una reducción entre el segundo trimestre de 2020 y el primero de 2021 (-7,5%, -4,9, -4,4 y -2,3) muy inferior al derrumbe del PIB y de las horas de trabajo en el mismo periodo. Una foto que dista de la mostrada por estas mismas variables en la anterior Gran Recesión, cuyo rasgo principal fue una pérdida de empleo más profunda en comparación con las horas de trabajo y el PIB. España presenta formalmente su plan de recuperación en Bruselas

Además de su favorable impacto sobre el mercado laboral, estas respuestas han contribuido a que el balance de los dos años arroje cifras positivas en cuanto al mayor peso de los sectores de más elevado contenido tecnológico y de conocimiento en la estructura del empleo del país. No obstante, habrá que esperar para ver si se trata de

---

3 Proviene de Santos M. Ruesga y Ana I. Viñas (2022). "Dos años de pandemia en el mercado de trabajo español". *El Confidencial.com*, 19/03/2022. Extraído de: https://blogs.elconfidencial.com/economia/tribuna/2022-03-19/dos-anos-pandemia-mercado-trabajo-espanol3394037/

un fenómeno puntual, vinculado a la crisis y al cambio circunstancial en la estructura productiva por las necesidades temporales, o cabe preguntarse si la pandemia servirá de punto de inflexión hacia un modelo distinto, más similar al europeo, donde tomen mayor protagonismo el empleo público esencial y las ocupaciones de mayor nivel desconocimiento y tecnológico. En este sentido, el Plan de Transformación, Recuperación y Resiliencia y su implementación en el país, podría acompañar hacia esta orientación.

Sin embargo, por otro lado, contemplando el balance desde la óptica de los no protegidos por estos tres mecanismos (considerados aquí como 'outsiders'), se observa la existencia de tasas de desempleo más elevadas entre quienes poseen niveles educativos inferiores, y son más vulnerables ante los 'shocks' que afectan al mercado laboral (caso de personas en desempleo de larga duración, jóvenes, mujeres...). Aquí, se plantea la necesidad de reforzar las políticas dirigidas a las personas que han estado desprotegidas en esta crisis de la pandemia.

El sostenimiento del empleo durante la pandemia

¿Qué ha motivado el sostenimiento del empleo y la contención del paro a lo largo de la pandemia? Caben destacar tres factores decisivos. Desde el ámbito público, los sectores y ocupaciones esenciales, vinculadas a sanidad, educación y gestión, entre otros. Segundo, también en el marco de las políticas públicas, los Expedientes de Regulación Temporal de Empleo (ERTE), dando cobertura a las actividades que por las restricciones no han podido desarrollarse. Tercero, por parte del sector privado (y también de las Administraciones Públicas), la mayor contribución al sostenimiento del empleo se ha producido en actividades y ocupaciones con posibilidades de teletrabajo.

En un primer momento, la crisis se caracteriza por un choque de oferta ocasionado por los cierres de la actividad (presencial) no esencial. En cambio, al comienzo de 2020 la demanda potencial subsiste, aunque debido a las limitaciones solo fuese posible realizar determinados intercambios. En este sentido, algunos sectores de actividad quedan paralizados, mientras otros no sufren tal debacle. Ejemplos de este último caso, son el sector primario, que logra tasas positivas de variación del PIB a lo largo de 2020 (con un crecimiento medio del 4,3%), y en el sector servicios se salvan de las cifras negativas las actividades financieras y de seguros (crecen en el año un 6,1%) y las inmobiliarias (un 1,6%), así como los servicios de Administración Pública, educación y sanidad (a partir del tercer trimestre de 2020). En el otro extremo, se posicionan los sectores de comercio, transporte y hostelería (con un decrecimiento medio anual de 25,7%) y las actividades artísticas, recreativas y otros servicios (decrecen un 24,7%). La medida que Europa adopta, pero España no: qué pasó con el teletrabajo obligatorio

Observando las cifras de empleo, la situación es parcialmente diferente. La Contabilidad Nacional perfila un descenso anual del PIB del 10,8%, frente a uno del 7,6% en términos de empleo. Una situación que se manifiesta en industria, construcción y la mayor parte de los servicios (a excepción de los que crecen en actividad, mencionados arriba).

Desagregando las actividades económicas, se mantiene la ocupación en sectores públicos como sanidad, servicios sociales, educación, fuerzas de seguridad del Estado, y servicios de gestión (por ejemplo, Seguridad Social, Servicios Públicos de Empleo). Asimismo, subsisten otros servicios de mercado pertenecientes a sectores esenciales. Algunos de bajo contenido tecnológico (bienes y servicios básicos, como alimentación, o transporte), mientras otros poseen una mayor intensidad tecnológica (servicios profesionales y técnicos…).

Precisamente, el teletrabajo ha permitido sostener parte de los servicios intensivos en conocimiento, así como otros que requieren menor nivel de cualificación, pero con posibilidades de desarrollarse fuera del lugar de trabajo, en el propio domicilio.

Por último, y con mayor alcance, hay que destacar el paraguas de los Expedientes de Regulación Temporal de Empleo (ERTE), puestos a disposición de las empresas. Estos instrumentos han contribuido a sostener la demanda de consumo y el tejido empresarial, llegando a dar cobertura a casi 3,6 millones de personas, cerca del 20 por cien de las afiliadas a la Seguridad Social (datos de abril de 2020). Destaca el importante papel del Estado que, sumando empleo público y prestaciones por ERTE, llega a salvar más de un tercio del empleo del país en el peor momento de la pandemia.

El horizonte laboral inmediato

Del balance del mercado laboral realizado tras dos años de pandemia, se divisan algunas cuestiones que merecen una reflexión con la vista puesta en el escenario postpandemia. Siguiendo las argumentaciones expuestas.

En primer lugar, estos dos años han evidenciado la necesidad de invertir en actividades y empleos vinculados a sectores esenciales de naturaleza pública como sanidad, educación, servicios sociales y de gestión. En España, potenciar estos sectores quedará a la voluntad política de los Gobiernos, nacional y regionales, y de sus decisiones presupuestarias y fiscales, en el nuevo marco que apunte la Unión Europea en su previsible vuelta al Pacto de Estabilidad y Crecimiento (PEC), tras la actual suspensión.

Una segunda reflexión se refiere al mantenimiento de los ERTE como vía preferente de ajuste de las empresas ante un choque económico. La flexibilidad interna que otorgan estos instrumentos ha permitido sostener el empleo (los salarios, el consumo y las empresas) de buena parte de sectores que por sus características no han podido operar (sectores no esenciales o afectados por restricciones y sin potencial de teletrabajo). El resultado en términos de empleo ha sido muy diferente del obtenido en la Gran Recesión, cuando la principal vía de ajuste fue la flexibilidad externa. No olvidemos, no obstante que tal instrumento puede generar efectos de desplazamiento de los parados de larga duración, al primar la continuidad en el empleo de los ya contratados.

La extensión de estos mecanismos, negociada en el espacio del diálogo social, les ha conferido un protagonismo hasta ahora desconocido en España. Su éxito ha conducido a incluir estas herramientas en la reforma laboral, acordada también en el diálogo social. La permanencia de los ERTE queda así regulada en el mercado de trabajo español, con la confianza de que sirvan de escudo y protección en crisis venideras, anteponiéndose a las medidas de flexibilidad externa habitualmente empleadas por las empresas hasta 2020.

También el Gobierno se ha visto empujado por la pandemia y el auge del teletrabajo a establecer una regulación sobre trabajo a distancia. Pero queda por descifrar si se producirá un cambio estructural en el uso del teletrabajo, tanto por parte de empresas y Administraciones Públicas, como de los mismos trabajadores, que permita aprovechar las ventajas que implica de cara a los retos futuros. *Eurofound* estima que una de cada cinco personas asalariadas en Europa continuaría teletrabajando en un escenario sin coronavirus. En España, según el CIS, algo más de tres cuartas partes considera que es una buena forma de organizar y realizar el trabajo, pero solo un 28,8% cree que aumentará en el futuro. Existen, por tanto, dudas sobre la capacidad de la normativa desarrollada durante la pandemia para fomentar que el tejido empresarial mantenga el teletrabajo.

En todo caso, los cambios sucedidos durante la pandemia implican en sí una aceleración del proceso de digitalización de la actividad económica y el empleo. Y como muestra el informe DESI de Comisión Europea, se espera un avance de este proceso de digitalización en España a diferentes niveles, propiciado por el Plan de Transformación, Recuperación y Resiliencia y su apoyo a la transición digital. Este mismo Plan deberá servir de impulso a la empleabilidad de 'outsiders' digitales. No hay que olvidar que el teletrabajo durante la pandemia ha servido de propulsor de la digitalización, pero su impacto no ha sido homogéneo en el mercado de trabajo.

Todo lo anterior deberá complementarse con el fortalecimiento de las políticas destinadas a las personas sin empleo. La implementación de recursos y medidas destinadas a evitar el deterioro de su empleabilidad deberá colocarse con urgencia en la agenda política, siguiendo también las indicaciones de la Comisión Europea, que hace hincapié en la necesidad de efectuar medidas de apoyo activo al empleo en los Estados miembros. Por ello, las políticas activas de empleo en España deberán reforzarse, mejorando las oportunidades de quienes están fuera del empleo, y con especial vigilancia para las personas con menor nivel de cualificación (buena parte jóvenes, mujeres y trabajadores de más edad), y con más necesidades de servicios de orientación, formación y programas de empleo. De nuevo, los fondos europeos encauzados a través del Plan de Recuperación, Transformación y Resiliencia, mediante el componente 23, suponen un marco financiero que permitirá trabajar en esta dirección. Qué proyectos digitales podrán presentar las pymes para acceder a las ayudas europeas

Las previsiones en cuanto a la recuperación del empleo en Europa para diferentes escenarios señalaban una dinámica positiva en España, incluso en el peor de estos escenarios.

Aún es una incógnita si la pandemia y las respuestas políticas servirán de punto de inflexión hacia un modelo distinto en España, más similar al europeo, donde tomen mayor protagonismo el empleo público esencial y las ocupaciones y actividades de mayor nivel de conocimiento y más tecnológicas. De las reflexiones anteriores se vislumbra que los deberes involucran tanto a las Administraciones Públicas como a las empresas, que deberán saber aprovechar el papel esencial que va a jugar el Plan de Transformación, Recuperación y Resiliencia en el escenario *poscovid*.

Pero, finalmente, todo lo expuesto nos remite a tiempos anteriores a la cruel invasión de Ucrania por las tropas del Gobierno de Putin. Ahora toca releer tales previsiones sobre otro escenario más adverso y dramático.

2. EL FIN DEL TRABAJO[4]

Introducción

Desde hace años cunde el alarmismo, y en ocasiones el pánico, sobre el futuro del trabajo. Desde la aportación, en cierta forma seminal, de *Jeremy Rifkin* sobre el "fin del trabajo" (1996), las visiones con intención prospectiva se han sucedido. Y casi siempre dibujan un negro horizonte para el empleo (que no debe confundirse con el trabajo). En realidad, el mito del trabajo humano absorbido por las máquinas es tan antiguo como la aparición de los nuevos ingenios técnicos. A lo largo del pasado siglo, la *ciencia ficción* ha venido dibujando sociedades del futuro en las que los humanos sobreviven en su nueva condición de esclavos de máquinas autómatas, que habrían asumido el control del planeta, tras adueñarse no solo del trabajo sino también de las instituciones políticas.

En un horizonte más cercano al descrito, no faltan quienes auguran que, al ir absorbiendo las máquinas una fracción creciente de trabajo humano, el empleo comenzaría a ser escaso convirtiendo en estructural el fantasma del desempleo masivo. Durante las últimas décadas, al calor de la intensificación de la nueva oleada de cambio tecnológico (la tercera y cuarta revolución industrial), ese mito se ha convertido en un clamor medroso, hasta el punto de que a tenor de algunos análisis habría que anticiparse a esa *nueva edad oscura* para el futuro laboral, sustituyendo conceptualmente (y para algunos más osados, incluso fiscalmente) el trabajo por la máquina. Para los defensores de esta perspectiva, la robotización en su estadio más avanzado, contando con la aportación de la inteligencia artificial, constituye una buena razón para proponer cambios sustanciales en la organización social y, particularmente en las relaciones laborales. En esa nueva era el trabajo, como atributo esencial del ser humano, abandonaría el centro del orden social y económico, alterando así

---

4 Proviene de Valeriano Gómez, Santos M. Ruesga (2021). "El fin del trabajo". *El Confidencial.com,* 02/12/2109. Extraído de: https://blogs.elconfidencial.com/espana/tribuna/2019-12-02/fin-trabajo-instituciones-maquinas-robot2358776/.

las bases de la distribución del valor añadido generado en el proceso productivo.

Tributación de las máquinas

De ahí que no resulte extraño que algunos analistas, incluso desde una pretendida retórica progresista, aboguen por la tributación de los robots y las nuevas máquinas en los mismos términos en que lo ha venido haciendo el trabajo durante el último siglo. Si el trabajo es sustituido por las máquinas, que *coticen* éstas para pagar nuestras pensiones. Afirman, además, que el entorno de desregulación del empleo y de desprotección del trabajo sería ampliamente extendido incluso en las sociedades más avanzadas. El *trabajo indecente*, evocando el concepto acuñado por la Oficina Internacional del Trabajo, se abriría paso como escenario hegemónico en el terreno de las relaciones laborales.

Al respecto, merece la pena no olvidar que las máquinas ya tributan. En realidad, para ser precisos, lo hacen a través de sus resultados en términos de excedente empresarial y de rentas salariales, cuando absorben las ganancias de productividad generadas, a través de los mecanismos tributarios habituales en las economías modernas. Lo que ocurre es que la tributación es desigual según el origen funcional de las rentas. Como en el pasado, el avance tecnológico producirá convulsiones y alteraciones profundas en la economía y las sociedades. Pero la solución desde la perspectiva fiscal no reside seguramente en gravar los nuevos artefactos técnicos (algo que no se llevó a cabo en las fases anteriores de desarrollo industrial) sino en adaptar nuestros sistemas fiscales, empezando por mejorar el cumplimiento de las reglas en la tributación de los beneficios.

Como argumentaba hace unos días Paul Krugman, este conjunto de falacias, no viene a ser sino una forma de desviar la atención sobre nuestros problemas económicos y políticos más inmediatos. Una forma de obviar el impulso de "políticas que aborden las causas reales de la debilidad del crecimiento económico y del aumento de la desigualdad". El *miedo a la robotización* que nos dejaría sin empleo (que no sin trabajo) está siendo ideológicamente instrumentalizado por las élites económicas y políticas para soslayar los cambios radicales que se vienen produciendo en materias como la distribución de la renta, la ordenación de las relaciones laborales, la fiscalidad o el gasto público compensatorio de las desigualdades. Otra forma de dibujar un mundo de incertidumbres para avanzar hacia una sociedad más desigual.

Lo que nos dice la historia de las revoluciones industriales

El análisis histórico de lo acaecido sobre la cantidad de empleo destruido o creado en las anteriores "revoluciones industriales", no depara tan agoreras conclusiones como las que hoy se oyen acerca de las implicaciones de la nueva ola de cambio tecnológico en el que estamos inmersos.

Como han señalado numerosos pensadores económicos, el cambio tecnológico significa un incremento notable de la productividad del trabajo que puede desencadenar procesos de destrucción, pero también, simultáneamente, de creación de empleo en una cadena de "destrucción creadora" cómo señalara ya hace ya casi un siglo, el economista austriaco Joseph Schumpeter. El resultado de ese proceso ha deparado siempre, al menos en el largo plazo, el crecimiento del volumen global de empleo. En términos macroeconómicos, los incrementos de la productividad del trabajo derivados del cambio tecnológico impulsarían un incremento de rentas que a su vez promoverían el aumento de la demanda agregada y, por extensión, nuevos impulsos al crecimiento del empleo. Un proceso bien conocido, que sin duda afectará en el corto plazo a muchos trabajadores desplazados, cuyos sectores productivos sucumben a la aparición de nuevas tecnologías. Es lo que ocurrió, por ejemplo, tras la incorporación de las nuevas máquinas con motores de combustión: enormes desplazamientos de trabajo empleado en el sector agrario, hacia sectores industriales o de servicios en expansión que tomaron el relevo.

Al respecto son muy ilustrativas las conclusiones de un estudio reciente de la consultora internacional Mac Kinsey, donde se constata, tras un análisis empírico realizado en más de 60 países, que "las nuevas tecnologías han estimulado la creación de muchos más empleos que los que han destruido y algunos de los nuevos consisten en ocupaciones que no se podía ni imaginar en un principio"

Cabe, no obstante, observar algunas cualidades del actual proceso de innovación tecnológica que lo pueden hacer distinto en cuanto al saldo neto de empleo que se derive de la implantación paulatina de máquinas como los robots diseñados en un entorno de inteligencia artificial.

Los efectos de la tecnología sobre el empleo

Por supuesto, la tecnología destruirá empleos, siempre lo ha hecho. Pero no trabajo, conviene no confundir ambos conceptos. Las características del cambio tecnológico al que nos enfrentamos pueden ser decisivas en el cambio de algunos de los atributos históricos del trabajo, como la tradicional dificultad para la *movilidad geográfica*, y harían más flexibles en sí mismos los mercados laborales. La expansión de las tecnologías de la información y la comunicación (TICs) está incidiendo de modo sustancial en algunos de dichos atributos. Por ejemplo, la indisoluble vinculación física y mental del trabajo a sus propietarios, las personas, ha venido significando que la movilidad geográfica de aquel se enfrentara tradicionalmente a dificultades de toda índole derivadas de los costes del desplazamiento físico de personas y familias y de los procesos de adaptación e inclusión en sus nuevos entornos. Ahora, las Tics posibilitan "mover" el trabajo, *online*, para su concreción en actividades que se demandan en otros escenarios geográficos, sin que físicamente se produzca un desplazamiento de la persona con su lugar de residencia. Ello introduce enormes dosis flexibilidad en la relación laboral, en lo que hasta ahora había sido el patrón habitual de los procesos de trabajo.

Junto a ello, el diferencial en cuanto a los efectos en la cantidad de empleo creado o destruido, derivada del actual proceso de cambio tecnológico, dependerá de: 1) la *velocidad del cambio*, de tal modo que a medida que avance más rápido, la proporción de trabajadores desplazados aumentará también a mayor ritmo, 2) la *extensión sectorial* en la implantación de las nuevas tecnologías, ya que a mayor número de sectores implicados mayor será también el número de trabajadores afectados. Sin duda, como ocurrió en anteriores ocasiones, en el corto plazo, y teniendo en cuenta el impacto diferencial del proceso de cambio actual, puede producirse un incremento más intenso del desempleo, que afectaría en mayor medida a aquellos trabajadores cuyos empleos están sometidos a mayores dosis de rutinización en su aplicación práctica. De aquí que los efectos en la estructura social pueden hacer más profunda la dualidad creciente que ya estamos observando.

Las respuestas abarcarán amplios renglones de las políticas laborales, fiscales y de protección social. Pero deberán mantener el principio esencial que ha sostenido la visión europea en la orientación de las estrategias de acción en el terreno social y laboral: lo que debe protegerse es el trabajo más que los empleos en un mundo que los hará cambiar a una velocidad acelerada. Proteger el trabajo es hacer frente al proceso de adaptación desde atención a las necesidades de cobertura económica y de recualificación laboral. Frente a propuestas de reforma que a menudo responden más a apriorismos ideológicos, lo que necesitamos es restaurar en muchos casos la simetría en el poder de negociación construyendo equilibrios viables desde la regulación. Porque la dimensión del proceso requerirá buenas políticas (*policies*) pero, sobre todo, exigirá el concurso de la política (*politics*).

3. EL TRABAJO DEL FUTURO: MÁS OCUPACIÓN Y MENOS JORNADA LABORAL[5]

Introducción

Sobre la base de ese interrogante, en un mundo en rápido proceso de digitalización, avance de la inteligencia artificial y robotización, subyace un sombrío panorama, no sobre el trabajo en sí mismo, sino sobre su ocupación, sobre el empleo. Desde hace algunas décadas son numerosos los analistas, que más allá de los relatos de ciencia ficción, otean un horizonte sin empleo para el ser humano, donde los entes mecánicos inteligentes, autosostenidos y auto creados, serán el soporte exclusivo de la creación de riqueza. De llegar a ese punto, cabría, y eso es lo que señalan los analistas de la catarsis del trabajo humano, empezar a pensar en un futuro en el que la organización social se desvinculará del trabajo, que hasta el momento sigue siendo el eje a través del cual se articulan relaciones económicas, sociales y por extensión políticas. ¿Cuál sería, entonces, el concepto clave en la articulación de esas relaciones? Una nueva era en la organización social se estaría abriendo camino al compás del radical cambio tecnológico que estamos experimentando. Pero, en este artículo se apunta a partir de la experiencia acumulada de transformaciones sociales vinculadas a los procesos anteriores de revoluciones tecnológicas, cabe la posibilidad de mantener el vínculo del empleo, como argamasa de la organización social, repartiendo mejor los puestos de trabajo, entre personas que trabajen menos horas, menos días y dediquen más horas a otras actividades humanas no vinculadas a generación de rentas. La reducción

5 Proviene de Santos M. Ruesga (2019). El trabajo del futuro: más ocupación y menos jornada laboral (The work of the future: more occupation and less working hours). *Revista de Derecho de la Seguridad Social. Laborum* nº 21 (4º Trimestre 2019). Economía y Sociología de la Seguridad Social y del Estado Social. ISSN: 2386-7191 - ISSNe: 2387-0370: 251-262. Extraído de: https://revista.laborum.es/index.php/revsegsoc/article/download/389/435.

del tiempo de trabajo se configura así, a futuro, no solo como un mecanismo de reparto de un empleo más escaso, sino también de una herramienta para mantener una estructura social en términos semejantes a como se vivió en las décadas pasadas, como pilar de una mayor cohesión social y de una cierta estabilidad política, base de los sistemas democráticos que hoy disfrutamos, Si en el pasado jugó ese papel, no hay razón para pensar que no lo pueda hacer en el futuro; se trata tan solo de estimular la reducción sustancial de la jornada de trabajo para genera más empleos.

El futuro del trabajo

El pasado año 2019 se ha celebrado el centenario de la Organización Internacional del Trabajo (OIT). Hace ya un siglo, en el mundo del trabajo, una de las reivindicaciones básicas que alimentaban el conflicto laboral de manera intensa y continua era la demanda por parte de los asalariados de una jornada de 8 horas diarias. Y, como no podía ser menos, la OIT en su andadura inicial reflejaba ya, de forma reiterada, ese hecho, promoviendo acuerdos entre organizaciones patronales y sindicales en pos de este objetivo[6].

A este respecto, hace algún tiempo ya señalábamos que "la ordenación del tiempo de trabajo viene siendo una reivindicación antigua, contemplada como una de las ganancias sindicales, a medida que se producían avances tecnológicos. Sin embargo, aún no de forma generalizada, en la actualidad se puede interpretar como una política activa, que actúa sobre el tiempo de trabajo adelantándose, o compensando, a las ganancias de productividad y derivando parte, en el reparto de estas, a disminuir la jornada laboral" (Pérez-Ortiz y Ruesga-Benito, 2003:57). En suma, ya entonces, realizábamos dos afirmaciones entrelazadas. Por un lado, que la reducción de la jornada laboral puede contribuir a aminorar los

---

6 Así, por ejemplo, "la primera Conferencia Internacional del Trabajo en Washington en octubre de 1919 adoptó seis Convenios Internacionales del Trabajo, que se referían a las horas de trabajo en la industria, desempleo, protección de la maternidad, trabajo nocturno de las mujeres, edad mínima y trabajo nocturno de los menores en la industria". (https://www.ilo.org/global/about-the-ilo/history/lang–es/index.htm)

efectos de una hipotética disminución de la demanda unitaria de trabajo derivada del avance tecnológico y, por otro, que las autoridades laborales pueden jugar un rol activo y significativo en aras de repartir el trabajo, con, entre otros, los instrumentos que le apartan las políticas activas de mercado de trabajo (Ruesga y Pérez Ortiz, 2005).

En este artículo se trata de analizar ese rol, que puede ser fundamental para compensar los posibles impactos sobre el empleo de lo que denominamos la robotización de la economía, paradigma del cambio tecnológico en la era en la que vivimos y por extensión, los efectos derivados en el terreno de la organización política de nuestras sociedades.

Y es que, desde hace años que cunde el alarmismo, cuando no el pánico sobre el futuro del trabajo. Desde el "fin del trabajo" (1996) de *Jeremy Rifkin* se han sucedido los ensayos, con intención prospectiva, que dibujan un negro horizonte para el empleo —no confundir con el trabajo—. No obstante, el mito del trabajo humano absorbido por las máquinas es tan antigua como éstas mismas. Ya desde mediados del pasado siglo, al menos, la *ciencia ficción* nos ha venido dibujando sociedades del futuro en las que los humanos sobrevivirán como esclavos de máquinas autómatas, que habrían asumido el control del planeta, tras adueñarse no solo del trabajo sino también de la gestión política y, por extensión económica, del mundo humano.

Pero más acá de ese horizonte de ficción, hay que quienes auguran que, al ir desplazando las máquinas a una cuantía en ascenso del trabajo humano, como un medio fundamental de producción, el empleo escasearía y el fantasma del desempleo masivo, con todas sus connotaciones, sería una cruda realidad, en un futuro no muy lejano.

Más recientemente, al calor de la intensificación del cambio tecnológico que implica la denominada tercera (o cuarta ya, según qué autores) Revolución Industrial, ese mito del fin del trabajo se ha convertido casi en un clamor medroso, hasta el punto de que a tenor de algunos analistas hay incluso que anticiparse a ese negro futuro laboral, sustituyendo conceptualmente (y para algunos más osados, incluso fiscalmente) al trabajo por la máquina. Para los más avanzados en esta perspectiva la robotización en su estadio más avanzado, contando con la aportación de la inteligencia artificial, constituye una buena disculpa para proponer cambios sustanciales en la organización social y, particularmente en la de las relaciones laborales. En ese punto el trabajo (como atributo indisoluble vinculado al ser humano) dejaría de ser el centro de ese orden y, por tanto, la base de la distribución del valor añadido generado en el proceso productivo.

Es normal, que, ante la anunciada futura escasez de empleos, comiencen a proliferar discursos en al ámbito de los enfoques interpretativos de la organización social que abogan por la sustitución del trabajo como eje central articulador de dicha organización por el de la *ciudadanía.* Ante la ausencia de empleo, el trabajo dejaría de jugar el rol[7] que ha tenido en la conformación de los Estados de bienestar, siendo bajo estas nuevas premisas el ciudadano el sujeto de derecho sociales, al margen de su estatus laboral. Así, por ejemplo, Las propuestas de creación una *renta básica universal,* de origen netamente conservador[8], se moverían en el territorio de este nuevo enfoque ideológico.

El tiempo de trabajo en clave histórica

Durante mucho tiempo, siglos, en el devenir de la historia de la humanidad el ser humano no ha vivido para trabajar, como en los últimos siglos sí ha ocurrido. Más bien el objetivo, tras conseguir los bienes de subsistencia, se centraba en el goce y disfrute de vidas, eso

---

7 Véase las reflexiones que en torno a esta posible alternancia de paradigma en la organización social hacíamos un numeroso grupo de académicos especializados en el ámbito de las relaciones laborales y el mercado de trabajo, en Manifiesto de los 700 (2009). El trabajo, fundamento de un crecimiento económico sostenible, *Revista de Derecho de Extremadura,* ISSN 1888-5519, Nº. 5: 481-483.

8 Como señalábamos en Ruesga (2018:24) "resulta curioso que fuera uno de los economistas más destacados de la llamada Escuela de Chicago, Milton Friedman, adalid del más exquisito discurso neoclásico, quien formulara una fórmula cercana a esta idea, hace ya medio siglo. Abogaba por una ayuda pública para los indigentes (sic) en forma de un impuesto negativo sobre la renta, resaltando el uso de este instrumento fiscal como modo adecuado de minimizar los posibles efectos adversos —generadores de incentivos negativos— para la actividad económica y laboral derivados de tal medida".

sí mucho más cortas que las que venimos disfrutando en las últimas décadas en los países desarrollados[9]. Lo que significaba trabajar para vivir y no lo contrario.

Como muestra la Figura 3.1, para el caso del Reino Unido, país originario de la Primera Revolución Industrial, los días de trabajo anuales que la población realizaba cada año, a lo largo de la Edad Media, muestran cifras sustancialmente inferiores que las que se registraron a partir de esa gran transformación productiva que supuso la aparición del modo de producción capitalista, en su vertiente industrial[10]. Con un modelo de producción antagónico al capitalismo (sin la premisa de crecimiento continuo, lo que se suele denominar *economías estacionarias*) el tiempo de trabajo necesario para la consecución de las necesidades básicas de la población, solía dejar amplio espacio para la *holganza*. De modo tal que se trabajaban, en la Edad Media, entre 100 a 200 días al año, bastante menos de lo usual en nuestros días.

---

9 Así, en https://agenciatigris.blogspot.com/2014/01/trabajar-para-vivir-el-trabajo-en-la.html se señala a este respecto que "está documentado que se celebraban con relativa frecuencia momentos especiales de la vida individual, tales como bodas o bautizos, o de la vida colectiva, como tradiciones locales más allá de las oficialmente reconocidas por la iglesia. Se estima que la media de tiempo libre en el Reino Unido, Francia y España era de aproximadamente 100 días, 180 y 150 respectivamente. Evidentemente estos cálculos son aproximados y sujetos a variaciones, pues sólo del pasado reciente existen datos exhaustivos sobre este asunto". Tiempo libre, en días, que resulta incluso igual o superior a lo que estamos disfrutando en estos años, después de descensos continuados en la jornada de trabajo desde la primera Revolución Industrial.

10 Incluso con anterioridad a este periodo, en las sociedades cazadoras y recolectoras, Guillón (2001), señala como los aborígenes australianos o los de la actual Sudáfrica, apenas dedicaban 3 horas diarias a proveerse de los alimentos y otros bienes que requerían para su subsistencia.

Figura 3.1. Días trabajados por un trabajador adulto en el Reino Unido

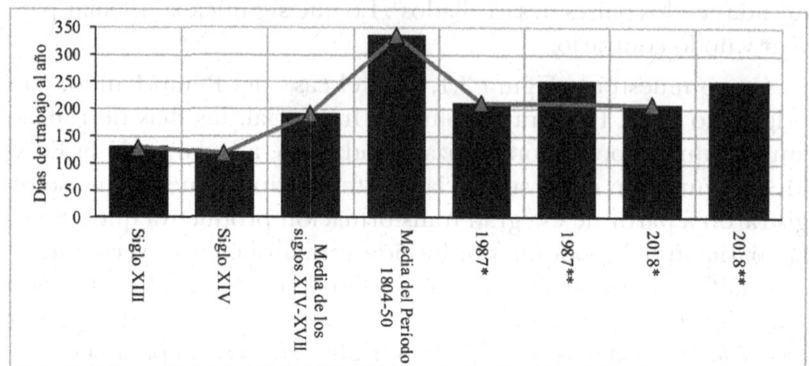

* Considerando semanas de 5 días
** Considerando semanas de 6 días
Fuente: Elaboración propia con datos de Schor (1991) y OECD Database.

La historia posterior supone un aumento sustancial de las horas de trabajo para la población ocupada. Con la implantación y desarrollo del modo de producción capitalista, desde sus albores, en la I Revolución Industrial en el siglo XVIII, se va extendiendo una situación en la que la población ocupada dedica siete días a la semana con jornadas diarias que superaban las 12 horas. Lo que podría haber llegado a más de trescientos días de trabajo al año, con una carga horaria por encima de las 3000 horas anuales[11].

A partir de aquí, se experimenta una continua reducción del tiempo de trabajo. Así, entre los años 1870 y 1990, la duración media anual del tiempo trabajado ha pasado de más de 3.000 horas a las 1.500-2.000 horas que se dedican en la actualidad (Maddison, 1998). La diferencia entre los países también es destacable aún en el momento actual. En un primer grupo, con jornadas anuales más largas, se encuentran Estados Unidos y Japón (en torno a 1.850 2.000

[11] Manuel Castells lo interpreta en términos de horas trabajadas a largo de la vida laboral, señalando que "el tiempo de trabajo ha disminuido a lo largo de los siglos XIX y XX en todos los países desarrollados/.../ en 1850 un trabajador realizaba 150.000 horas de trabajo en toda su vida; en 1900 había bajado a unas 130.000 horas, en 1950 de unas 110.00 y en el año 2000 se había reducido a unas 75.000 horas (Castells, 1997).

horas); por el contrario, en ciertos países europeos, como los Países Bajos o Noruega, las cifras reflejan una media inferior a 1.400 horas de trabajo anuales, mientras que en el resto de los países de la Europa continental se sitúa entre 1.550 y 1.800 horas anuales (Figura 3.2).

Figura 3.2. Evolución de la jornada anual y de la semanal de trabajo por trabajador

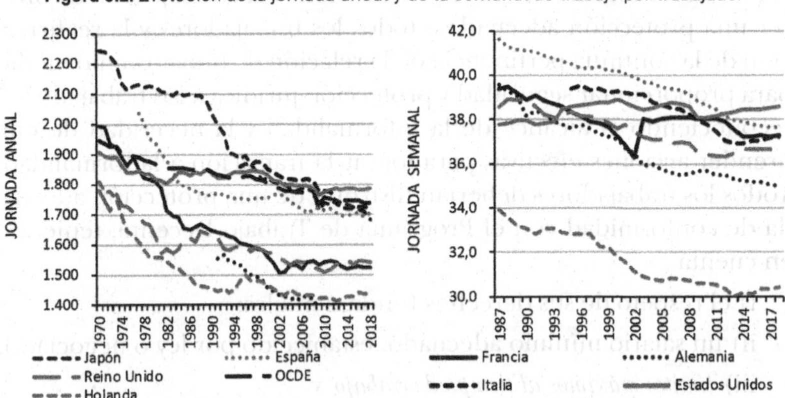

Fuente: Elaboración propia con datos de OECD (https://stats.oecd.org/#)

Así pues, la reducción del tiempo de trabajo continua hasta nuestros días. Por dos vías básicas; bien como resultado de la presión de los asalariados, que se materializa en la negociación colectiva o en la reforma de las normas laborales que regulan la jornada, o bien por la propia dinámica y características del crecimiento económico, que requiere de menos intensidad laboral en la producción y de más demanda de consumo, para lo requiere de más tiempo libre de los trabajadores.

En los tiempos más recientes, pareciera que la reivindicación sobre la jornada de trabajo hubiera quedado en el cajón del olvido. En los propios documentos de la OIT, surgidos al calor del centenario de esta organización esta histórica reivindicación de los asalariados ocupad un plano no muy destacado. Así, en la propia Declaración *del centenario de la OIT para el Futuro del Trabajo*, se adopta un enfoque sobre este tema más centrado en la calidad del trabajo (y de la vida, en general) y no tanto vinculando tiempo de trabajo a reparto de este, en respuesta a los hipotéticos recortes en la demanda a causa de robotización u otras formas posibles de aceleración del cambio técnico[12].

En una perspectiva semejante se mueve el informe del grupo de Expertos Comisión de la Mundial sobre el Futuro del Trabajo, creado a impulsos de la OIT, que sobre el tema que nos ocupa señalaba como "El fortalecimiento de las instituciones del trabajo a fin de ofrecer una protección adecuada a todos los trabajadores y la reafirmación de la continua pertinencia de la relación de trabajo como medio para proporcionar seguridad y protección jurídica a los trabajadores, reconociendo el alcance de la informalidad y la necesidad de emprender acciones efectivas para lograr la transición a la formalidad. Todos los trabajadores deberían disfrutar de una protección adecuada de conformidad con el Programa de Trabajo Decente, teniendo en cuenta:

i) el respeto de sus derechos fundamentales;

ii) un salario mínimo adecuado, establecido por ley o negociado;

iii) *límites máximos al tiempo de trabajo*, y

iv) la seguridad y salud en el trabajo" (OIT, 2019b)

Perspectivas que, en alguna medida, coincidirían con la opinión de algunos analistas que vienen a plantear como la reducción de jornada es un tema que tras el logro de la jornada de ocho horas diarias no ha avanzado sustancialmente. Lo cual no deja de ser más que un argumento formal, pues si bien puede ser cierto que esta jornada diaria es la que está vigente en la mayoría de las legislaciones nacionales o acuerdos internacionales, no lo es su equivalente en términos de

---

12 En OIT, (2019a), dedicado al centenario de la OIT, se señalan como demandas hacia el futuro, en el objetivo del trabajo decente, que hay que:
Ampliar la soberanía del tiempo. Los trabajadores necesitan mayor autonomía sobre su tiempo de trabajo, al tiempo que satisface las necesidades de la empresa.
Aprovechar la tecnología para ampliar la elección y lograr un equilibrio entre el trabajo y la vida personal puede ayudarles a alcanzar este objetivo y enfrentar las presiones que vienen con la falta de definición de los límites entre el tiempo de trabajo y tiempo privado.
Se requerirán esfuerzos continuos para implementar al máximo límites en el tiempo de trabajo junto con medidas para mejorar la productividad, así como las garantías de horas mínimas para crear opciones reales de flexibilidad y control sobre los horarios de trabajo".

jornada semanal o anual, tanto en lo que se refiere a los contenidos de las normas laborales como en lo relativo a evolución de las horas efectivas de trabajo realizadas.

En términos normativos, se ha ido evolucionando desde la jornada semanal de 48 horas en la mitad del pasado siglo (en España, en el Estatuto de los Trabajadores inicial, de 1979, se recogía ese máximo de jornada semanal) hasta la actualmente más generalizada de 40 horas en la semana y periodos vacacionales que alcanzan un mes, reduciendo así también la jornada anual legal.

Y, también en el caso español, la evolución posterior a la promulgación del ET, a tenor del incremento de la productividad que conlleva el proceso de innovación tecnológica y las presiones sindicales y de otras instituciones continuas en favor de la reducción de las horas de trabajo, ha ido marcando una tendencia hacia una disminución paulatina de la jornada laboral. Como muestra la Figura 3.2, en el año 1978 se trabajaban en media, en España, cerca de 2050 horas al año y en el 2018 se había descendido por debajo de las 1700 horas.

Lo mismo ocurre en otros países desarrollados (Figura 3.2), aunque los descensos registrados no son tan intensos como en el caso español. Tal evolución de la jornada laboral ha sido un factor básico, particularmente en España, para absorber el fuerte incremento experimentado en la productividad del trabajo en el último cuarto del siglo pasado.

Esta tendencia a la reducción del tiempo de trabajo por ocupado, en la medida en que la intensificación del cambio tecnológico siga avanzando, ha de continuar, para que el impacto sobre el empleo sea compensado, trabajando igual o más número de personas, pero menos horas (diarias, semanales, anuales o a lo largo de la vida laboral).

Tecnología y creación de empleo: la clave está en la distribución de las ganancias de productividad

A este respecto son muy ilustrativas las conclusiones de un estudio de hace un par de años de la consultora internacional McKinsey, donde se constata, tras un análisis empírico realizado en más de 60 países, que “las nuevas tecnologías han estimulado la creación de muchos más empleos que los que han destruido y algunos de los nuevos consisten en ocupaciones que no se podía ni imaginar en un principio" (McKinsey Institute, 2017:4). La secuencia histórica de la estructura sectorial de la producción capitalista nos muestra claramente la constatación de esta afirmación (Idem: 34, Exhitibt 5).

Cabe, no obstante, observar algunas cualidades distintas del actual proceso de innovación tecnológica respecto a los anteriores episodios revolucionarios del pasado y, en función de esa disimilitud, obtener algún resultado distinto en cuanto al saldo neto de empleo que se derive de la implantación paulatina de máquinas, como los robots diseñados en un entorno de inteligencia artificial.

En primer lugar, hay que considerar que el impacto del avance en la robotización sobre el empleo dependerá, contrastando con otras fases históricas de innovación tecnológica, de:

1) la velocidad que adopte el cambio tecnológico, de modo tal que a medida que el avance del cambio tecnológico sea más rápido la proporción de trabajadores desplazados será de mayor dimensión y

2) cuanto más amplia, sectorialmente hablando, sea la implantación de dichas nuevas tecnologías mayor será la proporción de trabajadores afectados por el desplazamiento en su empleo.

Ambas dinámicas pueden derivar en un aumento más o menos intenso de la tasa de desempleo en el corto plazo. Sin duda, que las autoridades económicas habría de enfrentarse a esta situación, con el fin de facilitar la transición tecnológica, apoyando a los que pierdan por tal motivo sus rentas de trabajo, con subsidios y mejora de su empleabilidad para facilitar una nueva inserción al mercado laboral.

No obstante, en este sentido, cabe apuntar que, hasta la fecha, la más reciente oleada de innovación tecnológica ha operado en favor del incremento de la productividad, pero de forma limitada. De modo tal que, si bien en algunos sectores donde se aplican con mayor intensidad los avances de la digitalización y la robotización el aumento de la producción por unidad de trabajo se incrementado notablemente, en otros, particularmente en los servicios más intensivos en trabajo de media baja cualificación, el avance no ha sido tan espectacular. De hecho, a la altura de 2018, las líneas de tendencia de las curvas de evolución de la productividad laboral se sitúan por encima de la propia curva, indicando que el crecimiento de este factor se ha ralentizado en estos primeros años del siglo XXI, con la excepción de EE. UU, donde se experimenta un avance importante en los últimos años (Figura 3.3).

Figura 3.3. Evolución de la productividad laboral en varios países de la OCDE en los últimos 50 años (PIB por hora trabajada en $ constantes de 2010)

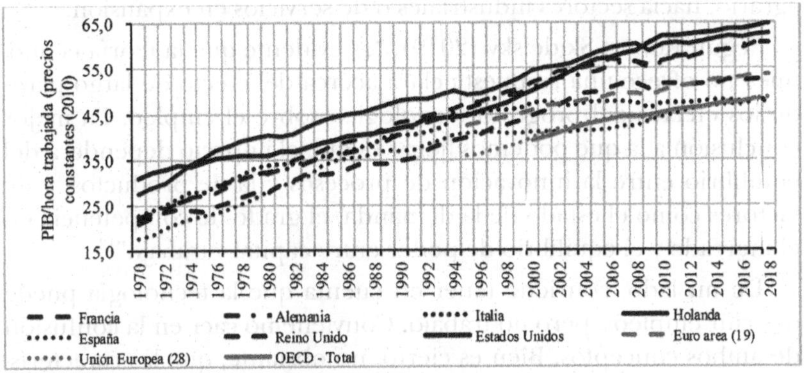

Fuente: Elaboración propia sobre datos OECD Database.

Lo cierto es que un análisis histórico de lo acaecido sobre la cantidad de empleo destruido o creado en las anteriores "Revoluciones Industriales", no depara unas conclusiones tan agoreras como las que hoy escuchamos acerca de las implicaciones del intenso cambio tecnológico en el que estamos inmersos.

Se ha señalado reiteradamente por numerosos pensadores económicos como el cambio tecnológico significa un incremento notable de la productividad del trabajo. Lo cual puede desencadenar procesos de destrucción, pero simultáneamente también de creación de empleo en una cadena de "destrucción creadora" cómo indicaba ya hace ya casi un siglo, el economista austriaco Joseph Schumpeter. El resultado de ese proceso ha deparado siempre, al menos en el largo plazo, en el crecimiento del volumen global de empleo. En términos macroeconómicos, los incrementos de la productividad del trabajo derivados del cambio tecnológico impulsarían un incremento de rentas que a su vez promoverían el aumento de la demanda agregada y, por extensión, se induciría un incremento del empleo. Algo ya conocido, aunque, sin duda, en el corto plazo afectará negativamente a muchos trabajadores, desplazados de sus puestos de trabajo que o bien van siendo sustituyendo por máquinas o bien los sectores productivos en los que trabajan sucumben a la aparición de nuevas tecnologías. Es lo que ocurrió, por ejemplo, tras la incorporación de las nuevas máquinas con motores de combustión a la agricultura, que supuso un enorme desplazamiento de trabajo aplicado en el sector agrario, hacia sectores industriales o de servicios en expansión.

Según Robert Skidelsky (2019), "es evidente que la teoría económica no ofrece una respuesta clara acerca del efecto de largo plazo de los efectos del progreso tecnológico sobre el empleo. La mejor conclusión a la que podemos llegar es que el impacto dependerá del equilibrio entre la innovación de procesos y la de productos, y de factores como el estado de la demanda, el grado de competencia en el mercado y el equilibrio de poder entre capital y trabajo"[13].

De un lado, conviene tener en cuenta que la tecnología puede destruir empleos, pero no trabajo. Conviene no caer en la confusión de ambos conceptos. Bien es cierto, no obstante, que las características del cambio tecnológico al que nos enfrentamos pueden ser decisivas en la modificación de algunos de los atributos históricos del trabajo, que no en su concepto fundamental, cuál es sus dificultades para la *movilidad geográfica.*

La expansión de las tecnologías de la información y la comunicación (TICs) está incidiendo de modo sustancial en dicho atributo. La indisoluble vinculación física y mental del trabajo a sus propietarios, las personas, ha significado en el pasado que la movilidad geográfica de aquel se enfrentara a barreras de toda índole para los desplazamientos físicos de personas y familias. Ahora, las TICs posibilitan "mover" el trabajo, *online*, para su concreción en actividades que se

---

13 En esa línea, Skidelsky (2019) enfatiza que "La mejor conclusión a la que podemos llegar es que el impacto [de la tecnología sobre el empleo] dependerá del equilibrio entre la innovación de procesos y la de productos, y de factores como el estado de la demanda, el grado de competencia en el mercado y el equilibrio de poder entre capital y trabajo". E insistiendo en este último factor, Paul Krugman (2019) afirmaba que "Para una parte importante del establishment político y mediático, hablar de robots, del determinismo tecnológico, es en realidad una táctica de distracción. Es decir, culpar a los robots por nuestros problemas es una manera fácil de parecer moderno y con visión de futuro y una excusa para no apoyar políticas que aborden los problemas reales del crecimiento débil y de la creciente desigualdad" (Krugman, 2019).

demandan en otros escenarios geográficos, sin que físicamente se produzca un desplazamiento de la persona con su lugar de residencia. Eso introduce una enorme flexibilidad en la relación laboral, en lo que hasta ahora había sido el patrón habitual del tiempo de trabajo[14].

Y de otro lado, y en términos cuantitativos, el posible diferencial en cuanto a los efectos en la cantidad de empleo creado o destruido, derivada del actual proceso de cambio tecnológico, dependerá de: 1) la *velocidad de dicho cambio*, de tal modo que a medida que avance más rápido, la proporción de trabajadores desplazados aumentará también a mayor ritmo, 2) la *extensión sectorial* en la implantación de las nuevas tecnologías, ya que a mayor número de sectores implicados mayor será también el número de trabajadores por ello afectados. Sin duda, como ocurrió en anteriores ocasiones en el corto plazo y teniendo en cuenta tales posibles diferencias del cambio tecnológico actual, puede deparar un incremento más o menos notable del desempleo a corto plazo, que particularmente afectará a aquellos trabajadores cuyos empleos están sometidos a mayores dosis de rutinización en su aplicación práctica. De aquí que los efectos en la estructura social pueden profundizar en la dualidad creciente que ya estamos observando.

Todo ello, puede justificar una reforma más o menos integral de las normas laborales[15], pero no necesariamente en cuanto del principio básico sobre el que se ha ido históricamente construyendo, la *protección del trabajo* en un mercado al que concurre en condiciones asimétricas de poder de negociación. Porque nos enfrentamos a propuestas de reformas, que a menudo responden más a apriorismos ideológicamente condicionados que al resultado de un análisis ri-

---

14 De acuerdo con Mandl y Vargas Llave (2019) "alrededor de una quinta parte de los trabajadores de la Unión Europea realizan teletrabajo desde casa o realizan trabajo móvil basado en las TIC: trabajan ocasional o regularmente", desde algún lugar que no sea un centro de trabajo principal, como un tren o una cafetería, dependiendo en gran medida de dispositivos móviles". El teletrabajo varía desde un 8 por ciento en Italia, a un 15 por ciento en España o un 33 por ciento en Dinamarca, según la Encuesta Europea de Condiciones de Trabajo de 2015.

15 Para un análisis detallado de los procesos de reforma acaecidos al calor de la Gran Recesión (2008-2014) puede consultarse Heredero de Pablos, M. I. y Ruesga Benito, S. M. (2019).

guroso de la realidad del cambio tecnológico y de sus implicaciones sobre la dinámica del empleo. Para lo cual la historia pasada nos ilustra de forma clara y precisa, con resultados más bien satisfactorios en cuanto a la generación de empleo como resultado de cambios tecnológicos profundos.

Reducir la jornada y reordenar el uso del trabajo

Una reducción de la jornada laboral puede venir acompañada por una reorganización del trabajo. Esta reorganización o reordenación del trabajo permite un mejor aprovechamiento de la capacidad productiva (del stock de capital), gracias a una mejor y mayor utilización de los equipos de producción (por ejemplo, estableciendo distintos turnos que permitan mantener en funcionamiento, a lo largo de la jornada, durante más tiempo las máquinas). Esta mayor duración del uso del capital instalado hace que los costes unitarios del capital disminuyan (ya que el equipamiento instalado puede llegar a producir más), lo que, a su vez, permitirá mantener un precio competitivo, así como el nivel de beneficios y de salarios.

Figura 3.4. Relación entre la tasa de empleo y la productividad del trabajo (Evolución 1970-2018) para ocho países de la OCDE (datos acumulados)

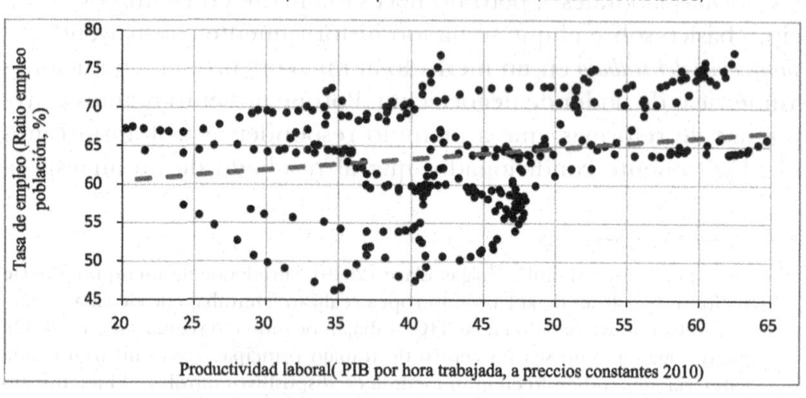

Fuente: Elaboración propia con datos OCDE-Data base.

Con suficiente flexibilidad interna, dicha reorganización del trabajo, a su vez, puede tener efectos positivos sobre la dinámica de la productividad y, por tanto, compensar la elevación de los costes laborales unitarios derivados de la reducción de la jornada sin alterar los salarios-hora.

Y es que la evidencia estadística de los años pasados no avala la idea de que la productividad destruye empleo. Si relacionamos los datos de productividad laboral en varios países europeos (acumulados secuencialmente) con las correspondientes tasas de empleo para el periodo 1970-2018 (Figura 3.4) la línea de tendencia que dibujan los datos es ascendente indicando —más allá de su significatividad estadística— que a mayor nivel de productividad laboral le corresponde una tasa de empleo más elevada. No deja de ser una simple correlación de datos, pero que, en todo caso, sirven para descartar una relación inversa entre ambas variables. Si esto —una relación inversa de productividad y empleo— no ha ocurrido en los pasados cincuenta años ¿por qué sí habría de ocurrir en el futuro? Abundando en el análisis de relaciones estadísticas, en la Figura 3.5, se observa la inexistencia de una relación negativa del nivel de la jornada anual tanto con el empleo como con la productividad, con datos construidos con las series anuales de las tres variables para siete países de la OCDE, desde 1970 a 2018. Obviamente no se trata de mostrar relaciones causales entre las mismas, pero si es posible descartar con estos datos efectos adversos de jornadas reducidas sobre o bien el nivel de empleo (tasa de empleo, indicando el grado de utilización del trabajo disponible) o bien el nivel productivo (PIB por hora trabajada) de cada país.

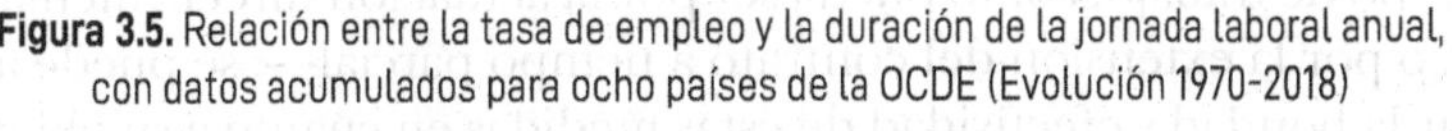
Figura 3.5. Relación entre la tasa de empleo y la duración de la jornada laboral anual, con datos acumulados para ocho países de la OCDE (Evolución 1970-2018)

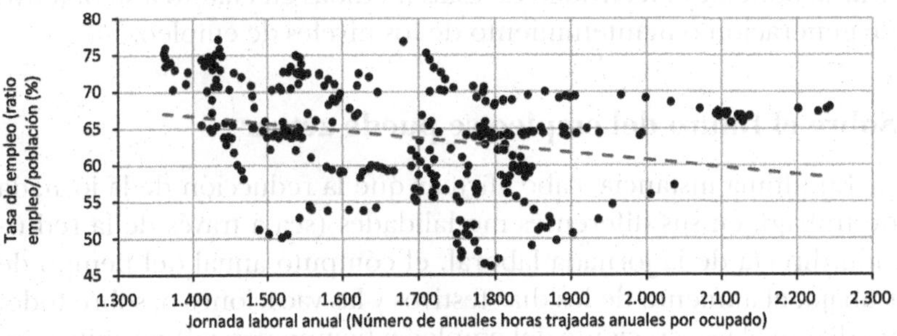

Fuente: Elaboración propia con datos OCDE-Data base.

Figura 3.6. Relación entre la productividad del trabajo y la duración de la jornada laboral, con datos acumulados para ocho países de la OCDE (Evolución 1970-2018)

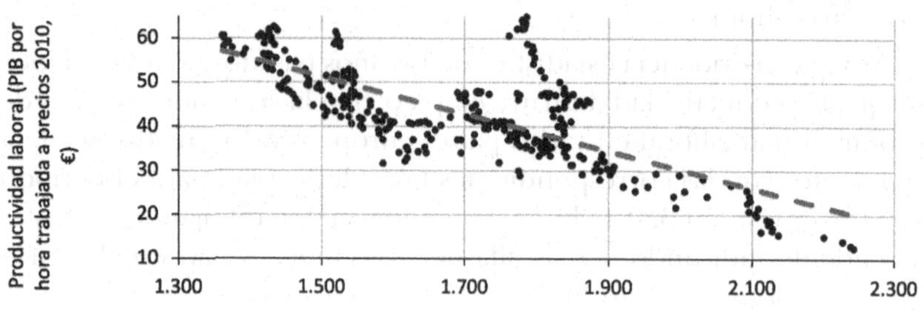

Fuente: Elaboración propia con datos OCDE-Data base.

Los mecanismos que favorecen la creación de empleo a partir de una disminución de la jornada laboral se basan en dos premisas: reorganizar los tiempos de trabajo y/o compensar esa disminución a través del descenso del coste laboral unitario (que no necesariamente del salario percibido). A partir de esta idea, las diferentes políticas de empleo que actúan reduciendo el tiempo de trabajo se pueden dividir entre aquéllas que inciden directamente en la duración de la jornada laboral, las dirigidas a impulsar el uso del trabajo a tiempo parcial, o las políticas orientadas al reparto de trabajo propiamente dicho. Tomando como ejemplo la situación de distintos países europeos —en los que se han adoptado distintas formas de disminuir el tiempo de trabajo, como pueda ser por la actuación directa mediante ley, o por la extensión del contrato a tiempo parcial—, se puede analizar la bondad y efectividad de estas medidas en cuanto a su objetivo de generación o mantenimiento de los niveles de empleo.

Sobre el futuro del empleo se puede actuar

En última instancia, cabe afirmar que la reducción de la jornada de trabajo, en sus diferentes modalidades (sea a través de la reducción directa de la jornada laboral, el cómputo anual del tiempo de trabajo, el aumento de los días festivos y las vacaciones o, sobre todo, mediante el uso creciente del empleo a tiempo parcial) permite ajustar mejor, al flexibilizar el uso del trabajo, la maquinaria productiva a las necesidades de la oferta productiva (y, por tanto, de la demanda de trabajo) en el horizonte de globalización y robotización al que nos estamos ya enfrentado. Bajo esta premisa los gobiernos pueden impulsar esta medida de ajuste permanente de la oferta de trabajo al empleo disponible, con, entre otros instrumentos, las políticas activas de mercado de trabajo.

Considerando las variables en juego (valor añadido generado por hora trabajada y el reparto del mismo entre salarios, beneficios y reducción del tiempo de trabajo) se pueden desarrollar diferentes actuaciones que impulsen cambios en organización del trabajo y, en última instancia, reducción directa de la jornada de trabajo a través de la normativa laboral, reduciendo de la vida laboral, modificando los parámetros de entrada y salida a la misma, o extendiendo la vigencia de los contratos a tiempo parcial (modificando sus características para aumentar sustancialmente la aceptación de los mismos por una mayor proporción de asalariados). No es baladí traer aquí a colación la predicción de Keynes en 1930, cuando dirigiéndose a los nietos de su generación[16], "vaticinó que, bajo una serie de hipótesis, dentro de 100 años, en 2030, las sociedades de los países avanzados estarían en condiciones de satisfacer todas sus necesidades materiales, con un esfuerzo laboral máximo de tres horas diarias" (López del Paso, 2013:99).

Sigue abierto el debate, en múltiples planos, pero hay una puerta abierta al optimismo ante los nubarrones oscuros que algunos autores otean en la robotización que nos acecha. Como siempre ha ocurrido en los momentos de transición entre dos modelos tecnológicos diferentes, todo es cuestión de acertar con la adecuada combinación de pactos sociales, que definan el reparto del valor añadido generado en el proceso de producción. De momento, podemos hablar de jornadas de 8 o 7 horas diarias, por cuatro días semanales, para seguir avanzando en esa dirección de más ocupados y menos horas (Ruesga y Murayama, 1999) como horizonte de un nuevo pacto social en el comienzo de la era de la robotización.

---

16 Ensayo ("Economic Possibilities for Our Grandchildren") que se puede encontrar en Keynes, J. M. (2010: 321-332).

4. SI LO HACEN LOS ROBOTS, TRABAJAREMOS MENOS REPARTIENDO LOS EMPLEOS[17]

De máquinas, empleo y tiempo de trabajo

¿Sustituirán las máquinas, los robots, el trabajo humano en un futuro más o menos cercano? Sobre la base de ese interrogante, en un mundo en rápido proceso de digitalización, avance de la inteligencia artificial y de la robotización, subyace un incierto panorama, no tanto sobre el trabajo en sí mismo, sino en torno a su ocupación.

En esta entrega se apunta, a partir de la experiencia acumulada de transformaciones sociales vinculadas a anteriores procesos de cambio tecnológico, que cabe la posibilidad de mantener el vínculo del empleo, como argamasa de la organización social, repartiendo mejor los puestos de trabajo, entre personas que trabajan menos tiempo y destinan más horas a otras actividades humanas no vinculadas a la producción y a la generación de rentas. La reducción del tiempo de trabajo se configura así no solo como un mecanismo de reparto de un empleo potencialmente más escaso, sino también como herramienta para mantener una estructura social en torno al trabajo humano, que seguiría operando como pilar de cohesión social y de estabilidad política, elementos ambos esenciales en los sistemas democráticos y de bienestar social que hoy disfrutamos en algunas partes del planeta. Si en el pasado jugó ese papel, no hay razón para pensar que no lo pueda hacer en el futuro; se trata tan solo de estimular la reducción sustancial de la jornada de trabajo para que, con más empleo, el trabajo siga actuando como factor de articulación social.

---

17 Proviene de Valeriano Gómez y Santos M. Ruesga (1920). Si lo hacen los robots, trabajaremos menos repartiendo los empleos. *El confidencial.com*, 11/01/2020. Extraído de: https://blogs.elconfidencial.com/economia/tribuna/2020-01-11/si-lo-hacen-los-robots-trabajaremos-menos-repartiendo-los-empleos2406620/.

La jornada de trabajo sigue disminuyendo

El pasado año 2019 se ha celebrado el centenario de la Organización Internacional del Trabajo (OIT). Hace ya un siglo, en el mundo del trabajo, una de las reivindicaciones básicas que más intensamente alimentaban el conflicto laboral era la demanda por parte de los asalariados de una jornada de 8 horas diarias. La OIT en su andadura inicial reflejaba ya, de forma reiterada, ese hecho, promoviendo acuerdos entre organizaciones patronales y sindicales para la consecución este objetivo.

Desde la visión sindical la reducción del tiempo de trabajo era, antes que nada, un requisito esencial para conceder dignidad a la vida de los asalariados. Trabajar para vivir era una de las principales demandas de cambio de una realidad que solo era capaz de ofrecer vivir para trabajar. Por supuesto, el instrumento consistía en repartir las ganancias de productividad asociadas al cambio técnico.

La implantación y el desarrollo del capitalismo introdujo en la industria y en los servicios una rápida intensificación del tiempo y los ritmos de trabajo muy superiores a los característicos de las economías agrarias tradicionales. Durante las primeras etapas de este proceso, que abarcan prácticamente todo el siglo XIX, la jornada diaria superaba las 12 horas en un ciclo semanal que, salvo excepciones, no contaba con días de descanso: más de 300 días de trabajo al año o, alternativamente, alrededor de 3.300 horas anuales de trabajo. Desde entonces el mundo —más bien, el mundo desarrollado— ha experimentado una continua disminución del tiempo de trabajo. A lo largo del siglo XX la duración media del trabajo se ha reducido a prácticamente la mitad en términos anuales. Las más de 3.000 horas de trabajo anuales han pasado a las 1.700 horas actuales con todavía notables diferencias dentro de las economías avanzadas. Estados Unidos y Japón registran jornadas medias efectivas situadas en torno a 1.850-2.000 horas anuales, un nivel muy superior a las 1.400-1.500 que presentan Noruega o los Países Bajos.

Pareciera que en la actualidad la reivindicación sobre la reducción de la jornada de trabajo hubiera quedado en el cajón del olvido

Y, sin embargo, pareciera que en la actualidad la reivindicación sobre la reducción de la jornada de trabajo hubiera quedado en el cajón del olvido. En los propios documentos de la OIT, surgidos al calor del centenario de esta organización, esta histórica reivindicación de los asalariados ocupa un plano no muy destacado. Aunque esta visión coincide con la opinión de algunos analistas que viene a plantear que la reducción de la jornada tras el logro de las ocho horas diarias no habría avanzado sustancialmente, no deja de ser más que un argumento formal, pues si bien esta jornada diaria es la vigente en la mayoría de las legislaciones nacionales o acuerdos internacionales, no lo es su equivalente en términos de jornada efectiva semanal o anual, que continúan descendiendo en grados no despreciables.

En términos normativos, se ha ido evolucionando desde la jornada semanal de 48 horas en la mitad del pasado siglo, equivalente a 8 horas diarias y seis días de trabajo a la semana (en España, por ejemplo, es la que establecía el Estatuto de los Trabajadores en 1980) hasta la actualmente más generalizada de 40 horas y periodos vacacionales que suelen alcanzar un mes, reduciendo así también la jornada anual legal. En el caso español, en el año 1978 se trabajaban en media, cerca de 2.050 horas al año mientras que en 2018 se había descendido hasta alrededor de 1.700 horas anuales.

Esta gradual pero continua reducción del tiempo de trabajo se ha producido a la vez que el proceso de cambio estructural alteraba radicalmente el perfil de las economías más avanzadas. El incremento de la productividad agraria —cuya intensidad a veces se olvida— liberó fuerza de trabajo que encontraba cabida en la expansión de la industria. A continuación, cuando el crecimiento industrial comenzó a declinar, los servicios tomaron el relevo hasta convertirse en el sector que proporciona ocupación a tres cuartas partes del empleo total en una dinámica que no parece haber concluido.

Conviene considerar, a este respecto, siguiendo las conclusiones de un estudio, McKinsey (2018), que "las nuevas tecnologías han estimulado la creación de muchos más empleos que los que han destruido y algunos de los nuevos consisten en ocupaciones que no se podía ni imaginar en un principio". La secuencia histórica de la estructura sectorial de la producción capitalista viene a avalar la constatación de esta afirmación. Sin embargo, el actual proceso de innovación tecnológica muestra algunas diferencias significativas respecto a episodios del pasado, que podrían arrojar resultados diferentes en cuanto al saldo neto de empleo que se derive de la expansión paulatina de máquinas o robots, diseñados en un entorno de inteligencia artificial. El impacto final dependerá, de un lado, de la velocidad que adopte el cambio tecnológico, de modo tal que a medida que el avance del cambio tecnológico sea más rápido, la proporción de trabajadores desplazados será mayor. Y, de otro, de la amplitud en términos sectoriales de la implantación de las nuevas tecnologías, de modo que, a más sectores afectados, mayor será la proporción de trabajadores desplazados de su empleo.

Sabemos que, hasta la fecha, la oleada de innovación tecnológica en curso ha operado en favor del incremento de la productividad, pero todavía de forma limitada. De modo tal que, si bien en algunos sectores donde se aplican con mayor intensidad los avances de la digitalización y la robotización el aumento de la producción por unidad de trabajo se ha incrementado notablemente, en otros, particularmente en los servicios más intensivos en trabajo y baja cualificación, el avance no ha sido tan espectacular. Sin embargo, los interrogantes respecto a sus resultados no son menores. Si la "transformación globótica", como señala R. Baldwin (2019), llega a reducir el volumen de puestos de trabajo más habituales en el sector servicios, los problemas inherentes al proceso de desindustrialización en las economías avanzadas registrado durante el último cuarto del siglo pasado se extenderán en el futuro —en realidad ya está sucediendo— al sector servicios. En este nuevo contexto, que también será muy perturbador desde el punto de vista social y político es en el que debería insertarse una estrategia de reparto del trabajo capaz de moderar los procesos de transición tecnológica.

Las políticas de reducción de jornada deben formar parte de una estrategia a plazo de reparto del trabajo. Una reordenación del tiempo-trabajo puede permitir un mejor aprovechamiento de la capacidad productiva (del *stock* de capital), gracias a una mayor y más adecuada utilización de los equipos de producción (por ejemplo, estableciendo distintos turnos que permitan mantener en funcionamiento, a lo largo de la jornada diaria o semanal las máquinas). Esta mayor duración del uso del capital instalado hace que los costes unitarios del capital disminuyan (ya que el equipamiento instalado puede llegar a producir más), lo que, a su vez, permitirá mantener precios competitivos, y en paralelo el nivel de salarios y beneficios. De lo que ahora se trata es de hacer posible esta dinámica —característica de las ramas industriales— también en el ámbito del sector servicios.

¿Trabajar cuatro días a la semana?

Para que las políticas de reparto del trabajo a través de la reducción de jornada terminen siendo eficientes, la cuestión central seguirá siendo la misma que en el pasado. Para que el volumen de ocupados aumente a través de la reducción del tiempo de trabajo sin que los salarios se reduzcan proporcionalmente, tiene que haber un crecimiento equivalente en la productividad del trabajo o, en paralelo, una estrategia de reducción de coste no salariales que neutralice el impacto sobre los costes salariales unitarios.

Es cierto que, como sucediera en el pasado, con suficiente flexibilidad interna, la reorganización del trabajo, a su vez, puede tener efectos positivos sobre la dinámica de la productividad y, por tanto, compensar en alguna medida la elevación de los costes laborales unitarios derivados de la reducción de la jornada sin alterar los salarios-hora. En términos globales —con el sector servicios como receptor de las pérdidas de empleo en la industria e impulsor de nuevas ocupaciones— la elevación de la productividad ha sido compatible con un grado razonable de creación de empleo. Para que tal dinámica siga siendo posible con un sector servicios que deja de cumplir ese papel compensador como consecuencia del impacto de la digitalización, una política de reducción de jornada puede favorecer la creación de empleo si se basa en dos premisas esenciales: reorganizar los tiempos de trabajo y compensar esa disminución a través del coste laboral unitario. A partir de ellas, las diferentes políticas de empleo que actúan reduciendo el tiempo de trabajo se pueden dividir entre aquellas que inciden directamente en la duración de la jornada laboral, las dirigidas a impulsar el uso del trabajo a tiempo parcial, o las políticas orientadas al reparto y la reordenación del trabajo propiamente dicho.

La reducción de la jornada de trabajo, en sus diferentes modalidades, permitiría ajustar y flexibilizar la estructura productiva a las necesidades de la oferta y la demanda de trabajo en el horizonte de globalización y robotización al que ya nos estamos enfrentando. En este contexto, los gobiernos pueden impulsar medidas de ajuste permanente de la oferta de trabajo al empleo disponible, con, entre otros instrumentos, las políticas activas de mercado de trabajo.

Se pueden desarrollar diferentes actuaciones que impulsen cambios en organización del trabajo y, en última instancia, la reducción directa de la jornada

Considerando las variables en juego, productividad (valor añadido generado) y reparto de la misma entre salarios, beneficios y reducción del tiempo de trabajo, se pueden desarrollar diferentes actuaciones que impulsen cambios en organización del trabajo y, en última instancia, la reducción directa de la jornada de trabajo a través de la normativa laboral, modificando los parámetros de entrada y salida del empleo o extendiendo la vigencia de los contratos a tiempo parcial, modificando sus características para aumentar sustancialmente la aceptación de los mismos por una mayor proporción de asalariados.

El debate, por supuesto, sigue abierto en múltiples planos. Como siempre ha ocurrido en los momentos de transición en el paradigma tecnológico, lo fundamental es acertar con la adecuada combinación de pactos sociales, que definan el reparto del valor añadido generado en el proceso de producción. Por eso, no es una entelequia distópica pensar, en un escenario no muy lejano, en jornadas semanales generalizadas de 30 horas repartidas en cuatro días por semana.

5. MARIO DRAGHI Y LOS SALARIOS[18]

El 26 de septiembre de 2016, el presidente del Banco Central Europeo, Mario Draghi, apeló en Bruselas al concurso de todos los agentes económicos para impulsar la recuperación en Europa. Si la reflexión hubiera quedado ahí, no hubiera pasado de ser la típica afirmación vacía de contenido real, a la que de vez en cuando nos acostumbran nuestros responsables económicos. Pero Draghi hace tiempo que ha adquirido un tono más intenso y una proyección de largo alcance en sus afirmaciones y sus actos, y cuando acompañó la apelación a la colaboración de todos para volver a la senda del crecimiento con la necesidad de incrementar los salarios de los trabajadores en la estrategia económica europea, algunos pensamos que se trataba de una afirmación no precisamente voluble o intrascendente.

Es cierto que el inmenso embrollo en que se encuentra la política española en estas semanas no ha facilitado la atención que estas palabras merecen. Cuando un país ha destinado ya casi un año a intentar formar un nuevo Gobierno, sin conseguirlo hasta el momento, dedicar algo de tiempo a debatir sobre el significado profundo de esta —solo a primera vista— sorprendente declaración podría parecer algo superfluo. Pero eso fue lo que sostuvo y, algo aún más significativo, su reflexión sucedía a otras vinculadas a la necesidad de poner atención a la distribución de la renta, a las consecuencias sociales de la crisis, a la integración monetaria y sus secuelas en términos de desigualdad y de pobreza, a mirar hacia "los que se quedan atrás", en palabras del presidente del BCE.

Para los que durante todos estos años de política de intensa 'austeridad', ciega y mal diseñada, hemos mantenido la necesidad de acabar con una orientación que ha estado a punto de hacer desaparecer la moneda única y que ha abierto una enorme fosa de miedo y aversión entre los europeos, estas palabras son importantes. Tanto como

---

18 Proviene de Valeriano Gómez y Santos M. Ruesga (2016). "Mario Draghi y los salarios". *El confidencial.com*, 21/10/2016. Extraído de: https://blogs.elconfidencial.com/economia/tribuna/2016-10-21/draghi-salarios-europa_1277753/

aquellas que Draghi pronunciara allá por el verano de 2012 —en plena crisis de la deuda— que, hoy lo sabemos bien, terminaron salvando nuestra moneda común y seguramente lo que queda del proyecto europeo. Han tenido que pasar décadas para escuchar a una máxima autoridad monetaria europea —entre las que incluimos, por supuesto, a buena parte de los responsables de los bancos centrales de los países europeos antes de la creación del euro— afirmar que hay que subir los salarios. Una afirmación, en suma, que significa que todo esto ha sido un exceso y que, al fin y al cabo, no es posible continuar con esa espiral de deterioro imparable de la participación de las rentas salariales en la renta nacional, so pena de hipotecar el propio futuro, con cierta relevancia en la escena mundial, de las economías europeas y de la Unión en su conjunto.

No hay salida económica si la política a practicar sigue descansando en la devaluación salarial y en la profundización de las desigualdades sociales

Ya sabíamos que no hay salida política en Europa sin cohesionar nuestras sociedades y cerrar las brechas abiertas por la crisis. Pero ahora lo que nos dice el presidente del Banco Central Europeo, es verdad que con más de media década de retraso, es que tampoco hay salida económica si la política a practicar sigue descansando en la devaluación salarial y, como corolario, en la profundización de las desigualdades sociales en nuestro continente.

Lo que Draghi ahora señala significa el reconocimiento de que la política monetaria no puede ser el único sostén de la recuperación, e incluso que tampoco será suficiente con el acompañamiento de una política fiscal más expansiva, en medio de una situación en la que —España es uno de los ejemplos más ilustrativos— las economías europeas han visto multiplicar su endeudamiento público, incluso en aquellos países que habían iniciado la crisis con los niveles de deuda pública más bajos en décadas.

Por supuesto, las dificultades de la política monetaria para contribuir por sí sola a la recuperación de la eurozona tienen que ver, obviamente, con el límite introducido en su manejo por una curva de tipos de interés cada vez más plana y situada a efectos prácticos en un nivel cero. En este contexto, es donde la valentía de las palabras del presidente del BCE adquiere una especial relevancia, que reside, precisamente, en reconocer que tampoco será suficiente el acompañamiento de una política fiscal moderadamente expansiva, una escolta más bien ausente hasta la fecha —¡cómo calificar de otra forma el Plan Juncker o las políticas todavía restrictivas, dada nuestra posición cíclica, recomendadas por la Comisión Europea!— y con incierto futuro en el escenario ideológico de la austeridad como eje de la política económica.

Por eso, la apelación al concurso de una estrategia de incremento general de los salarios para posibilitar la recuperación de la demanda debe recibirse como un nuevo y significativo giro en la orientación de la política económica por parte de la autoridad monetaria europea. Por desgracia, es un giro que vuelve a ser tardío. Llega tarde, sí, como en 2012. Cuánto sufrimiento, en forma de pérdidas en el crecimiento y el empleo, se hubiera evitados la actuación decidida del BCE aplicando una política monetaria expansiva, que pusiera fin a la desintegración monetaria y financiera de la eurozona, se hubiera producido en 2008 o en 2009. Algo parecido cabe decir hoy cuando contemplamos las consecuencias sociales y económicas de una estrategia errónea que ha tenido en la austeridad a toda costa y en todo lugar su principal eje de actuación.

No deja de ser paradójico que se apele ahora a la aplicación de una política salarial expansiva después de haber aplicado en el caso de España —y de otros países europeos— una de las devaluaciones salariales más intensas en su historia moderna. Hubiera bastado que esa estrategia se aplicara en Alemania y otros países excedentarios en sus balanzas corrientes a partir de 2009, para compensar las políticas salariales de empobrecimiento del vecino aplicadas durante los primeros años del siglo XXI.

¿Qué sentido tenía y tiene que economías como la alemana vengan manteniendo elevados superávits en su balanza por cuenta corriente (8,7% del PIB al finalizar 2015, muy superior en porcentaje al superávit corriente de China) acompañada, dentro de la eurozona, por Luxemburgo, Holanda o Bélgica (con niveles de superávit de entre el 5 o el 10% de su PIB)? La corrección de tales superávits con aumentos salariales generalizados en tales países permitiría corregir los desequilibrios de los países deficitarios y endeudados, incrementando la tendencia de sus niveles de demanda agregada. Lo que, sin duda, significaría, para el caso español de manera destacada, el entronque con una senda de crecimiento más firme que la que estamos registrando en estos dos últimos años, fruto de un tejido empresarial exportador todavía reducido y, sobre todo, anclado en factores exógenos (conflictos que desvían turismo, bajada de precios del petróleo, etc.) que incentivan nuestro modelo tradicional de crecimiento, ya menos agresivo, a base de 'ladrillo y camareros'.

6. LA FORMACIÓN DE LOS SALARIOS EN ESPAÑA[19]

Algunas reflexiones preliminares sobre la formación de los salarios

Durante el siglo transcurrido desde el final de la Primera Guerra Mundial el funcionamiento de las instituciones de formación de los salarios ha sido uno de los aspectos cruciales en el desarrollo del mundo moderno. No solo se trataba de un asunto económico. La expansión de las organizaciones sindicales y las demandas de justicia e igualdad en las condiciones laborales pusieron fin a un mundo —el configurado alrededor del Patrón Oro— en el que los ajustes necesarios para mantener la estabilidad monetaria terminaban, de una u otra forma, siendo soportados por los salarios y el nivel de empleo.

La progresiva implantación de sistemas de negociación salarial en la mayor parte de las economías avanzadas no fue un asunto pacífico. La conflictividad laboral, especialmente durante el periodo de entreguerras, fue muy alta y, en general, terminó impidiendo el retorno duradero de las principales economías a los tipos de cambio vinculados al oro existentes antes de 1914. Aunque la presión salarial llegó a ser muy importante en la mayoría de los países europeos —y también en España— las ganancias de productividad registradas pudieron absorberla, pero las circunstancias sociales y políticas no fueron capaces de propiciar un nuevo marco de estabilización de la situación social y económica.

---

19 Provienen de Valeriano Gómez y Santos M. Ruesga (2018). "La formación de los salarios en España (I)". El *confidencial.com*, 16/05/2018 y Valeriano Gómez y Santos M. Ruesga (2018). La formación de los salarios en España (II). El *confidencial.com*, 16/05/2018. Extraído de: *https://blogs.elconfidencial.com/economia/tribuna/2018-05-16/formacion-salarios-espana-precio-productividad-competencia1563960/* y de: *https://blogs.elconfidencial.com/espana/tribuna/2018-05-19/salarios-espana-ultimo-medio-siglo1565857/*.

Tras la Segunda Guerra Mundial, la adopción de un régimen monetario articulado alrededor de la necesidad de combinar estabilidad en los tipos de cambio con capacidad de ajuste en las economías afectadas por desequilibrios fundamentales en sus monedas propició la necesidad de implantar reglas en la negociación colectiva en las principales economías que fueran razonablemente compartidas.

Las respuestas a la Gran Depresión en los años treinta del siglo pasado, en Estados Unidos a través del *New Deal* o en Suecia con el Acuerdo de *Saltsjobaden,* vinieron a configurar la primera generación de políticas de rentas en las principales economías avanzadas. Este tipo de políticas consistían, en lo esencial, en la elaboración de pautas para el crecimiento de los salarios y de los precios. Dos principios solían presidir este tipo de reglas. El primero establecía algo que hoy, casi un siglo después parece haberse olvidado: las ganancias de productividad han de distribuirse de modo que aseguren un crecimiento adecuado de los salarios. Los trabajadores deben sentir que las mejoras económicas se traducen en mejores condiciones salariales y en sistemas de bienestar más sólidos. El segundo principio introducía una restricción razonable en un mundo que buscaba abandonar el proteccionismo e implantar un régimen abierto a los intercambios comerciales: los salarios no deben superar en periodos prolongados los aumentos en la productividad porque ello terminaría afectando a la capacidad competitiva de la economía nacional, impidiendo la estabilidad cambiaria.

La aplicación práctica de estos principios se realizaba a través de una norma salarial, no necesariamente escrita, pero si tácita, en la que los salarios se revisaban de acuerdo con la evolución de los precios y a su resultado se añadían los aumentos de la productividad. De esta forma los salarios recibían el impulso de la productividad sin que introdujeran presiones inflacionistas en la economía. Además, si el empleo se mantenía constante la norma permitía conservar el nivel de la participación de los salarios en la renta nacional que incluso podría aumentar a medida que el empleo (la población asalariada) creciera.

Aunque este tipo de normas salariales han formado parte de las distintas generaciones de política de rentas aplicadas en las economías avanzadas durante las últimas décadas, en algunas situaciones ha resultado necesario mantener una vigilancia especial. Si un determinado sector es capaz de trasladar a los precios un aumento en los costes, o en los márgenes empresariales, como consecuencia de la inexistencia de un nivel de competencia suficiente, ello puede originar un conflicto distributivo que podría llegar a deteriorar la posición competitiva de las economías afectadas y, de esta forma, provocar devaluaciones monetarias para restaurar el equilibrio en el tipo de cambio. Por eso eran, y son, tan importantes las políticas de competencia. Las posiciones de monopolio o privilegio terminan provocando aumentos de precios con carácter generalizado (trasladan ineficiencias al conjunto del tejido productivo) que, sin son seguidos por los salarios, llegarán a comprometer el equilibrio económico a través de la consolidación de espirales de precios y salarios, que las normas explícitas de formación e indexación salarial, a menudo a través de la negociación colectiva ayudarán a alimentar.

Espiral precios salarios

Cuando se producen este tipo de situaciones, aunque los salarios no aumenten por encima de los precios interiores y la productividad, basta con que los sigan al mismo nivel —sin rebasarlos— para que unos precios sistemáticamente más altos que los de nuestros socios comerciales terminen insuflando aliento a los salarios nominales y provocando tensiones en la balanza de pagos del país afectado. En una economía cerrada a la competencia internacional el mantenimiento de estas circunstancias pude no ser demasiado significativo, pero en economías muy abiertas resulta esencial impedirlas. Ahora bien, el origen de estas espirales no es salarial porque si los salarios no suben por encima de los precios y la productividad y aun así la posición competitiva se deteriora, las causas se sitúan en otros ámbitos, casi siempre vinculados a situaciones de ausencia de competencia.

Una de las formas, en su día más innovadoras, de hacer frente a estos problemas fue la instrumentada en Suecia durante buena parte del siglo pasado. Si los salarios se fijan de acuerdo con las necesidades de los sectores exportadores puede hacerse frente a las dificultades sin que se produzcan a medio plazo tensiones en la balanza de pagos. Sin embargo, aparecen problemas adicionales si, como fue el caso, se producen beneficios extraordinarios en los sectores abrigados frente a la competencia internacional (léase, por ejemplo, la banca, la construcción o los servicios no comercializables, como ha venido ocurriendo en el caso español).

Las cuestiones planteadas no son tan excepcionales como podría pensarse. España es precisamente un buen ejemplo de país cuyas instituciones de formación de salarios han permitido que no crezcan por encima de la regla salarial habitual (precios y productividad) y que, aun así, ha mantenido sistemáticamente una inflación superior a la del resto de las economías europeas que ha venido produciendo, a su vez, un deterioro apreciable en su situación competitiva. A ello nos dedicaremos en un próximo artículo.

Los salarios en España durante el último medio siglo

A lo largo del periodo 1965-2017 es posible distinguir cuatro fases diferenciadas en la evolución de los salarios en España. Durante la primera etapa (ver figuras 6.1 y 6.2), entre 1965 y 1981, los salarios desbordaron ampliamente el crecimiento de la productividad. La economía española experimentó un rápido e intenso crecimiento. El PIB creció en términos reales el 139,1% y, dado que el empleo no solo no creció a lo largo del período, sino que se redujo ligeramente, la productividad del trabajo experimentó un salto muy notable (superior al 5,3% anual en media del periodo). Sin embargo, lo más significativo fue el crecimiento de los salarios. En el marco de una economía en proceso de apertura al exterior, pero todavía muy cerrada, y con severas limitaciones al ejercicio de la acción sindical, el crecimiento salarial fue muy superior al justificado por la suma de la evolución de los precios y la productividad. Durante la segunda mitad de la década de los años 70, en un contexto de fuertes tensiones políticas y sociales que acompañaron el fin de la Dictadura, los salarios superaron en más del 20% el crecimiento de la productividad del trabajo. En el conjunto de la década y media comprendida en esta fase, los salarios crecieron de forma acumulada casi un 40% por encima de la productividad.

Figura 6.1. Salarios reales y productividad en España (1965-2017)

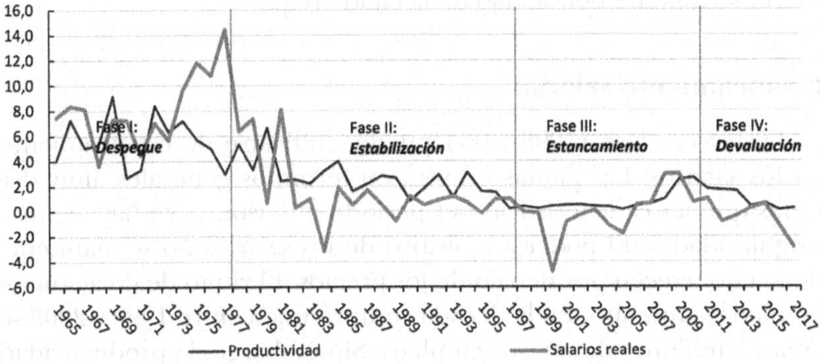

Fuente: elaboración propia con datos INE

A la fase del despegue salarial le sucede una segunda fase de estabilización que abarca el periodo entre 1982 y 1997. Tras los primeros grandes acuerdos de orientación centralizada de los salarios (los Acuerdos Interconfederales de 1979 y 1980 y el Acuerdo Nacional sobre el Empleo de 1981 y ulteriores) el proceso de desinflación nominal avanzó de forma intensa. Los salarios no solo mantuvieron su poder adquisitivo en términos de la evolución de los precios interiores, sino que se produjo una ganancia de 8,6 puntos en los salarios reales). Sin embargo, no llegaron a incorporar el conjunto de los incrementos de la productividad del trabajo registrados en el periodo. En efecto, la productividad siguió creciendo a buen ritmo, aunque a costa de un grado de destrucción de empleo muy apreciable hasta 1985, que fue compensado con una mejora del empleo ya significativa durante la segunda parte del periodo que llegó a rebasar las pérdidas de empleo registradas durante la crisis de la primera mitad de los años 90. Frente a un crecimiento medio anual superior al 5% en la etapa anterior, la productividad creció en esta fase a un ritmo del 2,1% anual, más cercano a las pautas históricas españolas durante el siglo XX. El periodo de 16 años comprendido en esta fase se saldó con un ascenso en los salarios reales (8,6%) muy inferior al crecimiento de la productividad registrado (34,3%). En la forma en que este proceso se representa en el gráfico 2, puede comprobarse como los salarios justificados por la aplicación de la regla salarial típica (incremento de precios + variación de la productividad) se mantienen sistemáticamente por debajo de la citada regla.

Estancamiento salarial

La tercera fase (1998-2011) puede calificarse de estancamiento en los salarios. Las pautas no son, en términos generales, muy distintas que las características del periodo anterior, pero hay algunas singularidades. El poder adquisitivo de los salarios no se mantiene, de hecho, crecen por debajo de los precios. El ritmo de creación de empleo es muy alto. En la década comprendida entre 1998 y 2008 se crean 5 millones de nuevos empleos. Sin embargo, la productividad se estanca en niveles de crecimiento muy cercanos a cero (0,2% es el crecimiento medio anual en los años previos a la crisis) y cuando se recupera lo hace como consecuencia de la enorme destrucción de empleo ocasionada por la crisis a partir de 2008. Visto de esta forma, los salarios crecen un 12% menos que el ascenso de la productividad del periodo continuando así con su papel de moderador del ascenso en los costes del conjunto de la economía. Aunque desde algunos ámbitos se quiso interpretar un acontecimiento excepcional, el ascenso en los salarios reales motivado por el abrupto y súbito descenso de los precios de las materias primas en 2009, como una prueba más de la inflexibilidad salarial en la economía española, lo cierto es que la evolución posterior es, más bien, una prueba de lo contrario: salarios que siguen con dificultad la senda de la evolución de los precios y un deficiente y poco equitativo reparto de las ganancias de productividad.

Las tendencias registradas en la fase de estancamiento salarial se intensifican durante el periodo 2012-2017. La productividad se recupera ligeramente hasta alcanzar valores cercanos a un crecimiento anual del 1% pero los salarios se desploman: en términos reales descienden el 4,4%. Y, junto a ello, si al deterioro en el salario real se le añaden las ganancias de productividad del periodo, la distancia entre salarios y productividad se incrementa de forma desfavorable a los salarios en 9,2 puntos porcentuales. Nunca en la historia reciente se había producido un ajuste tan intenso en el salario real en un contexto en el que los desequilibrios en la distribución de las ganancias de productividad seguían siendo muy desfavorable a las rentas salariales.

Figura 6.2. Salarios nominales y reales (aplicación regla salarial: productividad + variación IPC) (1965-2017

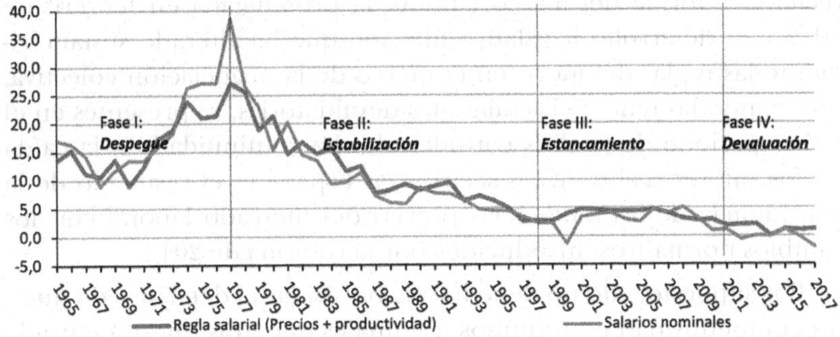

Fuente: elaboración propia con datos INE.

¿Rigidez salarial o ineficiencias en el sistema productivo?

Sirva, pues, este apretado resumen del último medio siglo de evolución salarial en España para insistir en que algunas de las afirmaciones habituales en ciertos ámbitos económicos, aunque repetidas a lo largo de décadas, no superan la condición de falacias. Salvo durante buena parte de la década de los 70 del siglo XX, los salarios en España no han logrado absorber las ganancias de productividad generadas. Sin embargo, el choque salarial de aquellos años, generalizado también en la mayor parte del mundo occidental, aunque con una intensidad algo mayor en España en el marco de las turbulencias sociales y políticas que presidieron el final de la Dictadura en España, fue absorbido durante los años siguientes y más que compensado a lo largo de las dos últimas décadas. Cabe recordar aquí el transcendente papel regulador de tales tendencias jugado por las actitudes de los interlocutores sociales, en particular de las fuerzas sindicales, en el periodo de estabilización aludido.

Y es que, en todo este proceso evolutivo de la dinámica de formación de los salarios en España, no son ajenas las modificaciones del marco institucional laboral, en parte del periodo considerado, sujetas a la concertación social. Las modificaciones de los mecanismos de regulación de la negociación colectiva, por ejemplo, han incidido de forma determinante en todo este proceso, modulando las tendencias insertas en la dinámica del mercado laboral. El ejemplo más reciente, en contraste con otras situaciones anteriores, lo constituye la más reciente reforma del marco laboral, la promulgada en febrero de 2012 y su desarrollo legislativo ulterior, que ha alterado sustancialmente las reglas del juego en el marco de la negociación colectiva, reforzando las tendencias salariales devaluatorias, ya presentes en el tercer periodo de análisis considerado. La continuidad en la caída en los valores reales de los salarios en España es el resultado de la confluencia de las tendencias previas del mercado laboral con los cambios normativos introducidos por la reforma de 2012.

Por supuesto, ello no debe hacernos olvidar el deterioro de nuestra competitividad en términos nominales que, tras nuestra entrada en el euro, no podía ajustarse a través de la modificación del tipo de cambio. Pero si los salarios no solo no recogían las ganancias de productividad, sino que a duras penas compensaban la evolución de los precios interiores el origen de las pérdidas de competitividad no está en la inflexibilidad salarial. Para encontrar explicaciones a este fenómeno es mejor mirar hacia los niveles de competencia en nuestra economía, hacia a la construcción poco eficiente de nuestros márgenes empresariales en los sectores más abrigados de la competencia internacional. Y al hacerlo estaremos encontrando una respuesta a la expansión de tanto malestar frente a una situación que ha despreciado también el papel de los salarios como instrumento de progreso económico y a, la vez, de cohesión social.

7. POLÍTICA DE RENTAS Y SALARIOS: MUCHOS PROBLEMAS Y POCAS SOLUCIONES EN ESPAÑA Y EN EUROPA[20].

No es solo una curiosidad histórica recordar que la primera experiencia de política de rentas concertada con una estructura de negociación de carácter tripartito (sindicatos, empresarios y gobierno) en una economía avanzada se produjo en los Estados Unidos en el periodo inmediatamente posterior a la Segunda Guerra Mundial. En un contexto de explosión de la demanda interna tras la victoria militar, de auge intenso del comercio exterior a través de la exportación masiva de productos de todo tipo (agroalimentarios, componentes industriales y de construcción, electrodomésticos, etc.) a una Europa destruida por la guerra, la inflación comenzó a aparecer como un elemento preocupante años antes del estallido de la Guerra de Corea.

Antecedentes de la política de rentas

La primera respuesta de la Administración norteamericana fue tratar de utilizar algunos de los instrumentos creados durante el periodo bélico para intensificar el combate contra el aumento de la inflación. El más destacado de ellos fue la Oficina del Servicio de Control de Precios (cuyo director fue J. K. Galbraith). Se trataba de un instrumento de planificación y control pensado para una situación especial derivada de las necesidades de la Guerra, pero la Administración Truman creyó que podría ser también empleada en el contexto de la espiral de precios y salarios abierta tras la victoria.

---

20 Proviene de: Valeriano Gómez y Santos M. Ruesga (2023). "Política de rentas y salarios: muchos problemas y pocas soluciones en España y en Europa". *El confidencial.com*, 9/12/2022. Extraído de https://blogs.elconfidencial.com/espana/tribuna/2022-12-09/politica-rentas-salarios-problemas-soluciones-espana-europa3536430/.

Sin embargo, la novedad más significativa fue incorporar en el proceso a las organizaciones empresariales y sindicales más poderosas, capaces de influir en los procesos de formación de precios y salarios que terminaban afectando al conjunto de la economía. Sectores tan importantes como la industria metalúrgica, el transporte ferroviario y por carretera, la industria química o la construcción, protagonizaron un proceso de negociación —con un papel especial del sector metalúrgico— que dio origen a una importante moderación salarial que tuvo como principales contrapartidas, por una parte, la moderación de márgenes y precios en las industrias y sectores incluidos en los acuerdos y, por otra, la participación del sector público en la expansión de algunas políticas públicas de especial interés para los trabajadores (la primera expansión del Medicaid y el Medicare y las políticas de estímulo al acceso a la vivienda provienen de aquella etapa). Junto a ello, la política instrumentada permitía evitar el uso intenso de la política monetaria a través del manejo al alza del tipo de interés y mantener así un tipo de cambio del dólar que no sufriera presiones apreciadoras añadidas a la salida de los EE. UU. de la II Guerra Mundial como la gran potencia mundial en los ámbitos militar y económico. Uno de los aspectos más interesantes de este proceso, no suficientemente conocido en Europa, es que no se trató de un periodo excepcional y corto, sino que sus prácticas se extendieron hasta la última etapa de la Administración Eisenhower (al final de la década de los 50 del pasado siglo).

Por supuesto, la situación descrita no es comparable en muchos aspectos con la que hoy preocupa en España y en Europa, pero pueden subrayarse ciertos elementos comunes:

1. La convicción compartida de que la política monetaria no debía abortar el crecimiento postbélico.
2. La necesidad de alcanzar acuerdos de precios y salarios que pudieran facilitar la tarea a las autoridades monetarias y moderar sus preferencias sobre la subida en los tipos como principal arma de combate contra la inflación.
3. Un proceso de insuficiencia de oferta durante la fase de adaptación de la economía de guerra a un contexto civil y,

4. Una expansión de la demanda especialmente fuerte en las potencias menos afectadas por la destrucción bélica (Estados, Unidos, Australia, Canadá, Nueva Zelanda).

Por supuesto, también es posible observar algunas diferencias importantes respecto a la situación actual. Nuestra inflación actual es gran medida importada por la elevación de los costes energéticos y de otras materias primas o alimentos —vinculados a los efectos económicos de la pandemia de COVID y al conflicto bélico desencadenado tras la invasión de Ucrania por parte de Rusia. Y, junto a ello, lo que vemos en la crisis actual son choques de origen externo en la oferta que terminan afectando al conjunto de las economías en un contexto de mayor interrelación económica fruto de la globalización de los suministros y cadenas de valor.

Ahora en España y en Europa estamos en otro contexto

Es cierto que el modelo institucional de la Eurozona no permite abordar de manera similar las necesidades de la política monetaria y el concurso de la política de precios y salarios. Mientras que la autoridad monetaria es única y está en manos del BCE, las negociaciones salariales se producen de forma dispersa en las diversas economías del euro.

Aun así es importante impulsar políticas que ayuden a reducir la presión sobre la inflación en las economías nacionales (más allá de los factores exógenos de origen energético y bélico, sobre los que no hay posibilidad de influencia a corto plazo de los actores sociales) a través de acuerdos salariales o de rentas que cuenten también con el concurso del sector público, impulsando políticas de interés común para los protagonistas de la negociación tripartita (empresarios y sindicatos, además del Gobierno).

Lo que hasta ahora sabemos de este tipo de procesos en Europa es que la negociación salarial se está quedando muy por detrás de la evolución de los precios. En ninguna de las grandes economías europeas los salarios recuperarán o igualarán el poder de compra derivado de la evolución de la inflación nacional. Pero además también sabemos que la mayor devaluación salarial se podría producir en España (medida por la diferencia entre la inflación media prevista para 2022, 8,5% estimada en el Proyecto de PGE recientemente presentado, y la evolución de los salarios de convenio, 2,6% para los apenas 1,5 millones de trabajadores hasta ahora afectados por convenio pactados este año).

Buena parte de las grandes economías europeas, quizás para compensar esta situación de insuficiente respuesta salarial a la evolución de la inflación (con el consiguiente efecto de depresión de la demanda interna añadido a los efectos contractivos de la política monetaria), han respondido con importantes medidas de ascenso en el SMI (Alemania, Bélgica, Francia y ahora España ya lo han anunciado o realizado).

En el caso español, la situación se caracteriza por una importante dispersión (no siempre coherente entre sí) de las actuaciones en los ámbitos de las políticas públicas que podrían contribuir a una adecuada racionalización de la negociación salarial (política de vivienda, educación y formación profesional en el trabajo, pensiones y cotizaciones sociales, etc.) como en la propia negociación colectiva, muy retrasada y con muy pocos avances significativos.

La excepción en el contexto anterior está en el acuerdo alcanzado por dos de los principales sindicatos de la función pública (UGT y CCOO) sobre retribuciones de los funcionarios. El acuerdo contempla que los PGE para 2023 incluirán una subida de las retribuciones públicas del 2,5% y que esta subida se podrá incrementar hasta en un punto adicional en función de variables vinculadas al IPC y al PIB nominal. El acuerdo contempla también un escenario de cláusula de revisión salarial, si bien más laxo que el habitualmente manejado, dado que se activaría si el IPC de 2023 supera el 6% (con una subida en este caso del 0,5% adicional).

Sin embargo, donde no parece haber progreso alguno, con amenaza de apelación a movilizaciones durante el otoño y el invierno es en la negociación salarial en el sector privado. Es cierto que algunas grandes empresas (Telefónica, Repsol, Iberdrola, Cellnex, Enagás) han anunciado su intención de aproximar salarios a la inflación actual. Sin embargo, no parecer haber avances en la materia esencial planteada desde las organizaciones sindicales: buscar una fórmula que permita recuperar a plazo las desviaciones, que serán muy importantes, entre la evolución de los precios en 2022 y los salarios, pactados o no, durante el presente año. No es una tarea fácil pero no es, ni mucho menos, imposible. España ha conocido fórmulas muy diversas de recuperación de poder adquisitivo en etapas de inflación similares a la actual, aunque es verdad que hace tiempo que las cláusulas de revisión salarial no figuran entre las prioridades de la negociación colectiva.

Por supuesto, una etapa de inflación muy atenuada como la que España ha vivido desde su incorporación al área del euro ha permitido que la negociación colectiva no se preocupe tanto como en el pasado de la evolución de los precios. Pero no puede desconocerse esta nueva situación en la que la estabilidad de precios ha desaparecido tan abruptamente. Si los precios suben y se deteriora el poder de compra de los salarios, antes o después deben restaurarse los equilibrios. Precios y productividad siguen siendo los determinantes de una negociación salarial coherente y responsable. Esa norma debe valer para etapas de estabilidad de precios y, con las variantes que los negociadores incorporen, para periodos de intenso repunte de la inflación como los que vivimos en España y en Europa.

8. REFLEXIONANDO SOBRE LA BRECHA SALARIAL DE GÉNERO[21]

Cuestión conceptual previa

Repetimos de forma reiterada el término "brecha salarial de género" sin precisar mucho su contenido y mostrándolo como representación de una realidad menos compleja de lo que de hecho es. Si atendiéramos a una interpretación literal parece que estaríamos hablando de diferencias de retribución salarial entre hombres y mujeres, pero puede que estemos malinterpretando el concepto de *salario*. Y simplificar lo complejo suele tener malos resultados a la hora de solventar las causas que generan el problema en cuestión, oscureciendo y dilatando las soluciones efectivas.

Vayamos por partes. Vivimos aun inmersos en lo que se ha denominado como "ola de emancipación de la mujer", concentrada en la "eliminación de las desigualdades económicas, principalmente en lo que a la discriminación en el empleo se refiere y en las disparidades en las ganancias y los derechos de propiedad" (Robert Skidelsky, 2018). Y, sin embargo, en la mayoría de las sociedades occidentales se ha alcanzado en el ámbito legal el principio que establece igual pago por trabajo semejante. En el caso español tenemos una legislación profusa que garantiza, en el plano jurídico, esa no discriminación salarial. Es decir, en esa perspectiva estrictamente jurídica de "salario", no hay, en general, brecha de genero significativa. Y, es que si por "salario" entendemos, en su acepción más restrictiva, la retribución (monetaria o en especie) por una unidad de trabajo determinada (normalmente una hora) o

21 Proviene de: Javier Baquero Pérez, Valeriano Gómez Sánchez y Santos M. Ruesga Benito. (2018). *Revista de Derecho de la Seguridad Social*, nº 19. ISSN: 2386-7191: 265-274. Extraído de: https://revista.laborum.es/index.php/revsegsoc/article/view/360
Una versión preliminar y resumida de este trabajo fue publicada en Valeriano Gómez y Santos M. Ruesga (2017). "La brecha salarial de género (seguimos con armas para niños y muñecas para niñas)". *El Confidencial.com*, 26/03/2017, en: https://blogs.elconfidencial.com/espana/tribuna/2018-03-26/brecha-genero-salarios-horarios1540397/

incluso, de modo más extensivo, nos referimos a la suma de dinero que recibe periódicamente un trabajador por un tiempo determinado o por la realización de una labor específica, no hay razón para esperar, en las sociedades desarrolladas, y salvo vacíos jurídicos específicos o incumplimientos de las normas, que hombre y mujer tengan salarios distintos por el hecho del diferente género.

Otra cosa es hablar de *retribución salarial* refiriéndonos a la cuantía que percibe un trabajador en un determinado periodo de tiempo (semana, mes, etc.) que está relacionada con las horas trabajadas en el periodo y determinadas características, valoradas por las empresas, del trabajo aportado (en suma, la productividad de dicho trabajo, mejor o peor estimada). La distinción entre uno y otro concepto, "salario" y "retribución salarial" que aquí venimos comentando, no es un mero ejercicio de retórica académica, sino que lleva a diferentes consideraciones en el orden de las actuaciones políticas, a la hora de establecer prioridades para erradicar las diferencias en los mercados laborales por razón de género.

Así pues, en general, no hay diferencias sustanciales en los "salarios" legalmente regulados entre hombres y mujeres. En los convenios colectivos, instrumentos que fijan las retribuciones salariales para la mayoría de la población trabajadora en nuestro país, no se hacen diferencias debido a género. En las tablas salariales que se recogen en estos instrumentos, se establecen salarios por categorías, cuantías unitarias de los pluses a aplicar u otros elementos de la retribución salarial que, en ningún caso muestran diferencia alguna en función del género de los trabajadores.

Conviene por tanto tener presente que las diferencias de retribuciones salariales entre los distintos géneros no provienen tanto de diferencias en el salario regulado o establecido en convenio como de la internalización en el mercado laboral de la discriminación social que padecen las mujeres a la hora de incorporarse a la actividad productiva de carácter monetario y durante su desarrollo.

Y es aquí donde observamos que las diferencias de retribuciones salariales por género están ancladas en al menos dos elementos fundamentales para su determinación. Las estadísticas disponibles, como veremos, avalan de manera clara y meridiana este tipo de argumentación. Tales diferencias se materializan, de un lado, en las discrepancias que se observan en la inserción en el mercado laboral entre géneros y, subsecuentemente, en la carrera profesional de ambos y, por otro lado, en la dedicación horaria al mercado de trabajo (remunerado) y la competencia que se establece, fundamentalmente en el caso de las mujeres, entre trabajo remunerado y trabajo doméstico (*invisible* como lo califica María Ángeles Durán) (Durán 2017).

La brecha ocupacional

Respecto a la primera variable señalada como explicación de las diferencias en las retribuciones salariales de hombres y mujeres, los datos son concluyentes. Por un lado, sabemos que, por término medio y en el caso español, las retribuciones salariales de las mujeres por mes son en torno a un 25% inferiores a los de los hombres con datos a diciembre de 2017 (por hora se sitúan entre el 15-20 por ciento, según las distintas fuentes). Conviene resaltar que la brecha salarial de género (por hora) no es de las más elevadas en el contexto de los países europeos, situándose en torno a la media (véase figura 8.3).

Figura 8.1. Brecha de retribuciones salariales por sectores de actividad (España 2016)

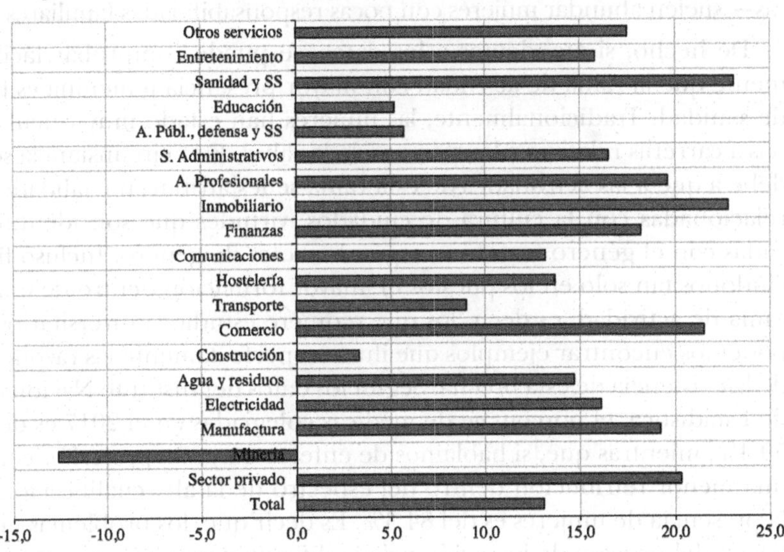

Fuente: Encuesta de Estructura Salarial (INE)

Sin embargo, cuando analizamos esas diferencias según la ocupación o el sector observamos una amplia gama. Son precisamente en aquellas ocupaciones o sectores donde las mujeres tienen mayor presencia, los de puestos de trabajo con menor cualificación, en las que las diferencias de retribuciones salariales son más elevadas. Cómo se puede observar en las figuras 2 y 5, las mujeres tienen mayor presencia relativa en los sectores de menor nivel de cualificación o en los puestos de trabajo a tiempo parcial que es, precisamente donde se ubican las retribuciones salariales más bajas (la brecha es mayor) con respecto a las de los hombres; al contrario de lo que ocurre donde las mujeres ocupan un menor peso relativo. Lo que esto quiere decir es que las mujeres tienen mayores dificultades de inserción en puestos de trabajo de mayor cualificación y al mismo tiempo sus carreras profesionales son mucho más lentas, menos extensas y no llegan al "top" con respecto a las de los hombres. De tal manera que, en un corte transversal, en un momento determinado, su presencia en los niveles de cualificación más elevados es relativamente inferior de forma constante. Raro es ver en los puestos mejores en el ámbito ocupacional a mujeres y, desde luego pocas con hijos en edad de cuidados más intensos. En el perfil de las mujeres directivas —en términos relativos, cuantitativamente escasas— suelen abundar mujeres con pocas responsabilidades familiares.

De hecho, si atendemos a los datos, se puede comprobar fácilmente que la rama de actividad con mayor presencia femenina es la de sanidad. Tradicionalmente, las mujeres han estado muy vinculadas a carreras relativas a las ciencias de la salud. Esta circunstancia se debe a que a las actividades de esta rama se les atribuyen cualidades relacionadas con la cultura de cuidados, virtudes que son identificadas con el género femenino según los roles de género. Incluso fijándonos tan solo en los puestos de mayor formación dentro de esta rama de actividad, es decir, los que requiere estudios universitarios, podemos encontrar ejemplos que ilustran perfectamente las razones de la existencia de esta brecha. Según los datos del Instituto Nacional de Estadística, el porcentaje de médicas colegiadas en el 2017 es del 50,4%, mientras que, si hablamos de enfermeras, una profesión con una menor retribución dentro del espectro de la alta cualificación, la presencia de mujeres es del 84,3%. Es decir que, los problemas no nacen del proceso de inserción y de la dificultad para alcanzar puestos de alta responsabilidad a lo largo de su carrera, sino que, incluso a la hora de elegir estudios, las mujeres se encuentran condicionadas por los roles de género, de forma que sus trayectorias profesionales quedan subordinadas a clichés sociales desde un primer momento[22].

Y esto es así, a pesar de que en el momento inicial de la carrera laboral las mujeres españolas registran un mayor nivel de educación formal. Según los datos del Instituto Nacional de Estadística, en el cuarto trimestre de 2018, el nivel educativo de la población activa femenina más joven —hasta los 30 años— es claramente superior a la de los varones: el 45,7% de ellas ha finalizado estudios superiores frente a un 33,7% en el caso de los varones. Así pues, más educación, por si sola, no es suficiente para lograr mayor equidad.

Figura 8.2.% Mujeres/% Hombres ocupados (en%) por sectores de actividad (España 4ºT 2018)

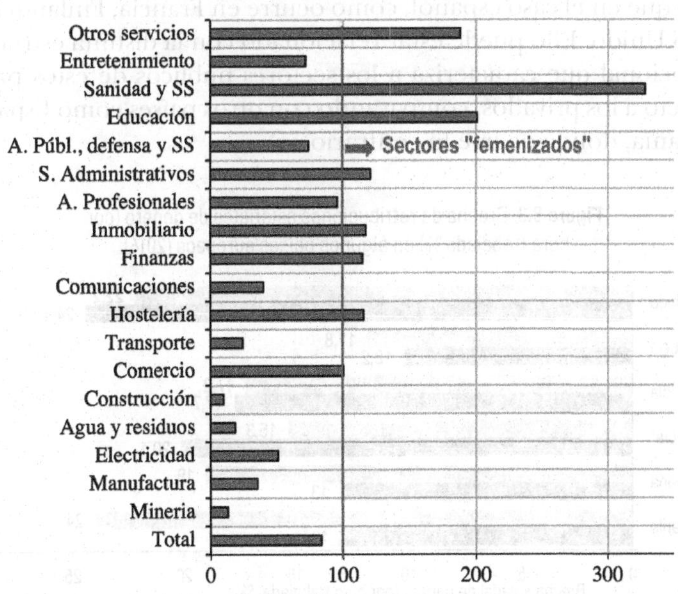

Fuente: Elaboración propia sobre datos Encuesta de Población Activa (INE).

[22] Blau y Kahn (2017:789) corroboran esta afirmación: "Además, la brecha salarial entre hombres y mujeres disminuyó mucho más lentamente en la parte superior de la distribución salarial que en la parte media o inferior, y para 2010 era notablemente más alta en la parte superior".

Por otro lado, si diferenciamos la economía pública y la privada, encontramos ciertas diferencias. En España, la brecha salarial es significativamente menor en el sector público que en el privado. En concreto, la diferencia entre sectores asciende a seis puntos porcentuales en 2016. La homogeneidad salarial en la administración pública, junto con las iniciativas de paridad de género referidas a puestos de alto rango, pueden estar detrás de este hecho. Este tipo de políticas no siempre se encuentran en la empresa privada, que responde a una mentalidad más mercantilista. Y, por tanto, asume en menor medida los costes que implica la aplicación de medidas que faciliten la conciliación de la vida laboral y la familiar a las mujeres. A este respecto, resulta llamativo como en algunos países europeos la brecha salarial de género, en media para el conjunto de las actividades económicas, es mayor en el sector público que en el privado, al contrario que en el caso español, como ocurre en Francia, Finlandia o el Reino Unido. Ello puede estar relacionado con la distinta estructura ocupacional que caracteriza a los sectores públicos de estos países, respecto a los privados, comparando con otros países como España o Alemania, donde ocurre lo contrario.

Figura 8.3. Brecha de retribuciones salariales de género (por hora trabajada,%) en algunos países europeos (2016).

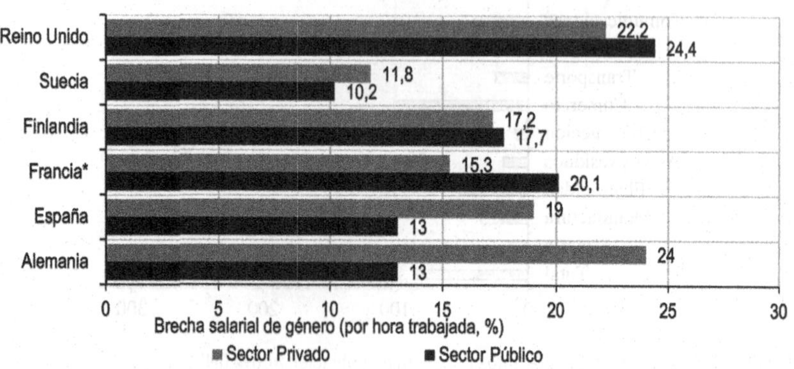

Fuente: EUROSTAT.

* Para Francia los últimos datos son de 2014

La brecha horaria de género

En segundo lugar, lo que denominamos “brecha de retribuciones salariales de género” viene explicado también, en estrecha relación con lo anterior, por la diferencia en el número de horas remuneradas trabajadas. En general, las mujeres trabajan menos horas para el mercado porque dedican más horas al *trabajo invisible* o doméstico, no remunerado. Obviamente, a menor número de horas trabajadas, menor remuneración salarial. Así, las mujeres trabajan a diario un 30 por ciento más de tiempo porque dedican al trabajo doméstico (no remunerado) más del doble de tiempo que los varones y, en consecuencia, mucho menos tiempo al trabajo mercantil, con respecto a los hombres.

Figura 8.4. Distribución del trabajo diario entre hombres y mujeres (% respecto la media total de cada concepto para cada género) (España, 2010)

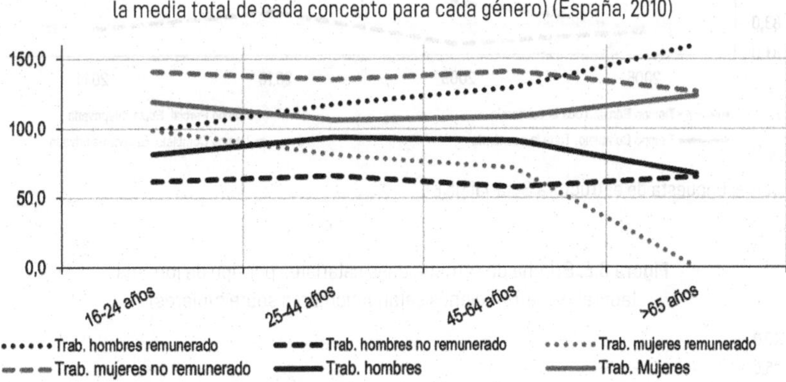

Fuente: Encuesta de Empleo del Tiempo

Pero, el efecto de la menor disponibilidad de horas para el trabajo mercantil no es solo directo, sino que también lo es en términos cualitativos; esa menor disponibilidad significa que el trabajo femenino es menos flexible desde el punto de vista de las empresas y que, por tanto, su demanda en términos relativos es menor lo que conduce a dejar de percibir remuneraciones que están vinculadas a dicha flexibilidad (pluses por asistencia, turnos, disponibilidad, etc.), reforzando, así el efecto ya señalado con anterioridad. Dicho de otro modo, en la perspectiva de los mercados, el capital humano femenino crece más lentamente que el masculino lo que implica que la brecha de retribuciones salariales se amplíe a medida que se avanza en la edad.

¿Por qué entonces, en los mercados laborales se manifiesta discriminación ocupacional (en cuanto a nivel de cualificación, en la inserción y en carreras profesionales) y, por extensión en las retribuciones salariales, de manera sistemática contra las mujeres?

Figura 8.5. Brecha de retribuciones salariales de genero por tipo de jornada (por hora trabajada) (2008/2011)

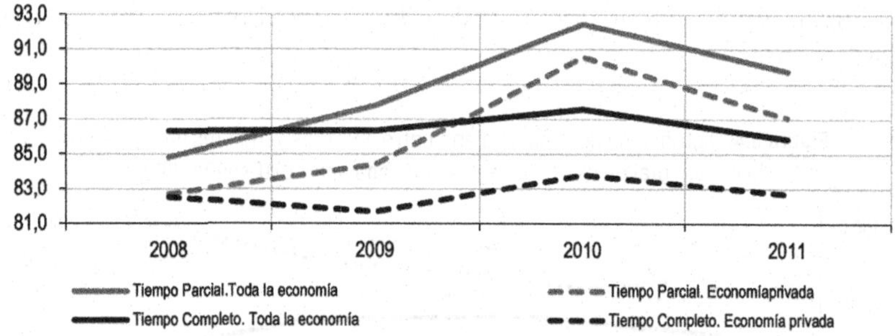

93,0
91,0
89,0
87,0
85,0
83,0
81,0
2008
2009
2010
2011
Tiempo Parcial.Toda la economía
Tiempo Parcial. Economíaprivada
Tiempo Completo. Toda la economía
Tiempo Completo. Economía privada

Fuente: Encuesta de estructura Salarial (INE).

Figura 8.6. Brecha de retribuciones salariales por tipo de jornada laboral (% retribuciones salarial hombres sobre mujeres)

40,0
35,0
30,0
25,0
20,0
15,0
10,0
5,0
0,0
2008
2009
2010
2011
2012
2013
2014
2015
2016
Jornada Parcial
Jornada Completa

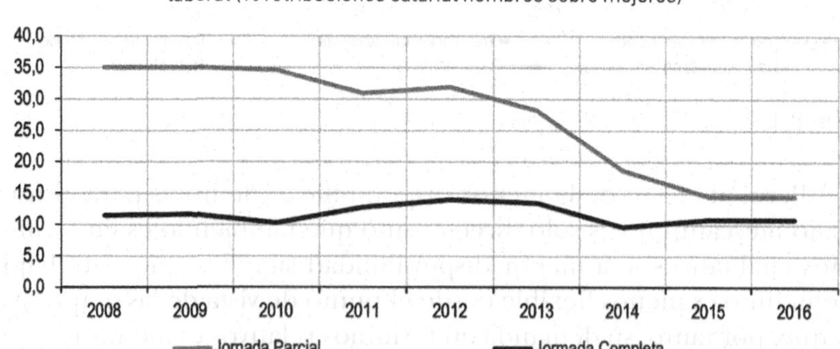

Fuente: EUROSTAT

El mercado selecciona en términos de rendimiento, busca la maximización del beneficio, aunque no sea este su único objetivo. Puede que incluso seleccione en función de las expectativas de diferencias en el rendimiento entre la mano de obra femenina y la masculina, interpretando que, a causa de los roles sociales asignados socialmente a la mujer, en algún momento reducirá su disponibilidad de trabajo para el mercado a causa de la elevada carga de trabajo doméstica que asume.

En suma, la función empresarial, en el mercado, interpreta que la mujer desarrolla un menor nivel de productividad a lo largo de su vida laboral como resultado de lo que la OIT definió como el "gap de maternidad" (ILO, 2018:78 e ILO, 2015). Este organismo entiende que la maternidad dispara la brecha salarial.

Figura 8.7. Brecha salarial de género por edades en%) (España 2016)

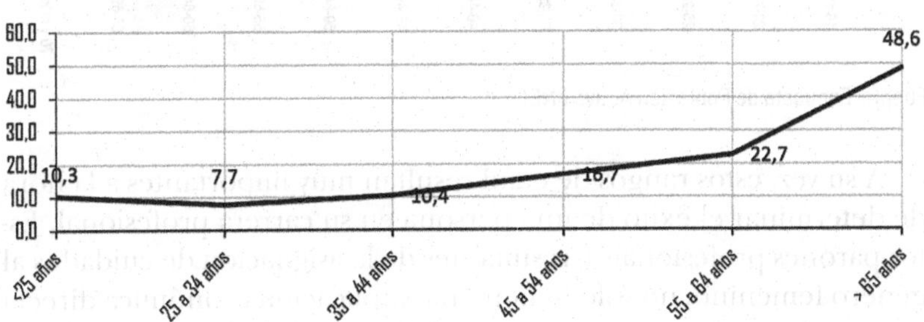

Fuente: Encuesta de Estructura salarial (INE)

"A medida que las mujeres entran en las edades más frecuentes para tener hijos, sus salarios disminuyen respecto a los hombres de sus mismas características. En el caso español y en otros muchos—, la edad clave en la que se materializa este gap son los 30 años: mientras que antes de esa edad, los sueldos de mujeres y hombres son más parecidos (un 4% más bajos los de ellas), a partir de la treintena la brecha crece al 10%. A los 40, las mujeres ya cobran, de media, un 15% menos que los hombres, una cifra que crece hasta el 20% cuando hablamos de personas de más de 50 años" (Requena, 2018).

Además de las diferencias dentro de la población activa, encontramos el problema de la salida de un importante número de mujeres del mercado laboral por obligaciones no remuneradas. La tasa de inactividad que observamos en mujeres por razones de cuidados de niños y enfermos es significativamente mayor que en hombres. Si observamos los datos, las diferencias son especialmente grandes en etapas donde es más probable que las mujeres sean madres.

Figura 8.8. Tasa de actividad mujeres/hombres por edades en % (España 4°T 2018)

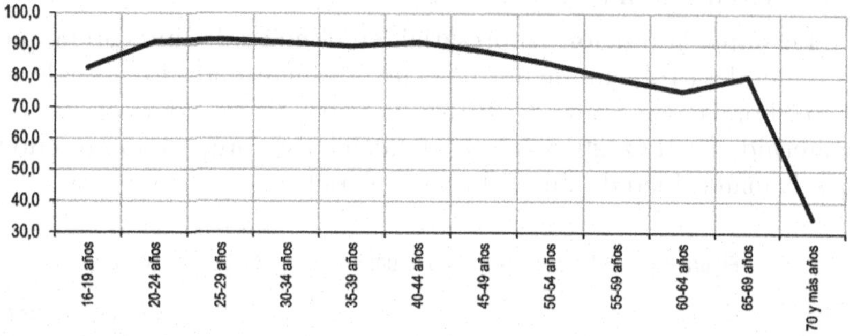

Fuente: Encuesta de Población Activa (INE)

A su vez, estos rangos de edad resultan muy importantes a la hora de determinar el éxito de una persona en su carrera profesional. Estos parones profesionales, resultantes de la asignación de cuidados al género femenino, no solo tienen una implicación económica directa provocada por la falta de rentas obtenidas del trabajo, sino que, podrá tener repercusiones en la reinserción en el mercado laboral una vez que acabe la etapa en la que los hijos requieren más cuidados. Si estos periodos de inactividad se prolongan en el tiempo, se puede producir la llamada obsolescencia de las competencias adquiridas. Las empresas pueden interpretar que el capital humano adquirido por estas mujeres ya sea por medio de la educación, o la formación en el trabajo, tiene una menor utilidad, dado que ha estado en desuso durante un largo periodo de tiempo. Algo parecido puede ocurrir desde el punto de vista de las mujeres que vuelven a buscar trabajo, ya que es posible que tengan una menor seguridad a la hora de presentarse a ofertas de trabajo que requieran una alta cualificación.

Ello explica cómo, por ejemplo, la brecha salarial se amplía, de forma generalizada con la edad, así como en las ocupaciones o sectores más típicamente femeninos.

¿Cómo caminar hacia la equidad salarial de genero?

En este contexto, lo previo es declarar como ilegal la posible discriminación salarial en las remuneraciones reguladas, una cuestión que debemos presumir ya efectivamente contemplada en nuestra normativa laboral, de equidad de género y otros ámbitos del derecho. Asimismo, en segundo lugar, debemos asegurar que esa igualdad legal se cumple, una cuestión menos obvia de lo que debería parecer. Sin embargo, lo que ya está más lejos de alcanzarse es la equidad en cuanto al reparto por géneros de la carga de trabajo doméstico —distinto al hecho de la maternidad en sí misma—, algo que está en la base de la diferente cantidad y calidad del trabajo remunerado que ofrecen hombres y mujeres en el mercado. Aquí el camino restante es todavía largo

Figura 8.9. Inactivos por motivo de cuidado de niños o de adultos enfermos, incapacitados o mayores según edad. Mujeres/ Hombres (en%) (4°T 2017)

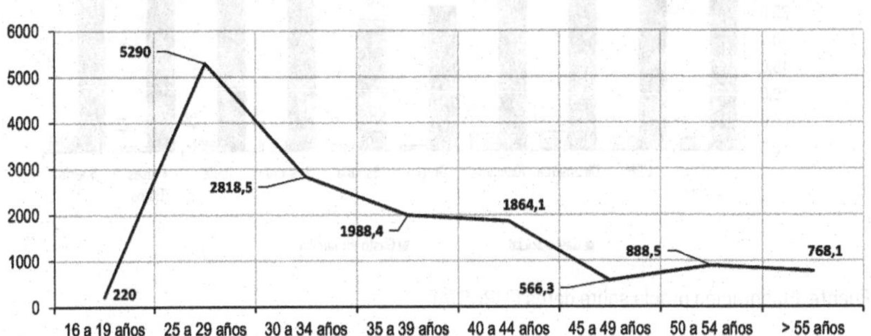

Fuente: Elaboración propia sobre datos EPA (INE)

Hay quienes apuntan como receta que la pieza fundamental para alcanzar la equidad retributiva por género se sitúa en el campo de la educación, actuando desde la más tierna infancia, para que niños y niñas vayan asumiendo y practicando esa praxis social de compartir el trabajo doméstico. Como subraya Skidelsky, "la igualdad real de género no se alcanzará hasta que la formación de hábitos y gustos deje de estar sujeta por más tiempo a estereotipos; no se debería dar automáticamente a los chicos armas mientras que las chicas se les da muñecas".

De lo dicho puede deducirse que centrar nuestras actuaciones en generar más legislación de carácter igualitario o, incluso, incrementar los mecanismos con los que cuenta el Estado de derecho para vigilar la aplicación de las leyes, en este caso, no redundarán en una reducción significativa de las desigualdades en materia de retribuciones salariales por razón de género. Es posible, no obstante, que se pueda avanzar en esa dirección, en el supuesto de que todavía queden lagunas en la legislación —por ejemplo, en aspectos relativos a la transparencia en las empresas o en los procesos selectivos de personal— con respecto a la equidad entre los géneros. Pero aun existiendo la posibilidad de solventar los incumplimientos legales a base de mejorar la eficiencia de la inspección laboral, el problema de la desigualdad en las retribuciones salariales por género seguiría operando.

Figura 8.10. Gasto social en familia (% PIB, 2016)

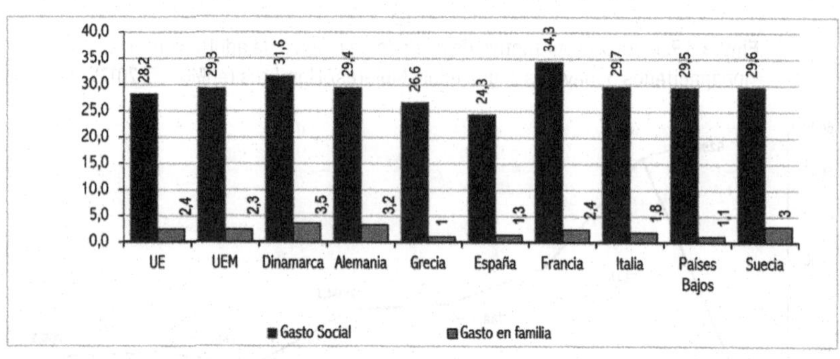

Fuente: Elaboración propia sobre datos EUROSTAT

Por eso, entendemos que, más allá de implementar instrumentos para avanzar en la educación en igualdad, para reducir la brecha de ingresos de género resulta preciso asumir por el conjunto de la sociedad buena parte de los costes que conlleva el cuidado de niños, dependientes y/o mayores. Esto es política social —hacia la familia— en estado puro, una de nuestras principales carencias. Este es el camino por el que transitan los países que están obteniendo mejores resultados en materia de equidad de género, particularmente en el terreno laboral. Los ejemplos, también aquí, están al Norte de nuestro continente: guarderías, servicios para la dependencia o a la tercera edad. Se trata de sacar fuera de la familia este tipo de funciones sin que ello signifique la ruptura del vínculo familiar.

Por otro lado, además de atacar el problema a través del gasto social, es importante hacer hincapié en la inclusión de políticas que inviten a los varones a involucrarse en el cuidado de los hijos. La repartición más equitativa de las bajas por paternidad y maternidad es un ejemplo de ello. Desde el punto de vista de la política laboral, se deberían buscar medidas que avancen hacia la conciliación familiar, así como el aumento de la seguridad de los trabajadores que se encuentren en esta situación. También sería muy positiva la existencia de políticas activas de empleo que faciliten la vuelta al mercado de trabajo de los padres y madres que deciden parar sus carreras durante los primeros años de vida de sus hijos. Actividades formativas que se puedan conciliar con el ámbito familiar, o un seguimiento más exhaustivo de los individuos que se encuentren en esta situación, para facilitarles la búsqueda de empleo, pueden conseguir grandes resultados. De esta forma, se reduciría la brecha salarial provocada por la maternidad en edades más avanzadas.

No hay recetas mágicas, por supuesto, pero Suecia o Dinamarca están obteniendo buenos resultados y a la vez registran razonables avances en la reactivación de sus tasas de natalidad. Como en tantas otras facetas de nuestro desarrollo, la búsqueda de la igualdad no está reñida con el logro de la eficiencia.

9. EL RETORNO DE LA POLÍTICA SOBRE EL SALARIO MÍNIMO[23]

El debate sobre los efectos económicos y sociales de la implantación de salarios mínimos es, seguramente, uno de los más tradicionales en el ámbito de la economía laboral. Para unos —no hace falta subrayar demasiado de quién se trata—, la mera existencia de salarios mínimos tendría efectos absolutamente negativos sobre el empleo. Al fin y al cabo, se sostiene, los costes laborales son esenciales en la demanda de trabajo por parte de las empresas. Desde esta perspectiva, una elevación del salario mínimo interprofesional impulsaría a las empresas a reducir empleos o tiempo de trabajo para mantener un nivel adecuado de producción y beneficios, afectando negativamente a aquellos a los que pretende beneficiar, los trabajadores con bajos salarios.

Frente a ellos, los defensores de la legislación sobre salario mínimo destacan los efectos beneficiosos dentro de las empresas y del conjunto de la economía de una reducción de las diferencias salariales, con el consiguiente descenso de las desigualdades. Recuerdan la mayor propensión al consumo de los trabajadores con salarios más bajos y el consiguiente incremento en la demanda, y, algo no menos importante, subrayan los efectos positivos sobre la productividad y la reducción de los costes de formación y adiestramiento de los trabajadores que genera una legislación protectora del salario mínimo.

Aunque los argumentos vinculados a los beneficios económicos de la equidad y la justicia social no han tenido un lugar de preferencia en este tipo de debates, lo cierto es que algo está cambiando durante los últimos años. El acusado descenso en la capacidad de acción de las organizaciones sindicales a través de la negociación colectiva, la tendencia general hacia la reducción de la participación de los salarios en la renta (un fenómeno que viene a mostrar las dificul-

---

[23] Valeriano Gómez y Santos M. Ruesga. "El retorno de la política sobre el salario mínimo". El confidencial.com, 12/12/2016, Extraído de https://blogs.elconfidencial.com/espana/tribuna/ 2016-12-12/politica-salario-minimo-acuerdo-pp-psoe-economia-laboral_130164.

tades en la transmisión de los aumentos de productividad hacia los salarios) o la extensión de la pobreza laboral y las dificultades para el mantenimiento de un nivel de vida digno, incluso entre aquellos que disfrutan de empleo, han vuelto a situar la política sobre el salario mínimo como una de las principales preocupaciones en la sociedades más avanzadas.

A lo largo de los últimos años, tres países europeos han sucumbido (sic) a una larga tradición de ausencia de regulación del salario mínimo. Reino Unido (durante el Gobierno de Blair en 1999), Irlanda (en el año 2000) y Alemania (en 2015, tras su introducción a la iniciativa socialdemócrata en el programa del Gobierno de coalición con los demócratas cristianos) han sido las últimas incorporaciones a una larga lista de países con salarios mínimos legales que comenzó en Nueva Zelanda hace más de un siglo.

No hay evidencia empírica destacable respecto a que en los países antes citados haya habido efectos negativos sobre el empleo, ni siquiera para el segmento de los trabajadores menos cualificados. Los salarios mínimos establecidos en los tres países señalados han sido, por cierto, muy superiores a los regulados en España. En Alemania, el SMI vigente durante 2016, expresado en 12 pagas mensuales, es de 1.440 euros (casi el doble que los 764 euros mensuales de España, también expresados en 12 pagas anuales), e incluso es aún mayor el correspondiente al Reino Unido (1.512,4 euros mensuales). Pero es Irlanda, entre los tres países con regulaciones de salario mínimo más recientes, el país que ostenta el nivel más alto, 1.546,4 euros mensuales en 2016.

La evolución del SMI en España a lo largo de las últimas tres décadas puede ser ilustrativa al menos en tres aspectos clave. En primer lugar, las cuantías del salario mínimo se han mantenido sistemáticamente en los últimos lugares entre los países europeos (excluidos los países del Este de Europa). Antes de la crisis, incluso economías con productividades del trabajo mucho más bajas que la española, Grecia sin ir más lejos, han tenido salarios mínimos superiores al español.

En segundo lugar, a pesar de la evolución descrita, el empleo juvenil, uno de los indicadores que podrían resultar positivamente afectados por una política de salario mínimo no demasiado "agresiva", se ha mantenido en niveles altos e incluso hoy sigue ostentando las posiciones más destacadas en la eurozona junto con Grecia.

Y, en tercer lugar, las distancias entre el salario mínimo vigente en España y el correspondiente a las principales economías europeas no se explican por las diferencias en la productividad del trabajo. Por ejemplo, nuestro SMI es prácticamente la mitad del vigente en Francia, Alemania o el Reino Unido, y sin embargo la productividad del trabajo de España es solo inferior respecto de ellas en una banda de entre el 10% y el 30%.

Es en este contexto en el que hay que situar el acuerdo alcanzado hace unos días entre el Gobierno y el principal partido de la oposición, el PSOE. No es la primera vez que la política de salario mínimo alcanza un nivel de preferencia en la política laboral. En el periodo 2004-2008, se llevó a cabo la mayor subida progresiva que en España haya registrado nunca el SMI. Aquella política permitió un ascenso acumulado en cuatro años de alrededor del 35% en la cuantía del SMI. Pero se interrumpió con la crisis. Incluso en algunos años de la legislatura 2011-2015, el Gobierno del PP llegó a congelar su cuantía, en dos ocasiones, algo que nunca había sucedido desde que existe salario mínimo en España. Por eso, hay que saludar con confianza que hoy vuelva a ser posible el comienzo de una nueva etapa que permita avanzar en los próximos años hacia un nivel del salario mínimo adecuado en el plano económico y también en el terreno social. Alcanzar durante el próximo lustro un salario mínimo cercano a los 1.000 euros mensuales debe ser posible si nuestra economía logra crecer sin descuidar la equidad.

No sabemos con precisión cuántos trabajadores perciben salarios iguales al salario mínimo interprofesional. Es muy probable que la cifra de 600.000 perceptores de salarios similares al SMI haya crecido significativamente con la crisis; y, junto a ello, la expansión del trabajo precario y no siempre cubierto por la negociación colectiva ha incrementado los niveles de desigualdad salarial. Lo que esta subida del 8% en el SMI para el año próximo envía es una señal a todos los operadores económicos sociales para que trasladen al salario una buena parte de las ganancias de productividad queso generen en el futuro, porque si la participación de las rentas del trabajo en el conjunto de la renta es hoy declinante, y no solo en España, no solo se debe a la intensidad de la destrucción de empleo sino a una insuficiente mejora en los niveles salariales, que ya era muy perceptible con anterioridad al estallido de la crisis en 2008.

En el año 2004, se creó un indicador, el IPREM, destinado a sustituir al SMI como elemento de referencia en el conjunto de las políticas públicas de gasto y transferencias a las familias. Con ello se trataba de hacer posible llevar a cabo subidas importantes del SMI sin presionar al alza sobre el gasto público. Esto es lo que sucederá también hoy si España mantiene el pulso de esta estrategia que se inicia con la fijación del SMI para 2017 y que debe continuar en años sucesivos. Pero, además, hay algo que no debemos olvidar en un momento como el que actualmente atraviesa nuestro sistema de Seguridad Social. El SMI es el suelo de las cotizaciones al sistema. Una subida del 8% en el SMI producirá por sí misma un ascenso en los ingresos de la Seguridad Social superior a los 300 millones de euros anuales. No es mucho, teniendo en cuenta la situación del déficit actual. Pero sumados a una estrategia de elevar los topes máximos de cotización —entre otras medidas de incremento de los ingresos—, también contemplada en el acuerdo entre el PSOE y el Gobierno (que deben desarrollarse en el Pacto de Toledo y el diálogo social) y a una reducción sustancial de los estímulos empresariales al empleo —manifiestamente ineficientes— en las cotizaciones actualmente sufragadas por el sistema de Seguridad Social, la subida del SMI puede ayudar a reducir los desequilibrios financieros del sistema de pensiones durante los próximos años. Esta es la otra cara del papel del salario mínimo que casi siempre se olvida y que, tras una etapa de intensa devaluación salarial, resulta esencial en la dinámica financiera del mismo.

10. LA AGRICULTURA ESPAÑOLA Y EL SALARIO MÍNIMO[24]

Durante los últimos días, las protestas registradas en buena parte del mundo rural español, cuya intensidad no sería aconsejable desconocer, han vuelto a traer al primer plano las preocupaciones y las dificultades que aquejan a nuestra agricultura. Además, la coincidencia en el tiempo de la emergencia de esta situación con la revisión de la cuantía del salario mínimo interprofesional (SMI) para 2020 ha añadido un nuevo elemento en el debate sobre el que resulta imprescindible reflexionar.

La historia de la evolución del SMI en España hasta 2004 no es desde luego especialmente brillante. Hasta aquel año, la cuantía del sueldo salarial había acumulado varias décadas de reducidas elevaciones que apenas habían compensado la inflación y que progresivamente habían situado al SMI cada vez más lejos de los niveles salariales medios y de los salarios mínimos que establecían los convenios colectivos.

La razón para esta evolución del salario mínimo español, singular en el contexto europeo, estribaba en que al estar vinculadas a él algunas rentas y políticas públicas de gasto —especialmente, el subsidio por desempleo—, elevar el salario mínimo significaba también elevar el gasto público, de forma que su cuantía tenía más que ver con las necesidades de la política fiscal y presupuestaria que con la propia política salarial. Ese vínculo, verdaderamente funesto, fue roto en 2004 por el Gobierno de Rodríguez Zapatero, abriendo así el camino a una progresiva recuperación del papel del SMI en la política salarial española. Desde entonces, el SMI se ha más que duplicado en términos nominales (460,5 euros mensuales en 2004 hasta los 950 euros vigentes en 2020 tras la reciente revisión del 5,5%), y ello, pese a permanecer prácticamente estancado en el periodo 2012-2016.

---

24 Tomado de: Valeriano Gómez y Fernando Moraleda (2020). "La agricultura española y el salario mínimo". El País. 14/02/2020. Extraído de: https://elpais.com/elpais/2020/02/13/opinion/1581591800_299534.html

Si, pese a esta recuperación del SMI, tan excepcional como necesaria, el empleo apenas se ha resentido marginalmente, ello se ha debido a que solo en muy contadas ocasiones el salario mínimo afectaba a los salarios de convenio. Sin embargo, esta situación comenzará a cambiar a medida que el salario mínimo legal se acerque a los salarios de convenio. Aunque existe todavía un margen no pequeño entre uno y otros en la mayoría de las ramas productivas de la industria y los servicios, es cierto que ese margen es ya muy estrecho en buena parte de los convenios colectivos del campo tanto para el personal fijo como incluso para los trabajos de campaña (olivar, vid, productos hortofrutícolas, etcétera). De ahí que aparezca ya muy próxima una situación en la que el SMI termine modificando el suelo salarial de los convenios colectivos con menor retribución mínima, entre los que se encuentran los que afectan a las principales campañas agrícolas.

En nuestra opinión, resulta todavía precipitado imputar a la evolución del SMI el débil comportamiento del empleo en una comunidad autónoma, en este caso nos referimos a Extremadura. Entre 2012 y 2019, el empleo en el sector agrario extremeño ha sido casi siempre negativo en el último trimestre de cada año (solo en 2017 se registró una mejora en la ocupación agraria). Es cierto que lo ocurrido al final del pasado año supera las pérdidas de empleo de otros años, pero si ello pudiera ser imputable a los efectos del SMI, algo parecido debería haber sucedido en otras comunidades autónomas con estructura agraria similar. Sin embargo, en Andalucía, la ocupación agraria no parece haber sufrido, todavía, fatiga alguna ante la evolución del SMI: el empleo agrario en Andalucía ha continuado su pauta de ascenso tradicional en el último trimestre de cada año y lo ha hecho incluso en mayor medida que en años anteriores.

Como casi siempre suele suceder en este tipo de análisis es mejor ser prudente, permanecer atentos y, sobre todo, actuar preventivamente. El año 2019 se saldó con uno de los mayores descensos históricos en la renta agraria española. Pese a que el año se cerró con niveles de producción altísimos en términos comparados, las rentas del sector cayeron al -8,6%. Hay que remontarse a 2005 para encontrar una evolución tan negativa de la renta agraria, y entonces (a diferencia de lo ocurrido en 2019) la caída en la renta fue debida a una reducción sustancial en la producción. Son los precios en declive y el deterioro de los márgenes ante unos costes crecientes los factores que explican esta caída excepcional en las rentas de los agricultores. Ahí es donde debemos focalizar las respuestas políticas. Y para conseguir algunas respuestas a esta situación se hace imprescindible conocer sus causas.

La cadena agroalimentaria ha sufrido una transformación radical desde nuestro ingreso en la UE. La distribución acapara la mayor parte del crecimiento del valor añadido bruto del sector frente a los productores, de modo que la capacidad del sector primario para influir en la formación de precios y repercutir en ellos los costes de explotación es muy reducida o prácticamente nula.

Otra manifestación de esta dependencia estructural es el comportamiento del mercado en las fluctuaciones de precios. España es una penosa excepción en la UE, ya que, según Eurostat, a mayor fluctuación de precios, mayor es el margen obtenido por la distribución o la industria transformadora. Las subidas en los mercados de origen se repercuten inmediatamente, pero no sus bajadas, que dejan el margen comercial prácticamente congelado.

La ley 12/2013, de medidas para mejorar el funcionamiento de la cadena alimentaria, no ha podido impedir esta grave situación de dependencia, ni dar respuesta a nuevas y perniciosas situaciones con la entrada de poderosos fondos de inversión, en lo que se ha venido en llamar la uberización del campo.

De este modo se ha venido conformando, con una pasividad política elocuente desde la aprobación de la ley, un modelo de mercado agroalimentario donde las explotaciones agrarias se ven abocadas a la desaparición por ser imposible su competencia real en este mercado. Con los niveles tecnológicos actuales, debe ser posible tener un modelo robusto de creación y seguimiento periódico en la configuración de precios y márgenes comerciales en un marco de mucha mayor transparencia en el mercado agroalimentario.

El papel de las organizaciones profesionales agrarias, como representantes legitimas de los agricultores y ganaderos, debería ser reforzado en la relación contractual con la industria procesadora de modo que la ley de contratos agrarios vigente pueda potenciar la homologación de acuerdos y salir del testimonialismo actual que nos ofrecen sus resultados.

Estas aspiraciones de mayor transparencia no deberían encontrar resistencias en un mercado donde cada vez es más importante la reputación de las empresas y la elaboración de códigos éticos en su actuación. Conocer oficialmente sus verdaderas prácticas en la asignación de precios no solo ayudaría notablemente a la transparencia del mercado, sino a un cambio de actitud y de comportamiento que hasta ahora no se ha producido.

Aun así, no se deben descartar otras respuestas en el ámbito de los costes fiscales y, sobre todo, en los costes laborales. Reducir las cotizaciones sociales en el sector agrario para neutralizar el impacto de las subidas actuales y las que se prevén en el futuro para el SMI resulta imprescindible. Los ingresos del sistema de seguridad social están recuperándose a buen ritmo como consecuencia de las intensas subidas en el suelo salarial. Destinar una parte de tales ingresos a reducir los costes sociales y laborales de la actividad agraria en un contexto de nuevas políticas de apoyo y protección de las rentas para afrontar el despoblamiento rural debe también formar parte de una estrategia tan ambiciosa como urgente.

11. EL SALARIO MÍNIMO EN EL ACUERDO PSOE-PODEMOS[25]

Durante estos días el SMI vuelve a ser uno de los grandes temas de discusión. Las preguntas son numerosas y, en ocasiones, las respuestas y explicaciones muy insuficientes. Hace unos días oía decir a un dirigente de Podemos que una subida como la que se recoge en el acuerdo suscrito entre el Gobierno y su formación política no podría haberla adoptado el PSOE sin la presión —quizás se refería a la capacidad de convicción— mantenida por Podemos. ¿Alguien puede creer que el PSOE hubiera elevado, por sí solo, el SMI en España hasta alcanzar los 900 euros mensuales como se recoge en el acuerdo?, se preguntaba retóricamente.

La verdad es que, como en tantas otras ocasiones, los hechos no convalidan este tipo de afirmaciones. El PSOE ya impulsó durante el periodo 2004-2008 una mejora sustancial del SMI, que subió en esos cuatro años hasta el 33%. El estallido de la crisis en 2008 interrumpió aquella senda de ascenso en el SMI español. Pero cuando el PSOE pudo ejercer algún grado de influencia sobre la política laboral, como ocurrió en la fijación del SMI en 2017, volvió a reintroducir en la agenda política la necesidad de utilizar más intensamente la política de salario mínimo en un contexto en el que, por una parte, las ganancias de productividad tenían, y siguen teniendo, grandes dificultades para transmitirse a los salarios y, por otra, era ya muy evidente que la devaluación salarial registrada a partir de 2012 se había concentrado en los salarios más bajos.

¿Puede o no puede la economía española asumir un salario mínimo situado en el nivel de 900 euros mensuales? Si adoptamos un enfoque comparativo con lo que sucede en otras economías europeas la respuesta es, claramente, un sí. Con las cuantías actualmente vigentes el salario mínimo español (707 euros mensuales en 14 pagas

---

25 Proviene de: Valeriano Gómez (2018). El salario mínimo en el acuerdo PSOE-Podemos. *El confidencial.com*, 21/10/2018. Extraído de: https://blogs.elconfidencial.com/economia/tribuna/2018-10-21/salario-minimo-smi-900euros-acuerdo-psoe-podemos-presupuestos_1632363/

al año, es decir 9.908,4 euros /año) es, por supuesto, muy inferior al que presentan los salarios mínimos correspondientes, por ejemplo, a Alemania (17.976 euros/año), Francia (17.763,6 euros/año) o Reino Unido (16.963,2 euros/año).

Sin embargo, la comparación relevante no es esa. Si el nivel salarial está determinado por la productividad del trabajo, entonces deberíamos considerar el nivel de productividad en cada país y compararlo con la cuantía del SMI vigente en cada uno. En Alemania, Francia y Reino Unido, el salario mínimo supera largamente el 20% de la productividad media del trabajo (24,3% en Alemania, 21,6% en Francia y 23,4% en Reino Unido). Pero en España el SMI solo representa un 16,6% de la productividad media del trabajo nacional. Naturalmente, lo que esto significa es que no solo seguimos manteniendo un bajo nivel en nuestro salario mínimo cuando lo comparamos con las cuantías vigentes en las otras tres grandes economías europeas, además de Italia, sino que en aquellos países el salario mínimo guarda una mejor proporción con los salarios y la productividad media.

¿Qué nivel salarial debería tener el SMI español para igualar la relación con la productividad por ocupado existente en las tres principales economías europeas? Si establecemos tal relación media en Alemania, Francia y Reino Unido en el 23,1%, entonces el SMI vigente en España en 2017 debería ser de 987 euros mensuales abonados en 14 pagas al año. Así pues, situar en 900 euros mensuales no es, desde esta perspectiva, un disparate, como algunos comentaristas han afirmado de forma precipitada.

Pero las preguntas no acaban aquí. Hay una que merece especial atención: ¿Hasta qué punto es absorbible, sin efectos nocivos sobre el empleo, una subida del SMI en un solo año del 22,3%? Se trata, resulta obvio, de una elevación sustancial que no tiene precedentes en la historia reciente de España. Hay que remontarse a 1975 y 1976 para encontrar aumentos superiores en el SMI español en un contexto de altísima inflación que erosionaba rápidamente el poder de compra de los salarios.

Sabemos que la capacidad de absorción de este tipo de choques está relacionada con la situación cíclica de la economía que los sufre y con la posibilidad de transmisión del impacto por parte quienes los registran. Sin embargo, los antecedentes comparables arrojan resultados que contrastan con las alarmantes advertencias que algunos anticipaban. En 2005 el SMI fue un 11,4% superior al existente un año antes. El año se saldó con una creación de empleo desconocida y, todavía hoy, con 935.200 nuevos afiliados sigue ostentando el récord de afiliación en un solo año a la Seguridad Social española. Algo parecido sucedió en 2017 cuando el Gobierno y el Grupo Parlamentario Socialista acordaron una subida del 8% en el SMI: la afiliación creció durante ese año en algo más de 600.000 nuevos cotizantes a la Seguridad Social. En ambos casos, como el suelo de cotización se establece teniendo en cuenta la cuantía del SMI, las consecuencias para la recaudación a la Seguridad Social fueron de un enorme impacto. El año 2005 las cotizaciones sociales crecieron a tasas superiores al 9%. Por su parte, en 2017 la recaudación en el Régimen General creció en el 6,2% duplicando el crecimiento de la afiliación.

Por supuesto, una subida en el SMI superior al 22% anual no es inocua. Es seguro, pese a que nuestro aparato estadístico no permite ser preciso al respecto, que hoy los trabajadores afectados por ella serían superiores en número a los que resultaron afectados en el periodo 2004-2008 cuando subió el 33% en 4 años. Pero es mejor ser prudentes a la hora de anticipar toda suerte de calamidades como consecuencia de este tipo de medidas. Nuestra historia reciente no las avala y el margen para el encaje de mayores cuantías en el SMI español se ha elevado durante la crisis porque, como la EPA y la Encuesta de Coste Laboral han puesto de manifiesto de forma muy consistente, la devaluación salarial ha sido especialmente intensa entre los salarios más bajos. Al respecto hay que recordar que algunos análisis cifran en algo más del 20% el impacto de la devaluación salarial sobre los niveles situados en las decilas inferiores de la distribución salarial.

Es probable que una de las razones por las que nuestra historia económica reciente muestra pocos efectos adversos en la evolución del SMI, incluso cuando crece a ritmos tan intensos como los que aquí hemos mencionado, sea la acumulación a lo largo de varias décadas de reducidas elevaciones en el SMI que no guardaban relación con la evolución de la productividad laboral. No debemos olvidar que, hasta 2004, los gobiernos tenían importantes estímulos para limitar las subidas del SMI. Al estar vinculadas a él algunas rentas y políticas públicas de gasto —singularmente el subsidio por desempleo—, elevar el salario mínimo significaba también elevar el gasto público, de forma que su cuantía tenía más que ver con las necesidades de la política fiscal y presupuestaria que con la propia política salarial. Ese funesto vínculo fue roto en 2004 por el gobierno de Rodríguez Zapatero, abriendo así el camino a una progresiva recuperación del papel del SMI en la política salarial española.

Llegados aquí, merece la pena recordar que la historia del diálogo social en relación con el SMI no es precisamente larga. Hasta el periodo 2004-2008, en el que estuvo vigente un acuerdo de evolución progresiva del salario mínimo que sustentó las subidas más importantes registradas hasta la fecha, la cuantía del SMI no solía ser objeto de negociación en el diálogo social. El gobierno se limitaba a efectuar consultas preceptivas que solían saldarse con una declaración de desacuerdo por parte de los sindicatos ante la persistencia de una política que, como se ha señalado, devaluaba sistemáticamente el papel del SMI.

Esto cambió a partir de 2004, pero la crisis vino a interrumpir el camino abierto entonces. Desde 2008 no hubo ningún acuerdo tripartito entre gobierno e interlocutores sociales que afectara al salario mínimo en España. La singular subida de 2017 abrió camino a un cambio de postura del gobierno del PP y, al final de 2017, volvió a recuperarse el diálogo sobre esta materia acordándose una subida del SMI de carácter progresivo hasta alcanzar 850 euros en 2020, es decir, una subida del 20% en tres años sometida, a su vez, a la evolución del PIB y la afiliación a la seguridad social en unos niveles determinados.

12. EL SALARIO MÍNIMO EN ESPAÑA Y SU EVOLUCIÓN[26]

El salario mínimo en perspectiva histórica

Ha llovido mucho ya desde que en 1894 se estableció en Nueva Zelanda, por primera vez en todo el planeta, el salario mínimo (SMI) en este país. Y, sin embargo, el debate sobre su función, o más bien sobre sus efectos de todo orden continua, sin que hayamos alcanzado un mínimo consenso sobre ello en el ámbito académico ni en el político. En España, como muchos avances del Estado de Bienestar nos llegó tarde, en enero de 1963

El argumentario sobre los perversos efectos de una subida del SMI sobre el crecimiento económico, y en particular, sobre el empleo, está ampliamente extendido a través de instituciones de todo tipo y de los medios de comunicación. Véanse a este respecto los informes del Banco de España, por ejemplo, en cada ocasión que se decreta por las autoridades económicas competentes una subida del valor de dicho instrumento de política salarial (con o sin consenso con los interlocutores sociales). Y, sin embargo, como ya hemos señalado en numerosas ocasiones anteriores (por ejemplo, en este mismo periódico el 12/12 de 2016), la evidencia empírica sobre los hipotéticos efectos negativos sobre el empleo (y, en consecuencia, sobre el Bienestar) no es, para nada concluyente. Es más, en la literatura económica especializada podemos encontrar también abundancia de trabajos que refrendan efectos positivos para el empleo y la evolución socioeconómica de la implantación del SMI, allí donde no existía, o de un incremento del mismo.

Durante estos días el SMI vuelve a ser uno de los grandes temas de discusión. Lo cierto es que el debate se ha adelantado en el tiempo

---

26 Proviene de: Santos M. Ruesga y Valeriano Gómez (2022), "El salario mínimo en España y su evolución previsible durante 2023". *El confidencial.com*, 22/10/2022. Extraído de https://blogs.elconfidencial.com/economia/tribuna/2022-10-22/salario-minimo-espana-evolucion-previsible-2023_3510346/

porque, como es sabido la negociación (artículo 27 del ET) solo exige la consulta del gobierno con los interlocutores sociales y se solía realizar durante los últimos días de cada año.

En España desde su implantación en 1963 el salario minino ha seguido una evolución sujeta a la dinámica de la inflación, a veces, de la productividad laboral, las menos, y de la orientación de los gestores políticos, las más. Desde su puesta en circulación hasta el año actual su evolución ha cruzado diferentes etapas. En sus cuatro primeros años de andadura se devaluó en un 25 por ciento. En términos reales, entre 1966 y 1983 el SMI se multiplicó por 2,5. Pero entre 1984 y 2003 perdió casi un 10 por ciento de su valor real. En el sexenio 2004-2009, se revaluó más de un 15 por ciento, para volver a caer en torno a un 5 por ciento. Y en el cuatrienio siguiente, se incrementó en más de un 40 por ciento. Durante el periodo democrático, los periodos de crecimientos significativos del valor real del SMI coinciden con la presencia de gobiernos de centro o de carácter progresista (1977-85-2004-2008 y 2018-2020). En el conjunto de este medio siglo, sin embargo, los precios han crecido significativamente más deprisa que el valor nominal del salario mínimo.

El SMI en la actualidad

En el momento actual, como es sabido, a través de diversos procedimientos que han variado a lo largo de los últimos años, en ocasiones con acuerdos de carácter tripartito y en otras a través de acuerdo entre el gobierno y las organizaciones sindicales, el Gobierno actual ha tratado de impulsar un proceso de crecimiento intenso del salario mínimo de acuerdo con lo establecido en el Programa de la Coalición formada entre el PSOE y Unidas Podemos, al conformar gobierno en 2018.

El objetivo fijado entonces era que el SMI debía alcanzar en España en el horizonte de 2023 un nivel equivalente al 60 por ciento del salario medio de acuerdo con el tradicional objetivo fijado a este respecto en 1996 en la Carta Social Europea.

Por supuesto, teniendo en cuenta el nivel de partida en 2018, alcanzar en 2023 un salario mínimo equivalente al 60 por ciento del salario medio supondría un enorme esfuerzo para aquellas empresas con salarios situados en la parta baja de las retribuciones medias. Esfuerzo que ya se ha ido absorbiendo en los años anteriores, sin que hasta la fecha se haya percibido un impacto significativo sobre los niveles de empleo o sobre la dinámica económica, a nuestro juicio. En 2017 el SM (en 12 pagas anuales) era en España de 825,7 euros y alcanzaba durante 2022, también en 12 pagas anuales, 1.166,7 euros, lo que representaba un incremento del 41,2 por ciento. Si a dicho incremento se le añade lo que podría ser el cumplimiento final del objetivo del 60 por ciento del salario medio existente durante 2023 como cuantía del SMI vigente el año próximo podríamos situar el SMI de 2023 en alrededor de 1050 euros en 14 pagas mensuales (1225 si el cómputo se hace en 12 pagas mensuales). Ello representaría un crecimiento adicional de alrededor del 5 por ciento respecto del nivel actual (a añadir al 41 por ciento registrado por SMI en el periodo 2017-2022). A ello habría que añadir el incremento que hayan experimentado los salarios en media, para mantener esa paridad del 60 por ciento.

Cuando el SMI alcance el nivel socialmente definido como adecuado en relación con el salario medio, un nivel que el gobierno fijó en su día en el 60 por ciento, la política de salario mínimo no debería alejarse de la evolución experimentada por el conjunto de los salarios. Téngase en cuenta que, desde el punto de vista económico y en términos comparados, el factor relevante es el nivel de nuestro salario mínimo con relación a la productividad media del trabajo vigente en los países de nuestro entorno. Si, por ejemplo, comparamos nuestra relación de SMI y productividad media del trabajo con la existente en Alemania, Francia y Reino Unido (en torno al 24 por ciento) el nivel es ya prácticamente el mismo con el SMI de 1000 euros vigente en 2022. Sin embargo, la brecha desfavorable a España era importante (alrededor de 7 punto porcentuales) cuando la comparación la establecemos en 2017 antes de que España abordara la política de revalorización intensa del SMI registrada hasta el momento.

Llegados a este punto, merece la pena preguntarse por la estrategia de revalorización del SMI a lo largo de 2023, una estrategia cuya negociación ha abierto recientemente el Gobierno. Al respecto cabe recordar que países como Alemania y Francia han experimentado importantes subidas en el último año. Aunque con distintos periodos de revalorización en uno y otro país respecto del periodo anual acostumbrado en España, Francia ha revalorizado su SMI en el 7 por ciento a lo largo de los últimos 18 meses. Alemania por su parte ha incrementado el importe de su SMI en el 8,9 por ciento durante el último año (junio 2021-junio 2022) y se propone revisarlo otro 12 por ciento adicional en octubre del presente año.

Figura 12.1. El SM en Europa en 2023

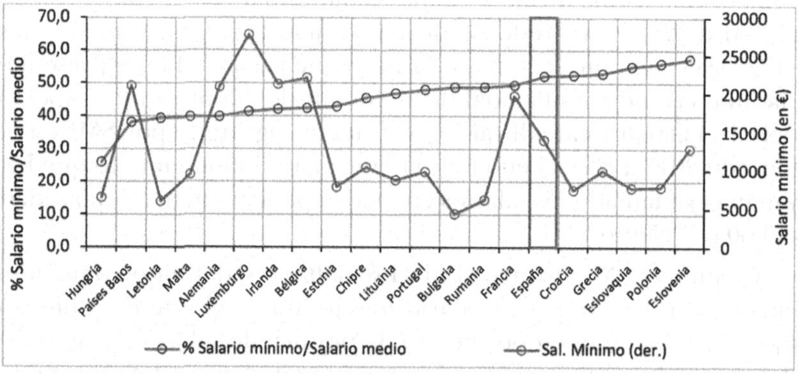

Fuente: Elaboración propia sobre datos EUROSTAT.

En un marco de negociación salarial que pudiera contemplar algún acuerdo de evolución pactada de los salarios durante 2022 y 2023, el SM habría de revalorizarse en una cuantía aproximada del 5 por ciento, para alcanzar el porcentaje anunciado en su día como objetivo (60 por ciento del salario medio) y situar a partir de ese momento la estrategia de revalorización del SMI en un plano de evolución sustancialmente similar a la que registraran los salarios en su conjunto.

Por supuesto, en el contexto del diálogo actual entre gobierno, sindicatos y empresarios, no parece razonable esperar un retorno a un marco que hace bien poco tiempo rindió excelentes resultados cuando el país más lo necesitaba. Sin embargo, la situación actual y la que resulta previsible para el próximo otoño-invierno exige esfuerzos por aproximar posiciones. Al respecto no hay que dejar de subrayar que la evolución de los salarios registrada en España durante 2022 está produciendo un importante grado de devaluación salarial medido por la diferencia entre los salarios pactados en convenio y la evolución registrada en el nivel de precios. Aunque la variación media pactada hasta junio (2,45 por ciento) era superior a la acordada en 2021 (1,6 por ciento), queda muy lejos del IPC registrado en ese mismo mes (10,2 por ciento). De confirmarse las previsiones actuales en cuanto a evolución de precios, la pérdida de poder adquisitivo superaría a final de año los 6 puntos porcentuales, una caída prácticamente desconocida en el último medio siglo. En este contexto, la subida propuesta del SM constituiría un contrapeso a esa evolución salarial, particularmente para las rentas salariales más bajas.

La propia dinámica económica, en particular la evolución de la demanda interna, componente esencial de nuestro modelo de crecimiento, sin duda lo habría de agradecer. Y, más allá de los experimentos de rebajas fiscales que se vienen planteando en algunas comunidades autónomas, mejorará la distribución de la renta en España, lo cual, en general, puede actuar como un incentivo positivo para el crecimiento de la productividad, de lo que tan necesitados estamos, en España.

Figura 12.2. Evolución del salario mínimo y los precios en España (1963=100)

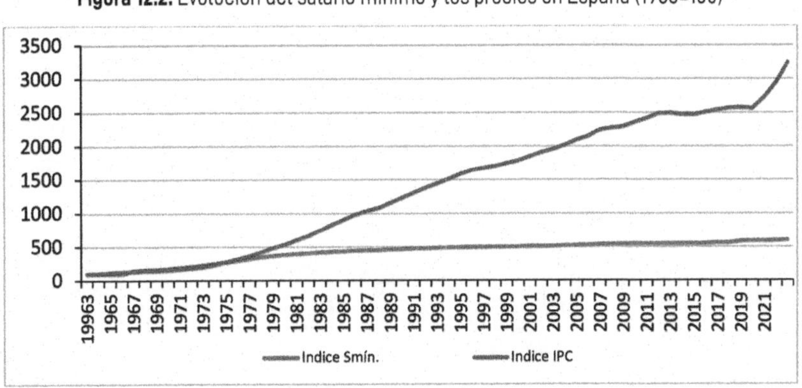

Fuente: Elaboración propia sobre datos INE.

Figura 12.3. Evolución del salario mínimo, el salario medio y el IPC en España (2000=100)

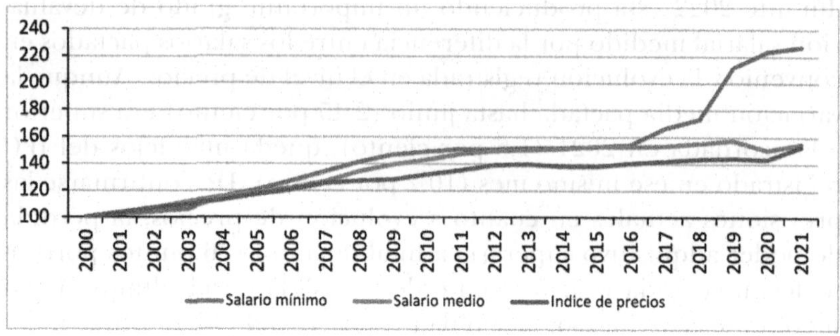

Fuente: Elaboración propia sobre datos INE.

13. ¿POR QUÉ PENALIZAMOS SALARIALMENTE A LOS FUNCIONARIOS Y NOS PARECE JUSTIFICADO?[27]

Un acuerdo salarial para los empleados públicos

Hace unas semanas dos de los sindicatos mayoritarios entre los trabajadores de la función pública, UGT y CC.OO., suscribieron un acuerdo salarial para el trienio 2022-2024, con el Gobierno de coalición que preside Pedro Sánchez. Quedan fuera del acuerdo otras organizaciones representativas de los trabajadores públicos, como la Confederación Sindical Independiente de Funcionarios (CSIF), con amplia representación en el sector. El acuerdo afecta a la evolución futura de las retribuciones salariales de más de dos millones setecientos mil trabajadores que prestan sus servicios en las diferentes Administraciones Públicas que configuran el Estado español.

Para el año 2023 los interlocutores sociales de las AA.PP. acuerdan elevar las retribuciones de los empleados públicos en un 2,5% revisable en otro punto porcentual de acuerdo con la evolución del IPC y del PIB. El acuerdo contempla también un escenario de cláusula de revisión salarial, si bien más laxo que el habitualmente manejado, dado que se activaría si el IPC de 2023 superara el 6% (con una subida en este caso del 0,5% adicional).

Además, en esas mismas fechas, dichos interlocutores acordaron, con efectos para el año 2022 y **en compensación por la fuerte elevación de los precios**, una subida adicional de 1,5 puntos porcentuales de las retribuciones de los empleados públicos a sumar a la ya aplicada del 2%. En conjunto, para el año 2022, la elevación de las retribuciones públicas alcanzarían un 3,5%.

---

27 Proviene de: Valeriano Gómez y Santos M. Ruesga (2022). "¿Por qué penalizamos salarialmente a los funcionarios y nos parece justificado?" El confidencial. com, 22/12/2022. Extraído de https://blogs.elconfidencial.com/economia/tribuna/2022-12-22/penalizar-salarialmente-funcionarios-justificado_3544037/

En conjunto los salarios de los empleados públicos podrían revalorizarse hasta un hasta un 9,8 por ciento en los tres años considerados (2022-24) que alcanzan estas actuaciones.

El acuerdo, sin duda, como parte de un hipotético acuerdo de rentas con todos los interlocutores sociales, tendrá la virtud de introducir un horizonte de relativa estabilidad en esta vertiente de las cuentas públicas, lo que añade equilibrio a la evolución macroeconómica de los dos próximos. Lo que, dadas las turbulencias que estamos viviendo desde al menos 2020, no deja de introducir un elemento positivo en el desempeño de la economía española en su conjunto.

Fakes news sobre el empleo público

A un amplio espectro de la opinión pública parece haber agradado este acuerdo, asumiendo, implícitamente, que los empleados públicos habrían de aportar una cuota adicional de moderación salarial en tiempos de crisis, dado el carácter estable de su empleo, según se asume por dicha opinión. Está ampliamente generalizado el tópico de la estabilidad a perpetua del empleo para trabajadores públicos, lo, como veremos más adelante, es discutible para una buena parte de estos. Y, ello, al parecer, justificaría una penalización salarial.

Antes de extraer conclusiones sobre la "justicia" de tales recortes salariales, conviene traer a colación algunas estadísticas con el fin de matizar tales tópicos bastante extendidos entre la opinión pública. Antes de entrar en ello, cabría puntualizar que la diversidad en las características y la estructura del empleo público entre los países de la UE hace difícil las comparaciones internacionales y, al mismo tiempo, conviene señalar la escasez de estadísticas homogeneizadas en materia de empleo y salarios en el sector público. Por ello conviene tomar con cautela muchos de las afirmaciones que sobre los empleados públicos circulan por los medios de comunicación y que alimentan con mucha frecuencia los numerosos tópicos que existen al respecto en la opinión pública.

En primer lugar, sobre el tópico del número de empleados públicos, que según alguna afirmación reciente sería el más elevado de Europa. Con datos de la OCDE, el número de empleados de todo el sector público en España sobre el total del empleo estaría por debajo de la media registrada para el conjunto de los países de este organismo y también de la media para los países europeos.

Conviene recordar a tal efecto que la importancia relativa del empleo público ha seguido una secuencia, en las últimas dos décadas, tendencialmente descendente (dejando de lado los episodios acaecidos durante la pandemia en ambos sectores, privado y público).

Un segundo tópico al respecto hace referencia al nivel salarial de los empleados públicos. Aquí sí las diferencias en la organización y la estructura de la función pública tienen mucho que decir antes de llegar a una conclusión al respecto. El volumen de externalización de las actividades públicas afecta sobremanera a las estadísticas salariales comparadas de los empleados públicos, en tanto que se externalizan empleos, según país y sector administrativo, alterando la estructura profesional/ocupacional del trabajo que contrata directamente el sector público. Dependiendo de que tipo de empleo se externaliza, la media salarial del empleo público comparada variará en una u otra dirección. Si la externalización afecta a los sectores de menor cualificación, los niveles salariales medios serán más elevados al ascender la cualificación media el empleo adscrito a las AA.PP. Este efecto estructura, agudizado por el tipo de externalización habitual, también se observa al comparar salarios medios entre el sector público y el privado. En las AA.PP., por ejemplo, el número de empleados con titulación universitaria supera notablemente al registrado en el sector privado. Y, no obstante, las diferencias salariales entre sector público y privado son superiores entre los menos cualificados que entre los empleos cualificados. Lo que explica el transfuguismo, en ciertos niveles de cualificación elevada desde lo público a lo privado. En síntesis, habría que matizar mucho para verificar la afirmación de que "los funcionarios ganan más que los trabajadores del sector privado". Lo que si podemos constatar es que, con los datos disponibles, para el año 2021, los empleados públicos de la Administración central (para los que existen cifras comparables) ganaban una media mensual ligeramente inferior a la media de los 27 países de la UE.

Y finalmente, en materia salarial, también se observa que la evolución del poder adquisitivo de las retribuciones salariales de los empleados públicos ha ido perdiendo posiciones relativas respecto a las del sector privado, en los últimos años.

En tercer lugar, es preciso también observar como las tasas de temporalidad (reflejo de la inestabilidad en el empleo) en ambos sectores, público y privado, se han invertido en los últimos 20 años. Actualmente la temporalidad entre los empleados públicos supera, con creces, la estimada entre los asalariados del ámbito privado. A una conclusión similar se puede llegar si comparamos la importancia relativa de los empleados con más de seis años de antigüedad en ambos sectores; en el público se mantiene en la actualidad en cifras similares a las de hace veinte años, mientras que el privado ha aumentado en casi diez puntos porcentuales. Y, en este terreno de la estabilidad en el empleo, convendría también tener en cuenta, que tan solo la mitad de los empleados públicos son empleados de carrera (funcionarios) a los que cabría atribuir una elevada estabilidad en el empleo. En la otra mitad, a estos efectos, rigen las mismas condiciones que en el régimen jurídico privado, con mayores tasas, como se ha dicho de temporalidad.

Queda un último espacio para la discusión y es relativo al a eficiencia de la Administración Pública como prestador de servicios a los ciudadanos. Aunque resulta complicado aquí también establecer comparaciones numéricas, no parece que en las últimas décadas la productividad de la función pública haya ido muy atrás de la que se puede estimar en el sector privado de la producción de bienes y servicios. Pero esto no basta, puesto que el espacio para avanzar en una mayor eficiencia en la producción de servicios públicos, vinculado a los posibles aportes de la digitalización-robotización e inteligencia artificial está aún por comenzar a recorrerse

Todo lo dicho apunta a que ese conjunto de tópicos sobre los funcionarios públicos, a la luz de las estadísticas disponibles habría de matizarse de forma notable. Lo dicho no es óbice para pensar que ha llegado la hora, llegó hace años, de abordar una reforma en profundidad de la función pública.

La reforma de la función pública

Y es que llevamos arrastrando décadas el abordaje de una profunda reforma de la función pública, que diseñe un nuevo modelo laboral para los empleados de las Administraciones públicas, al tiempo que establece una nueva estructura de la misma redefiniendo objetivos y reorganizando recursos. Las sucesivas reformas llevadas a cabo en el pasado no han abordado en profundidad el tema, dejando despejado el camino para un deterioro paulatino de las condiciones de trabajo en el empleo público.

En el terreno laboral y de manera muy escueta, cabe señalar que ya no sirve el argumentario napoleónico que justificaba la indiscutible estabilidad absoluta del empleo público, en aras de garantizar los secretos de Estado, entre otras razones. No es preciso mantener a ultranza la funcionarización de las administraciones públicas, con los argumentos napoleónicos, más o menos reconsiderados, con los que siempre se ha defendido. En este sentido, cabe pensar en una laborización generalizada para no mantener dos vías en el acceso a la función pública. Es la línea de organización por la que optaron hace ya años muchos países europeos y, parece que, en aras de una administración más eficiente y pensada para una era digital, es el camino que debiera abrir una reforma de la función pública radical.

Ya va siendo hora de que se abra el debate. Y junto a ello condiciones dignas de trabajo y salario

II. SOBRE REFORMAS LABORALES

14. DIÁLOGO SOCIAL Y REFORMAS. SOBRE EL MÉTODO Y LOS CONTENIDOS DE UNA AGENDA PARA EL DIÁLOGO EN ESPAÑA[28]

El contexto político y económico

Preámbulo

La apertura del nuevo curso político plantea importantes interrogantes respecto a la orientación de la estrategia del futuro gobierno en el ámbito de la grandes reformas económicas y sociales a abordar en España. Al fin y al cabo, durante los últimos años las dificultades de conformar gobiernos con la suficiente solidez parlamentaria han impedido consolidar cambios significativos en buena parte de las materias que han configurado la agenda gubernamental. Aunque el ejecutivo saliente ha logrado introducir algunos elementos relevantes en materias vinculadas a la política social (protección por desempleo, lucha contra la precariedad laboral, salario mínimo, o actualización de las pensiones), la nueva legislatura debe poner en pie toda una gran estrategia de reformas en el terreno laboral y social, además de las todavía pendientes en el ámbito de la política fiscal tras la imposibilidad de aprobar un nuevo presupuesto para el año en curso.

Se trata, parece innecesario subrayarlo, de materias centrales que perfilarán el núcleo esencial de la política económica española durante los próximos años. El gobierno ya ha manifestado su orientación estratégica en dos documentos importantes, la *Agenda*

---

28 Proviene de: Valeriano Gómez y Santos M. Ruesga (2019). "Diálogo social y reformas (I). *El confidencial.com*, 20/07/2019. Y Valeriano Gómez y Santos M. Ruesga (2019). "Diálogo social y reformas (y II)" *El confidencial.com*, 21/07/2019. Extraído de: https://blogs.elconfidencial.com/espana/tribuna/2019-07-20/dialogo-social-reformas2126843/ y de: https://blogs.elconfidencial.com/economia/tribuna/2019-07-21/dialogo-social-y-reformas-desempelo-crecimiento-economico2135331/.

del Cambio, aprobada en febrero de 2019 y la *Actualización del Programa de Estabilidad* (2019-2022) puesta en circulación hace ya algunas semanas, y ha mantenido en declaraciones públicas del Presidente del Gobierno y de los responsables de la política económica y laboral la necesidad de promover en la nueva legislatura tales orientaciones.

El contexto político

Un prerrequisito destacado para llevar a cabo una agenda de reformas socioeconómicas, como la que aquí se sugiere, estriba en la concreción de un ejecutivo que pueda gozar de una mayor fortaleza y con una mayor perspectiva temporal para abordarlas en un ciclo político más duradero, con un grado razonable de estabilidad parlamentaria. Es cierto que se mantienen indudables dificultades en el terreno político derivadas del conflicto territorial y, en el ámbito económico, de los problemas vinculados a las tensiones comerciales en el terreno internacional que pueden complicar la evolución cíclica de las economías europeas, añadiendo obstáculos al proceso de desaceleración que registran durante los dos últimos años. Pero, si tras casi un lustro de incertidumbres y limitaciones a la actuación gubernamental, se alcanzara finalmente un acuerdo para la formación de un gobierno progresista, España estaría en condiciones de impulsar un nuevo ciclo de reformas que conjuguen estabilidad y reequilibrio social. Hablamos de abrir en nuestra historia política contemporánea una nueva etapa capaz de consolidar un crecimiento económico sano y sostenible con un claro perfil social que incluya la lucha contra las desigualdades, tan visibles como consecuencia de los excesos en las políticas de austeridad aplicadas durante la crisis, como un eje esencial de su estrategia.

El contexto económico

En el terreno económico las circunstancias pueden ser propicias para el impulso a una política social de mayor calado que la llevada a cabo en el periodo anterior de gobiernos conservadores, tratando incluso de recuperar el terreno perdido a causa de los recortes presupuestarios cargados sobre dos de las partidas más importantes del gasto social, sanidad y educación, así como en el campo de la revalorización de las pensiones públicas.

Las predicciones (Tabla 1) para los años venideros, apuntan, con consenso entre los organismos, a una cierta estabilidad en el crecimiento de la renta, superior en cualquier caso a la media europea y la continuidad en la recuperación del volumen de empleo registrado con anterioridad a la crisis pasada. Ello puede significar, asimismo mayores facilidades para mantener una senda ascendente de gasto, incluso en un marco de relativa estabilidad presupuestaria. Las recientes predicciones de la Comisión Europea muestran incluso un resultado más optimista para la economía española este año que lo estimado unos meses antes.

Se trata, pues, de un momento económico propicio al menos en lo que a recursos públicos e institucionales disponibles se refiere, para acompañar el proceso de reformas necesarias en una senda de avance social y crecimiento económico con un diálogo intenso entre todos los sectores sociales y fuerzas políticas, que consolide dichas reformas y las convierta en pilares estables y sólidos de progreso. No hay razones para pensar que con un diseño político adecuado y una coyuntura económica favorable no puedan alcanzarse logros importantes en este terreno. La agenda del cambio a desarrollar y el método a seguir a tal fin, constituyen, por tanto, herramientas de primer orden, en dicha dirección.

Tabla 14.1. Predicciones para la economía española.

	PIB (% variación anual)		Empleo* (% variación anual)		Tasa de paro (EPA,% población activa)		Salarios** (variación nominal anual)		Balanza de pagos (%, aportación al crecimiento del PIB)		Déficit AA.PP (%PIB)		Precios (IPC)	
Media	FUNCAS	Consenso medio	FUNCAS	Consenso medio	FUNCAS	Consenso medio	FUNCAS	Consenso medio	FUNCAS	Consenso medio	FUNCAS	Consenso medio	FUNCAS	Consenso medio
1996-2007	3,8		3,4		12,5		3,3		-0,7		-0,9		3,1	
2008-2013	-1,3		-3,3		20,2		2,3		1,8		-8,6		1,8	
2014-2018	2,8		2,6		19,7		0,3		0		-4,3		0,7	
2018	2,6		2,5		15,3		0,8		-0,3		-2,5		1,6	
2019	2,2	2,2	1,8	2	13,8	13,8	2,1	1,8	-0,1	0,7	-2,3	-2,3	1,2	1,3
2020	1,8	1,9	1,5	1,7	12,6	12,7	1,3	1,8	0,1	0,6	-2	-1,9	1,2	1,5
2021	1,8		1,4		11,4		1,3		0,1		-1,9		1,2	

* Contabilidad Nacional, puestos de trabajo equivalentes a tiempo completo.

** Contabilidad Nacional. Remuneración media por puesto de trabajo equivalente a tiempo completo.

[1] Consenso medio de predicciones de 18 empresas españolas de consultoría.

Fuente: FUNCAS (https://www.funcas.es/Indicadores/Indicadores.aspx?Id=1, última entrada 10/06/2019).

El método para la agenda del cambio

Una de las principales incógnitas que el Gobierno debería despejar en el inicio de la nueva legislatura reside en el método con que se plantea abordar el proceso de reformas. Por supuesto, el Gobierno estaría legitimado para llevarlas a cabo sin necesidad de buscar consensos con los principales interlocutores económicos y sociales. Después de todo, los anteriores gobiernos del Partido Popular, especialmente durante el periodo 2011-2015 en que contaron con mayoría absoluta, abordaron su estrategia sin abrir espacio alguno para el diálogo político o el consenso social. En prácticamente todos los ángulos de sus iniciativas políticas, fueron reformas unilaterales en las que, ni siquiera en el plano formal, se buscó la concertación de voluntades a través del diálogo con los partidos políticos y las organizaciones empresariales y sindicales. El ejemplo más emblemático fue la reforma laboral de 2012, aprobada mediante Decreto Ley apenas unas semanas después de la toma de posesión del nuevo gobierno. Pero el carácter impositivo y unilateral de la nueva legislación se plasmó también en áreas claves de la política social (la reforma del sistema de actualización de las pensiones, o las reducciones en la protección por desempleo y el sistema de atención a la dependencia) o la política fiscal (la ley de estabilidad presupuestaria). Hasta entonces, ningún gobierno democrático anterior había abordado reformas de tanta trascendencia sin apelación alguna al diálogo social o a la negociación política.

Ahora bien, en las circunstancias actuales el Gobierno debería alejarse de un escenario que convirtiera la política de reformas en el ámbito económico, social y laboral en una suerte de movimiento pendular con sucesivas oscilaciones de ida y vuelta vinculadas al ciclo político.

Es cierto que los abruptos cambios provocados por la política de reformas llevada a cabo por el gobierno durante el periodo 2012-2014 no solo han provocado una profunda alteración en el equilibrio en las relaciones laborales sino que, en un contexto de creciente cuestionamiento de sus consecuencias sociales, pronto se convirtieron en insostenibles ante la clara evidencia de que su grado de respaldo era irrelevante dada la ausencia de compromiso con las medidas adoptadas por la mayoría del arco parlamentario y con las organizaciones sindicales en una posición de fuerte rechazo respecto de la práctica totalidad de sus contenidos. Pero si en las actuales circunstancias el gobierno no muestra claramente su voluntad de abordar un proceso de reformas sociales y económicas desde el dialogo y la concertación social podría estar sembrando las semillas de su futuro cuestionamiento y alimentando las dudas sobre su sostenibilidad a medio y largo plazo. Desde esta perspectiva la clave del programa, especialmente en sus componentes sociales y laborales, no debería consistir sólo en el "restablecimiento del equilibrio perdido" tras la reformas del periodo 2012-2014 sino en la construcción concertada de un nuevo equilibrio en el que, como una pieza más del proyecto, se incluya una reorientación de las medidas que conformaron el eje central de las reformas sociolaborales llevadas a cabo por el anterior gobierno (en la negociación colectiva, en la política salarial, en la lucha contra la precariedad laboral y en la política de pensiones).

Por supuesto, un proceso como el planteado no está exento de riesgos. No hay ninguna garantía de que la concertación social entre el gobierno y los interlocutores sociales pueda terminar rindiendo frutos. En realidad, el diálogo social tripartito sólo puede presentar como uno de sus grandes logros durante la última década, la consecución del acuerdo que permitió la reforma de las pensiones en el año 2011. Desde entonces, más allá de los acuerdos bilaterales entre empresarios y sindicatos sobre evolución de los salarios en la negociación colectiva, el diálogo social no ha sido muy fructífero y sus protagonistas casi siempre se han limitado a apoyar o rechazar los cambios abordados en función de la orientación de las políticas emprendidas: las organizaciones empresariales apoyando la reforma laboral y del sistema de pensiones en el periodo 2012-2014, y las organizaciones sindicales respaldando la elevación del salario mínimo en 2018 (en esta ocasión, al igual que con la reforma del sistema de pensiones de 2011, existía un acuerdo alcanzado previamente en el ámbito tripartito).

Una de las probables razones que pueden ayudar a explicar la limitaciones y carencias del diálogo social durante los últimos años en un país que, como España, presenta un balance apreciable a lo largo de las últimas décadas reside en el abandono de alguno de los elementos que lo habían caracterizado en el pasado. El más importante radica en la consideración que merece el diálogo para sus protagonistas. Ni la concertación tripartita puede consistir en el ejercicio de una suerte de derecho de veto sobre la orientación de las políticas gubernamentales, ni, a su vez, debe significar una sencilla adhesión de los interlocutores a lo decidido por los gobiernos. Si empresarios y sindicatos plantean su presencia en el proceso de diálogo como una forma de cuestionar las políticas trazadas desde el ejecutivo, la ausencia de resultados terminará por abortarlo con el coste del descrédito público de sus protagonistas. Pero si sus actores son conscientes de la necesidad de respetar la orientación general establecida por los gobiernos —algo razonable en una democracia avanzada— tratando de alcanzar nuevos equilibrios en el conjunto de las materias objeto de negociación, el resultado puede hacer más consistente el proceso de reformas si sus protagonistas mantienen la lógica de sostener y defender lo que ellos mismos hacen.

A las consideraciones anteriores deberían añadirse otras de carácter instrumental. Entre lo sucedido con la reforma laboral de 2012, en la que el Gobierno ni siquiera suscitó la posibilidad de su diálogo con sindicatos y empresarios, ignorando incluso el acuerdo bipartito alcanzado solo unos días antes de la aprobación del Real Decreto Ley, y la dedicación de dos largos años durante el periodo 2008-2010 a una infructuosa negociación tripartita en el periodo de mayor intensidad de la crisis, debe haber un espacio razonable de tiempo para el diálogo y la negociación. Un espacio medible en semanas o algunos meses, pero no en años.

El futuro gobierno debería, a nuestro entender, hacer pública su voluntad de abrir una negociación tripartita alrededor de la agenda de materias que decidiera someter al diálogo. En ella deberían figurar las medidas que reorienten las reformas llevadas a cabo por el anterior gobierno en el terreno laboral y social, pero, junto a ellas, es muy importante que se conforme un amplio programa que pueda responder a los principales retos económicos y sociales que España, como una de las grandes economías europeas, tiene planteados. Ahora bien, de la misma forma que muestra su voluntad de negociación y diálogo, el gobierno debe hacer visible su empeño en afrontar su estrategia de reequilibrio social y reformas económicas si el diálogo no fructificara. Un empeño basado en la experiencia histórica, abrumadora en el caso español, de mayor estabilidad y sostenibilidad social y política en las reformas abordadas desde el consenso y el diálogo.

Los contenidos de la agenda del diálogo

En los apartados anteriores se reflexionaba sobre las oportunidades para avanzar en una agenda de reformas para el cambio, en una línea de progreso social y crecimiento económico, considerando las oportunidades que ofrecía a tal fin el contexto político y económico por los que atraviesa España en el momento actual.

En las líneas que siguen continúan reflexionando sobre tal materia, ahora profundizando en el contenido que, a su juicio, debe caracterizar a esa Agenda, consensuada a través del diálogo político y social.

El diálogo social en un contexto de recuperación y progreso

Tras haber registrado la crisis más intensa de su moderna historia económica, España ha logrado concluir un ciclo de cuatro años ininterrumpidos de crecimiento económico con un intenso rendimiento en términos de empleo, aunque con importantes limitaciones en el comportamiento de su productividad. Aun así, todavía no se ha recuperado el nivel de empleo previo a la crisis, pero, dada la hipertrofia acumulada por el sector de la construcción antes de la Gran Recesión y sus efectos de arrastre sobre las principales ramas productivas en la industria y los servicios vinculados, los avances registrados durante los cuatro años de recuperación han sido muy importantes.

El empleo sigue en primer lugar

En efecto, más de dos terceras partes del empleo perdido durante la crisis fueron fruto del desplome inmobiliario y, aunque el empleo en la construcción empezó a recuperarse a comienzos de 2016 su nivel de ocupación apenas representa el 46 por ciento del registrado en el pico anterior a la crisis (tercer trimestre de 2007). De hecho, el volumen de empleo en la agricultura, la industria y los servicios (18,2 millones) es hoy superior al que presentaban en la segunda mitad de 2007 (18,0 millones). Por su parte, la tasa de desempleo ha experimentado un fuerte descenso desde que, en 2013, alcanzara el mayor nivel medido en el último siglo (26,9 por ciento). Sin embargo, la tasa actual, 14,7 por ciento, casi duplica la media de los países del euro y sigue siendo, tras la de Grecia, la segunda más alta de la eurozona.

Aunque la reducción del desempleo debe ser el principal objetivo de la política económica española durante los próximos años, rebajando su nivel hasta tasas inferiores al 10 por ciento al finalizar el próximo lustro, resulta esencial asociar a este propósito la obtención de mejoras intensas en la evolución de dos fenómenos: el desempleo juvenil y la temporalidad laboral. En ambos seguimos ocupando los primeros lugares en Europa. La tasa de temporalidad y el desempleo juvenil son exponentes de los enormes desequilibrios que todavía se registran en nuestro mercado de trabajo.

Junto a sus efectos sobre el empleo, la crisis puso de manifiesto la insostenibilidad de un modelo de crecimiento basado en la expansión de la construcción residencial hasta unos niveles que, financiados con una intensa apelación al ahorro externo, provocaron el derrumbe del sector y el colapso de una buena parte del sistema financiero cuando la contracción del crédito se hizo patente en el conjunto de la eurozona.

Durante la década anterior al estallido de la crisis el déficit de la balanza por cuenta corriente, prácticamente equilibrada en 1995, fue creciendo de forma progresiva e intensa hasta alcanzar cotas superiores al 10 por ciento del PIB en 2008. Aunque el ahorro interno mantuvo una senda creciente durante el periodo 1995-2003, desde el 21 por ciento al 24 por ciento del PIB en dicho periodo, para volver a descender hasta el 21 por ciento en 2008, la inversión ascendió en mucha mayor medida y de forma ininterrumpida pasando del 22 por ciento en 2005 hasta casi el 32 por ciento en 2007 y 2008.

La diferencia, como es sabido, se traducía en una restricción agregada de recursos, financiada con apelación al ahorro externo. Más que una pérdida de competitividad inducida por el crecimiento desmesurado de los salarios (que en España nunca superaron el crecimiento conjunto de la productividad y la inflación interior) lo que se produjo fue un descomunal crecimiento de la inversión basada sobre todo en la construcción de viviendas (en el periodo 2000-2007 la formación bruta de capital en España superó en más de 8 puntos porcentuales de PIB a la registrada en Alemania) no financiada con ahorro interno que se traducía en un déficit formidable de la balanza por cuenta corriente.

Las lecciones por extraer de un episodio como el descrito son esenciales para el devenir de la economía española. La primera consiste en recordar que la restricción de la balanza por cuenta corriente no desaparece, como algunos sostenían, en presencia de un área monetaria única. Las economías que la padecen están expuestas a choques financieros que pueden producir daños enormes a sus sistemas financieros y al conjunto de los sectores productivos. Junto a ello, es necesario insistir en que el crecimiento del sector de la construcción residencial, en precios y en cantidades, debe ser sometido a vigilancia permanente y estrecha por parte de las autoridades económicas y monetarias. Un episodio de burbuja de la magnitud registrada no puede volver a repetirse en la historia económica española.

A lo largo de las últimas décadas la economía española se ha convertido en una de las más abiertas entre las grandes economías del mundo. El grado de apertura, medido en término de proporción sobre el PIB de la suma de exportaciones y exportaciones, ha crecido en casi 25 puntos porcentuales durante el último cuarto de siglo, hasta alcanzar un nivel del 66 por ciento, con un sector exportador cada vez más desarrollado y diversificado y que en términos de su aportación al PIB ha crecido en más del 50 por ciento desde 1995. En el futuro, el reto consiste en mantener durante un largo espacio de tiempo un saldo favorable en la balanza corriente que ayude a reducir el fuerte nivel de endeudamiento del sector privado acumulado con anterioridad a la crisis. Para que ello sea posible, la evolución de nuestros costes, no sólo salariales, ajustados al comportamiento de la productividad, no debe alejarse de la registrada por nuestros principales socios comerciales.

Una política de rentas que atienda a la recuperación salarial y contemple la mejora de la competitividad de la economía española

Una de las piezas esenciales de esta estrategia es la consolidación de una política salarial que permita la recuperación de los salarios hasta lograr absorber las ganancias de productividad en un contexto de inflación contenida que no rebase el crecimiento nominal de los precios en relación con nuestros principales socios comerciales. A lo largo de del periodo 1980-2018 el comportamiento de los salarios en España ha tratado de seguir una senda dominada por un el cumplimiento de una norma salarial definida alrededor de la evolución conjunta de la inflación interna y la productividad, aunque de forma efectiva no ha sido así en todo momento. Durante las tres décadas comprendidas entre 1980 y 2011 el crecimiento de la productividad acumulado superó en 35 puntos porcentuales al ascenso registrado en los salarios reales. Además, en el periodo posterior de casi una década, los salarios se retrasaron otros 10 puntos adicionales respecto al crecimiento de la productividad en un contexto de fuerte devaluación salarial.

Aun así, el deterioro de la competitividad española medido a través de sus costes laborales unitarios se hizo patente, pero su origen debe buscarse más en el mantenimiento de un sistemático crecimiento de los precios interiores por encima de los niveles vigentes entre nuestros socios europeos. Si un determinado sector es capaz de trasladar a los precios un aumento en los costes, o en los márgenes empresariales, como consecuencia de la inexistencia de un nivel de competencia suficiente, ello puede originar conflictos distributivos que podrían llegar a deteriorar la posición competitiva de las economías afectadas y, de esta forma, provocar devaluaciones monetarias, una vía que ha desaparecido en el contexto de nuestra inserción en la moneda única europea, para restaurar el equilibrio en el tipo de cambio. Por eso eran, y son, tan importantes las políticas de competencia.

Cuando se producen este tipo de dinámicas, aunque los salarios no aumenten por encima de los precios interiores y la productividad, basta con que los sigan al mismo nivel —sin rebasarlos— para que unos precios sistemáticamente más altos que los de nuestros socios comerciales terminen insuflando aliento a los salarios nominales y provocando tensiones en la balanza de pagos del país afectado. Ahora bien, el origen de este tipo de espirales no es salarial porque si los salarios no suben por encima de los precios y la productividad y aun así la posición competitiva se deteriora, las causas suelen situarse en otros ámbitos, vinculados a situaciones de ausencia de competencia empresarial o a inconsistencias en el funcionamiento de las políticas macroeconómicas.

Desde la perspectiva que ofrecen las reflexiones anteriores, la consolidación de un modelo de crecimiento salarial basado en una norma vinculada a la evolución de los precios y la productividad constituye uno de los grandes activos a preservar durante los próximos años. Así pues, junto a la instrumentación continuada a lo largo de la próxima década de una política salarial solidaria y responsable, capaz de avanzar progresivamente en la mejora de los salarios reales, progresar en la igualdad de género y propiciar el ascenso paulatino de los suelos salariales a través de una política sensata y progresiva de salario mínimo (compensada con estímulos a los costes no salariales en el acceso al empleo de los jóvenes), la agenda del diálogo social debe incluir políticas fundamentales en terreno de la educación y la formación profesional. Una nueva arquitectura de nuestro sistema de formación profesional que pueda hacer frente a los retos de la revolución tecnológica en el conjunto de nuestro aparato productivo y de servicios es, sin duda, una de las reformas más urgentes y necesarias.

Una reforma laboral al servicio de la eficiencia productiva y la calidad en el empleo

Adicionalmente, resulta primordial afrontar una estrategia consensuada de reformas en el mercado de trabajo que, junto a la reorientación de las medidas más cuestionadas establecidas en la reforma laboral de 2012, incluya nuevos instrumentos regulatorios para reducir la temporalidad, propiciar mejoras visibles en la reducción del desempleo juvenil y en la política de estímulos económicos y regulatorios en el acceso al empleo de los jóvenes y abordar decididamente una reforma en profundidad de las políticas activas de empleo en la que la mejora de la, muy limitada, capacidad de los servicios públicos de empleo sea compatible con el impulso de políticas de colaboración público-privada con las agencias de empleo a través de herramientas que han producido apreciables resultados en las economías europeas más avanzadas.

Atender a las demandas de gasto social y su sostenibilidad futura

Una de las piezas esenciales del dialogo en el momento actual, y durante las próximas décadas, reside en la estabilización del ciclo de gasto a largo plazo de nuestro sistema de protección social. La reforma de las pensiones abordada consensuadamente en 2011 incrementó sustancialmente el grado de sostenibilidad del sistema, situando en alrededor del 14 por ciento el nivel de gasto en proporción al PIB en el horizonte de 2050.

Por supuesto, un nuevo diseño del modelo de financiación del sistema de pensiones no evita la necesidad de emplear más recursos. Es mejor insistir en que para mantener nuestro modelo de pensiones hay que realizar más esfuerzo (alrededor de 3 puntos porcentuales de PIB a lo largo de las 3 próximas décadas) que pretender gastar dentro de 30 años lo mismo que gastamos hoy. Dentro de treinta habrá más de 15 millones de pensionistas frente a los 10 millones que hoy protege el sistema. La opción, implícita en el diseño de la reforma de 2013, solo sería factible reduciendo en casi el 40 por ciento la cuantía real de las pensiones a base de congelar su poder de compra durante décadas. De ahí que, descartada la vía de la congelación de la cuantía de las pensiones, el único camino practicable es el de la reordenación de la estructura financiera del sistema.

Avanzar en el diseño del nuevo horizonte financiero del sistema de pensiones y del sistema de protección del desempleo debe ser una de las grandes prioridades de la agenda pública. Además, a tales materias podrían añadirse otras cuestiones todavía pendientes, como el diseño adecuado del factor de sostenibilidad o el alargamiento progresivo del periodo de cómputo de la vida laboral para el cálculo de la pensión resultante. Adicionalmente, aunque se trata de una cuestión con evidentes vinculaciones a la política laboral, el diálogo sobre estas cuestiones podría incluir también la discusión sobre la implantación en España de un modelo similar al austríaco o al italiano en el terreno de la financiación del despido. Un modelo que pudiera, adicionalmente, incluir el abono de los derechos acumulados en supuestos de movilidad laboral, actividades de formación o en el caso de la jubilación de los trabajadores.

Una política fiscal y económica que compatibilice las respuestas a las demandas sociales y la estabilidad económica y financiera de las cuentas públicas

No es necesario subrayar las implicaciones sobre la política económica y fiscal del conjunto de materias hasta aquí esbozadas. Hacer compatible la instrumentación de esta agenda de reformas con el mantenimiento de un horizonte de estabilidad económica y financiera resulta crucial para España. Aunque no hay que abandonar la exigencia de estímulos para el desarrollo de mayores dosis de eficiencia en todas las áreas del gasto público, lo cierto es que tanto en el nivel de nuestros ingresos como en el del gasto nuestra posición está todavía muy alejada de los niveles medios de los países de nuestro entorno (más de 8 puntos de PIB si la comparación se establece con las economías del euro). Por supuesto, la magnitud del reto no es despreciable. Pero la ambición por avanzar hacia una sociedad más justa y una economía más productiva y eficiente debe ser mucho mayor.

15. MÁS REFORMA LABORAL, SÍ, PERO CON EQUILIBRIO[29]

Reformas laborales diferentes

Se acaba de cumplir el sexto año desde que viera la luz una reforma laboral promulgada desde la mayoría absoluta que el Partido Popular gozaba entonces y que, con la perspectiva que da el tiempo transcurrido, ha transformado de forma radical el mercado de trabajo español. No era la primera reforma que se llevaba a cabo sin haber alcanzado consenso alguno entre los interlocutores sociales. Dos años antes, en 2010, o, remontándonos en el tiempo, en 2002, en 1994 y 1992 se abordaron procesos de reforma en el mercado de trabajo, con distinta orientación política de los gobiernos que las impulsaron, que tampoco gozaron del refrendo de un proceso de diálogo social. La diferencia entre ellas no radica en la existencia o no de consenso en su gestación y aprobación. Ni siquiera reside en la pretensión de alcanzar un cierto grado de acuerdo social por parte de los gobiernos que las impulsaron.

En 1992 y 1994 los gobiernos socialistas de la época —en un marco de fuertes turbulencias económicas que afectaron a la economía española y europea y provocaron varías devaluaciones de nuestra moneda y la salida de la libra británica y la lira italiana del Mecanismo de Tipos de Cambio europeo— propiciaron sendas reformas que no obtuvieron el respaldo de los interlocutores sociales. Tampoco fue posible el acuerdo social durante las reformas impulsadas por el gobierno popular en 2002. Pero como ocurrió tras las reformas de la última década del pasado siglo, una huelga general fue la respuesta de los sindicatos, lo que terminó provocando la apertura de un proceso de diálogo y posterior rectificación en buena parte de las medidas adoptadas unos meses antes.

---

29 Proviene de: Valeriano Gómez y Santos M. Ruesga (2018). "Reforma laboral, sí. Para restaurar el equilibrio perdido". *El confidencial.com*, 18/02/2018. Extraído de: https://blogs.elconfidencial.com/amp/economia/tribuna/2018-02-22/reforma-laboral-restaurara-equilibrio-perdido1525374/

La reforma de 2010, la de vigencia más breve de nuestra historia democrática, vino precedida de un intenso periodo de negociación que se prolongó durante casi dos años. El hecho de que el diálogo social resultara entonces infructuoso fue utilizado por los defensores del *unilateralismo* en la política laboral para advertir de la inutilidad del diálogo en una materia crucial en el ámbito de la política económica y social de un país. De poco servía recordarles que durante el periodo 2004-2008 la concertación social vivió una etapa extraordinariamente fructífera, con amplios y variados acuerdos en más de dos decenas de materias y en el que la negociación colectiva pudo desarrollarse en un marco de acuerdos generales que orientaban de forma coordinada la evolución salarial.

No. La diferencia entre la reforma laboral de 2012 y las anteriores reside, seguramente, en la inexistencia en la regulación acordada de algo fundamental en la política laboral de una sociedad avanzada y sostenible: el equilibrio. De ahí que lo que debería restaurarse cuanto antes en nuestras normas laborales es el equilibrio roto por una reforma que ya nació con la clara intención de destruirlo.

Reequilibrar las relaciones laborales

Es necesario reequilibrar la regulación de la negociación colectiva porque sus resultados han producido un gravísimo deterioro en la capacidad de compra de los salarios, con evidentes efectos perversos sobre nuestro sistema de protección social, pero también en las expectativas de sostenibilidad del crecimiento y de la estabilidad macroeconómica a futuro. Desde 2012 la evolución salarial ha sufrido la mayor reducción experimentada en nuestra historia. En 5 años el coste laboral medio ha caído en más del 10%.

En materia salarial, hay, cuando menos, tres ámbitos en los que la regulación actual debería modificarse: a) la preferencia absoluta de los convenios de empresa sobre los convenio sectoriales no debe incluir la duración de la jornada laboral ni la cuantía del salario; b) las condiciones de trabajo no deben por transformarse de forma unilateral por la sola decisión del empresario; y, c) debe restablecerse la vigencia del convenio una vez finalizada su duración durante un periodo máximo (alrededor de 18 meses) para renegociarlo y someter a decisión arbitral las materias en las que, consumido dicho periodo, no se alcanzara acuerdo en el convenio colectivo.

Es esencial el equilibrio porque la expansión del trabajo a tiempo parcial involuntario —y en muchas ocasiones no declarado— se está convirtiendo en una nueva forma de empleo precario y mal retribuido que explica, como ninguna otra causa, el hecho de que el número total de horas trabajadas sea hoy inferior a las correspondientes a 2013 pese a que el empleo ha crecido en alrededor de 2 millones de puestos. Más trabajadores empleados, pero menos trabajo es la otra cara de esta peculiar recuperación del empleo. Una excesiva flexibilidad en la regulación de la jornada complementaria —que debería ser eliminada o sujetada a un máximo temporal— y una ausencia de control efectivo sobre su uso están detrás de esta proliferación de las peores facetas del empleo a tiempo parcial.

Más equilibrio en una regulación de la contratación temporal que debe ser acotada a través de la simplificación de las fórmulas contractuales con un solo contrato temporal —que mantenga la necesidad de causa para su utilización— cuya indemnización por despido o cese a su finalización termine igualándose a la del contrato indefinido. El contrato temporal así configurado no debería superar en duración los 24 meses. Junto a ello la regla para impedir el encadenamiento sucesivo de varios contratos temporales debe mantenerse y perfeccionarse para que obtenga mejores resultados en la lucha contra la temporalidad laboral no justificada y abusiva. Tras un periodo (2006-2012) de fuerte reducción de los niveles de temporalidad, el repunte registrado durante los últimos años es, sin duda, una señal preocupante, que muestra las debilidades y. el potencial de volatilidad de la recuperación económica a la que asistimos.

Equilibrio imprescindible para recuperar la capacidad de cobertura del sistema de protección del desempleo, muy deteriorada durante estos años. Que hoy, tal y como la mide el Ministerio de Empleo, el sistema solo proteja al 55% de los parados —y apenas al 35% si la estimación se produce usando los datos proporcionados por la EPA— es una situación que no debería prolongarse más tiempo. La reducción del esfuerzo presupuestario para proteger a los parados ha sido de tal magnitud que apenas gastamos hoy lo mismo en términos de PIB (alrededor de 1,5%) que lo que se gastaba en España hace 10 años. La diferencia es que hoy tenemos 2 millones más de trabajadores desempleados.

Algo parecido sucede con las políticas activas de empleo. La reducción del esfuerzo ha sido enorme (algo más de 3.000 millones de euros anuales) y el grado de organización es muy deficiente. Lo sucedido con la utilización —en realidad la no utilización— de los fondos europeos para la *garantía juvenil* es solo un botón de muestra de lo que debe cambiar en este ámbito. El problema no es la opción a favor de las políticas activas frente a las pasivas. En España, por desgracia, hemos retrocedido en los dos frentes y eso que, desde el punto de vista normativo, la nueva ley reguladora del sistema de formación profesional para el empleo ha supuesto un avance significativo.

Recuperar el papel equilibrador del salario mínimo

Equilibrio también, por último, para recuperar el papel del Salario Mínimo Interprofesional como elemento fundamental en una etapa en la que el funcionamiento de las reglas de formación de salarios ha sido muy deficiente y está en la base del crecimiento de la desigualdad. La solución no pasa por la instrumentación de un complemento salarial cuya principal virtud consistiría en destinar recursos muy importantes —y necesarios en otros ámbitos esenciales para la política social y laboral— que tendrían como resultado paradójico el mantenimiento de la cuantía del salario mínimo legal en los todavía bajos niveles actuales. A este respecto la experiencia británica de los últimos años resulta ilustrativa, con importantes incrementos en la cuantía del SMI para acotar el enorme crecimiento en el gasto del complemento salarial que, a su vez, tenía como principal efecto la congelación *de facto* de los salarios más bajos.

Es importante señalar que los cambios legislativos no son solo importantes por lo que dicen, sino también por lo que inducen en cuanto a cambios en el comportamiento de los agentes sociales. Las normas alteran los incentivos de los agentes económicos y en un marco de economía de mercado alteran también el poder negociador de los mismos en el escenario habitual en el que operan. En este caso, una de las consecuencias más preocupantes derivadas de la reforma de febrero de 2012 del marco de relaciones laborales es la alteración, de forma significativa, de la balanza entre el poder negociador de empresarios y el de los representantes de los trabajadores en la arena laboral. No solo, como hemos dicho, nos introduce en un senda de continua devaluación salarial, con efectos adversos a futuro para nuestra dinámica económica, sino que refuerza la tradicional cultura empresarial española que apuesta por estrategias fáciles —reforzadas por el cambios legislativos cómo este—, de competencia en costes salariales, dejando para otros lares la búsqueda de modelos de innovación (¡que intenten ellos!) que conlleven incrementos sustanciales en la productividad del trabajo, base de un crecimiento económico sostenible a futuro. En este contexto no es de extrañar que sobren jóvenes con buena formación, que han de optar por el camino de la emigración; aquí no hacen falta.

16. LA HORA DE LOS INTERLOCUTORES SOCIALES[30]

El drama de los efectos del coronavirus no ha hecho más que empezar. Por supuesto, el centro de atención todavía debe ser la lucha contra el virus en el ámbito sanitario pero la preocupación y las amenazas se extienden cada vez más a las consecuencias económicas. En este ámbito, lo peor de todo lo que nos ocurre es la enorme incertidumbre asociada a cualquier pronóstico. La recuperación de la 'nueva normalidad' exigirá plazos desconocidos todavía pero que, con toda probabilidad, no serán cortos. En algunos casos, no se medirán en semanas sino en meses o años. A la luz de los primeros datos conocidos, para China o Francia, y las estimaciones iniciales realizadas por el FMI, los efectos negativos para la economía mundial podrían ser superiores a los registrados en otras etapas críticas de la historia económica moderna.

Para España, el descenso en la actividad económica y las dificultades para la recuperación tendrán consecuencias dramáticas para el empleo. Durante el periodo de la crisis financiera entre 2008 y 2013, la destrucción de empleo alcanzó los 3,2 millones de puestos de trabajo, de los que tres cuartas partes estaban en el sector de la construcción y las ramas productivas y de servicios afines. Aunque a primera vista podría pensarse que el turismo, la restauración y la hostelería serían en esta crisis los sectores que acumularían la mayor parte de las pérdidas de empleo, la impresión es que esta crisis será mucho más horizontal y menos focalizada que la Gran Recesión. Salvo el sector primario y sus cadenas de distribución interior, la crisis afectará de forma intensa a casi todo el resto de los sectores en la industria, la construcción y buena parte del sector servicios. Cuando comenzábamos a contemplar como algo próximo alcanzar tasas de desempleo de un solo dígito, la crisis nos devolverá a tasas superiores al 20% y

---

30 Proviene de: Valeriano Gómez y Juan Chozas (2020). "La hora de los interlocutores sociales". *El confidencial.com*, 23/04/2020. Extraído de https://blogs.elconfidencial.com/economia/tribuna/2020-04-23/coronavirus-crisis-economica-empleo-recesion-soluciones2560831/

situará en primer lugar el esfuerzo por ampliar la protección de los desempleados y lograr que la reducción de la actividad productiva

Las numerosas medidas laborales que de manera urgente ha aprobado el gobierno y que va convalidando el Parlamento son necesarias, van en la buena dirección y, en muchos aspectos, son dignas de elogio. Se trata de combinar, por un lado, las exigencias para luchar contra la enfermedad, evitando el riesgo de contagio y por otro, mantener la continuidad de parte de la actividad económica y productiva con las mayores garantías en la salud y la seguridad laboral.

Se ha legislado sobre varios ejes: la paralización de las actividades no esenciales en las que, por la concentración de personas, el riesgo de contagio es mayor; el mantenimiento de actividades esenciales para el normal funcionamiento de la sociedad; la preservación restringida de actividades no esenciales en las que el riesgo de contagio es controlable; la restricción de la movilidad y confinamiento con excepciones, entre las que se encuentra el acudir al trabajo, supeditado a las medidas de prevención necesarias en cada caso.

Y, junto a ello, la promoción del teletrabajo, flexibilidad a la hora de acomodar horarios y condiciones en las que se presta la actividad laboral, permisos remunerados recuperables y los ya famosos ERTE (suspensión de las relaciones laborales o reducción de la jornada laboral, en ambos casos con carácter temporal), encajan y conforman un esquema en el que la prioridad es trabajar siempre que se pueda, pero sin poner en riesgo la salud de los trabajadores. Si no se puede trabajar, al encontramos ante una causa temporal, se dota a las empresas y trabajadores de una red de protección extraordinaria (prestaciones por desempleo y cese de actividad para los trabajadores por cuenta ajena y autónomos) para superar el periodo en que la actividad y el trabajo resulta imposible (fuerza mayor) o inviable en términos económicos (causas económicas, técnicas, organizativas o productivas). Estas y otras medidas, complementarias y razonablemente coherentes, están permitiendo mantener 'latente' o 'hibernada' la vida de muchas empresas y el empleo de sus trabajadores.

La recuperación no será intensa, ni vendrá rápidamente. Además, no va a afectar por igual a todos los sectores productivos y de servicios

Si estuviéramos en presencia de una recuperación relativamente rápida e intensa una vez pasado el confinamiento, las medidas adoptadas en el ámbito laboral junto a las puestas en marcha en el terreno fiscal y de apoyo a la liquidez de las empresas, podrían ser suficientes (por no citar las instrumentadas por el BCE, que han evitado la repetición del escenario de crisis de la eurozona a partir de 2010). Pero no será así. Ni la recuperación será tan intensa, ni vendrá tan rápidamente. Además, no afectará a todos los sectores productivos y de servicios. Por eso, necesitamos generar nuevos instrumentos para dar respuesta en plazos más largos. El desafío es enorme. La recesión mundial será mucho más extensa que la registrada hace una década. Pocas economías podrán sustraerse a un influjo que se manifestará en forma de espiral recesiva frente a la que debemos actuar con decisión para evitar la desaparición definitiva de una parte sustancial de nuestro tejido empresarial.

Ante el más profundo desafío al que se enfrenta nuestra economía, la española y la europea, resulta trascendental que los interlocutores sociales, los legítimos representantes de las empresas y los trabajadores asuman su responsabilidad vertebrando un espacio de diálogo que pueda aportar soluciones y medidas que nadie mejor que ellos puede definir y gestionar. Somos conscientes de que ya están abordando estas cuestiones y que sus documentos y acuerdos han pautado y servido de guía a alguna de las medidas recientemente adoptadas, pero estamos convencidos que su protagonismo y responsabilidad debería ser mucho mayor y sería la mejor garantía de la adecuación de las medidas a adoptar, de su aplicación pacífica y de un reparto lógico y equilibrado de las cargas y esfuerzos que el reto va a exigir. Las razones para ello son variadas y, en algunos casos obvias, pero no está de más reseñar algunas.

En primer lugar, la vuelta al trabajo en condiciones de seguridad y salud para los trabajadores y la nueva dimensión que va a tener la prevención de riesgos laborales a partir de esta pandemia. Su inserción mucho más profunda en el ámbito laboral (como en el resto de nuestra vida) y la necesidad de conectar los riesgos externos, aquellos que exceden y escapan a la capacidad preventiva de la empresa con la planificación, evaluación y contención que esta debe hacer. Algo se ha hecho ya con ocasión de la finalización de los permisos remunerados recuperables.

En segundo lugar, como ya hemos apuntado, el periodo hasta volver a un nivel de actividad similar al previo a la crisis va a ser largo y con exigencias y escenarios desiguales por sectores. Solo las empresas y los representantes de los trabajadores tienen las herramientas y el conocimiento para combinar medidas y actuaciones generales con su adecuación al caso concreto y a la exigencia de cada empresa.

En tercer lugar, la cuestión no se acaba con superar la fase de retorno a la recuperación. Las cosas ya no serán iguales que hasta ahora en términos productivos. La sociedad va a cambiar su manera de relacionarse y ello tendrá un impacto directo en la demanda, la producción y la gestión y distribución de productos, bienes y servicios. Prácticas limitadas hasta ahora como la del teletrabajo se extenderán exponencialmente. Las concentraciones de personas se restringirán drásticamente. La separación física de seguridad tendrá que respetarse. Nada será igual y las nuevas pautas y exigencias redefinirán la economía del futuro. Los cambios afectarán a todos los sectores, a todas las empresas y a buena parte de los puestos de trabajo. La necesidad de adaptación será general y de una dimensión y profundidad desconocidas. Además, será diferente en cada caso.

Por último y como razón principal, entendemos que ante una perturbación tan intensa como la que ya empezamos a vivir, la necesidad de ajuste es inevitable. Las empresas van a ver reducidos sus ingresos de manera drástica y hay una enorme incertidumbre para saber cuándo van a recuperar escenarios de normalidad. Las grandes corporaciones tienen músculo, conocimiento y recursos para afrontar los cambios durante más largos periodos de tiempo hasta alcanzar esa nueva normalidad, pero incluso ellas sufrirán intensamente. El desafío mayor lo tienen una vez más las pequeñas y medianas empresas, que caracterizan muy singularmente la economía española.

Ante el descenso de la actividad, entendemos que el bien principal a proteger es el empleo. Defender el empleo debería ser la labor de todos —empresarios, sindicatos y gobierno—, buscando salidas que prioricen el trabajo y ampliando los niveles de flexibilidad negociada. El Estado puede ayudar, y mucho, completando los acuerdos (interconfederales, globales o sectoriales) con reformas que los incorporen a la normativa y con medidas de estímulo y mejora de la seguridad y la protección social. Pero, siendo esto necesario, no será suficiente. Lo que estamos diciendo es que la negociación colectiva debe reaccionar a través de sus instrumentos —los vigentes y los extraordinarios de los que temporalmente se pueda dotar— y capacidades de fijación de condiciones de trabajo para salvar el empleo y la actividad productiva. Acuerdos sectoriales que revisen las condiciones aplicables, con especial sensibilidad hacia la situación de las pymes, para que puedan abordarse procedimientos excepcionales que permitan la supervivencia de grandes segmentos de nuestro aparato productivo con el mantenimiento del empleo como eje vertebrador. Desde esta perspectiva, entre otras alternativas, la extensión del tiempo de trabajo reducido a través de los ERTE debería ser la norma en prácticamente todos los sectores no agrarios, aun durante periodos en los que deje de estar vigente el estado de alarma.

Alcanzar acuerdos de este tipo evitaría el tradicional mecanismo de ajuste español a base de despidos como principal medida de adaptación. Ello debería complementarse con una legislación específica y temporal, complementaria a la general (como se ha hecho en el caso de los ERTE o la adecuación de jornada), concebida para estimular la asunción por parte de los interlocutores sociales del protagonismo que les corresponde a la hora de abordar problemas que nadie mejor que ellos conocen. Por supuesto, en crisis como las que vivimos, el Estado siempre formará parte de la solución, pero la implicación de las empresas y trabajadores en una estrategia que exigirá el esfuerzo de todos ayudará a reducir la magnitud del problema.

17. EL DIÁLOGO SOCIAL Y NOSOTROS[31]

Las dificultades por las que atraviesa el diálogo tripartito entre Gobierno y agentes sociales tras la negativa de la CEOE a suscribir un acuerdo que incluía el aumento temporal de las cotizaciones sociales en el ámbito de la reforma del sistema de pensiones merecen alguna reflexión respecto al contenido de las reformas y también sobre las implicaciones del proceso de diálogo social abierto hasta el momento.

En más de una ocasión he señalado, que los interlocutores sociales no deben pretender ejercer, porque no lo poseen, una suerte de derecho veto sobre la agenda planteada por el Gobierno de turno. Sigo pensando que el resultado del diálogo debe responder en alguna medida a la orientación trazada por los gobiernos, algo por lo demás natural en una democracia avanzada. Pero, a su vez, creo que cuando un Gobierno somete una parte de su ideas y planes de reforma a un proceso de negociación y deliberación con los interlocutores sociales debe estar dispuesto a ver alteradas sus preferencias. Dicho de otra forma, un diálogo abierto y sincero no admite derecho de veto alguno, pero tampoco puede consistir en un ejercicio de adhesión de los interlocutores a lo decidido por el Gobierno.

Lo importante desde esta perspectiva no es lo que Bruselas dice o deja de decir. El Gobierno ha planteado un conjunto de reformas contenidas en el Plan de Recuperación y en los documentos suscritos en su día entre España y la Comisión Europea. Su redacción es suficientemente abierta para permitir dar juego a la negociación y al intercambio de posiciones en el diálogo social. Nadie debería utilizar la palabra 'Bruselas' para justificar que hay que hacer lo que no queremos, pero nos vemos compelidos a realizar. Lo importante es encontrar un terreno capaz de hacer confluir los intereses de empresas y trabajadores avanzando en la consecución de los objetivos planteados en el Plan de Recuperación.

---

31 Proviene de: Valeriano Gómez (2021). "El diálogo social y nosotros", *El confidencial.com*, 19/11/2021. Extraído de https://blogs.elconfidencial.com/economia/tribuna/2021-11-19/dialogo-social-nosotros3326928/

Por supuesto, defender esta visión no implica, en ninguna medida, sostener que haya que mantener el contenido de las reformas en materia laboral o del sistema de pensiones llevadas a cabo por el Gobierno del Partido Popular en 2012 y 2013 respectivamente. Ambas fueron reformas mal diseñadas y peor ejecutadas sin ningún tipo de respeto por el diálogo social y lo que significa.

Algunos de los que hoy defienden con pasión la necesidad de negociar y acordar las reformas, nada dijeron cuando a comienzos de 2012, solo pocas semanas después de formarse el nuevo Gobierno, se publicaba en el BOE el Decreto Ley que impuso las medidas de reforma laboral que ahora se pretenden alterar. Otros, por su parte, mantienen que la reforma de 2012 estaría detrás del buen comportamiento de empleo registrado por la economía desde entonces. Para ellos, una reforma desequilibrada, que propiciaba la competencia a la baja entre las empresas a base de deteriorar las condiciones laborales y que insistía en una visión de la flexibilidad empresarial —por lo demás absolutamente necesaria— obtenida a base de reducir la seguridad de los trabajadores, sería más responsable de la recuperación del empleo en España que el cambio drástico en la orientación de la política monetaria impulsada por el nuevo presidente del BCE (el ahora presidente del Gobierno italiano) y la relajación de política económica y fiscal realizada por las autoridades europeas.

Merece la pena recordar que, durante los dos primeros años de aplicación de la reforma laboral de 2012 en España el empleo cayó abruptamente (-4,3% en 2012 y -2,8% en 2013) para empezar a recuperarse en 2014 y aun así todavía en dicho año el empleo creció menos que el PIB. Que no es oro todo lo que reluce alrededor del comportamiento del empleo con la reforma de 2012 se comprueba cuando se tiene en cuenta que fueron necesarios más de 4 años para llegar a recuperar el empleo existente en el trimestre anterior a la reforma (el último de 2011).

Con reformas, no siempre coincidentes con la orientación imprimida por el Gobierno español de la época, o sin ellas, todas las economías europeas, especialmente las afectadas por rescates —Irlanda, Portugal, Grecia y España— vieron mejorar drásticamente su situación e incluso Italia pudo lograr revertir en cierta medida una realidad inquietante ante la evolución de sus variables económicas más relevantes.

En mi opinión, el debate, hoy, no consiste en mantener o no aquella reforma. Creo que el Gobierno estaría legitimado para sustituir una regulación que fue abordada de forma unilateral y sin la más mínima apelación al diálogo y que, por lo demás, está detrás de la expansión de importantes desigualdades en el terreno salarial, en la ruptura del equilibrio en la negociación colectiva y en la continuidad de la brecha de temporalidad con respecto a las grandes economías europeas. Sin embargo, estoy convencido que el Gobierno no debe hacerlo.

El Gobierno y los interlocutores sociales harían bien en seguir impulsando el diálogo tripartito hasta el final porque esa es, sin ninguna duda, la mejor forma de acabar con el contencioso abierto con la reforma laboral de 2012 y cancelar así un itinerario que corre el riesgo de convertirse en un insano bucle de reformas y contrarreformas vinculadas al ciclo político. Demasiados ejemplos tenemos ya en otros ámbitos bien conocidos de la política pública para dejar que también aquí terminemos siendo absorbidos por esa suerte de disparatado camino sin final y sin destino.

Existe un terreno posible que combine la supresión de los peores contenidos de la reforma de 2012 con una visión de futuro que reduzca el grado de temporalidad en el empleo, simplificando los contratos laborales y reduciendo el uso de los temporales. Pero eso no significa que deban suprimirse de facto tales contratos —reduciendo su duración hasta niveles injustificados— o planteando una regulación que pretenda que las empresas sustituyan buena parte de los contratos temporales por fijos-discontinuos hasta un grado que resulta ilusorio en ámbitos como la hostelería o la agricultura.

También existen alternativas razonables para que las diferencias sobre la prioridad aplicativa del convenio de empresa sobre el de sector pueda sustituirse de forma que la negociación colectiva en la empresa sea una conversación entre iguales y no una verdadera farsa en muchos de los convenios de empresa que han surgido tras la reforma de 2012.

Alternativamente podrían situarse materias concretas sobre las que no puede disponer el convenio de empresa o el de sector cuando así se establezca (por ejemplo haciendo que la jornada máxima y el salario mínimo establecido en el convenio sectorial no puedan ser dispuesto en el de empresa) y, junto a ello tratar de encontrar nuevas vías para impulsar descuelgues empresariales de las condiciones del sector cuando las circunstancias económicas no permitan a las empresas poder cumplir íntegramente con ellas.

Algo parecido sucede con la regulación de las contratas y subcontratas. Más allá de los detalles —que casi siempre son esenciales— no está demás subrayar lo esencial. Y lo esencial no es otra cosa que conservar la flexibilidad en la posibilidad de contratar obras y servicios con otras empresas, pero no a costa de deteriorar las condiciones laborales. La solución no puede ser mantener las de la empresa de origen —para eso ya existen las ETT—, pero sí la de aplicar las condiciones establecidas en el convenio de sector de referencia.

Conozco bien las enormes dificultades que un proceso de esta naturaleza plantea a sus protagonistas. Tras el buen funcionamiento del diálogo en la primera parte de la legislatura en plena expansión de la pandemia, sobre todo, con una implantación masiva de los ERTE que ha evitado la destrucción de importantes áreas de nuestro tejido industrial y de servicios, ahora la complejidad de la negociación es mucho mayor.

Es cierto que el desacuerdo en la mesa de diálogo de reforma de las pensiones manifestado por la CEOE con el planteamiento del Gobierno de elevar el tipo de cotización no ayuda a encontrar una salida. Algún responsable de la CEOE —no me refiero a su presidente que, así lo creo, está teniendo una actitud resuelta y valiente a favor del diálogo— ha venido a significar que, al fin y al cabo, la propuesta del ministro Escrivá es solo una pequeña parte del déficit que hay que intentar absorber en el futuro. No me parece un buen argumento porque si todo el déficit tuviera que cubrirse con aumentos en las cotizaciones sociales estas deberían subir en torno a 4 o 5 puntos.

La clave de la propuesta del Gobierno en esta materia es alejarse de la lógica de la reforma de pensiones de 2013 en la que todo el peso del aumento del gasto debido al crecimiento de la esperanza de vida se trasladaba a una reducción de la pensión. Esa lógica terminaría hoy por abocarnos a una reducción sustancial a plazo —un plazo no muy largo— de la cuantía de las pensiones. Si no queremos abordarla, lo que debemos hacer es tratar jugar con otros factores (justamente aquello que no hacía la reforma de 2013): la edad de jubilación, el tipo de cotización, un incremento en la aportación del estado a la financiación del sistema de pensiones o, como al parecer se ha planteado (a estas alturas ese asunto no ha sido todavía bien explicado) extendiendo paulatinamente el periodo de cómputo.

Sé que hay reticencias para considerar algunos de estos factores, y las respeto, pero hay que resaltar que, al fin y al cabo, la lógica de las reformas llevadas a cabo en el sistema español de pensiones desde 1985 es la de alcanzar una mayor contributividad a través del alargamiento de la carrera laboral que se tiene en cuenta. Desde los dos últimos años (sí, eran los dos últimos años los vigentes antes de 1985) hasta los 25 actuales que se alcanzarán en 2027 pasarán nada menos que 42 años entre una situación absolutamente insostenible (la que existía en 1985) y otra que, siendo más exigente, todavía es muy inferior a la tienen los principales países europeos. Salvo Francia, que sitúa en 25 años el periodo de cómputo, todos los grandes países europeos (Suecia, Italia, Alemania, Finlandia, Portugal, Finlandia, Reino Unido, Grecia) han situado ya el periodo de cómputo para calcular la pensión en la carrera completa o en más de 30 años.

Si queremos actualizar las pensiones con arreglo a la evolución de los precios —y así debe hacerse por mandato constitucional— debemos también estar preparados para hacerlo posible. Para ello no bastará con cambiar de lugar el déficit que se origina en un sistema de reparto basado solo en los ingresos de las cotizaciones sociales. Hará falta más esfuerzo, sí más esfuerzo. Ese esfuerzo se puede repartir con medidas que aumenten los ingresos y otras que reduzcan paulatinamente la proyección del gasto a plazo, haciendo más soportable la carga dejamos a nuestros hijos que tendrán que soportar el impacto de un 50% más de pensiones que las que hoy tenemos en el horizonte de las tres próximas décadas. Como la magnitud del reto no es, ni mucho menos, pequeña es mejor que lo hagamos juntos y con consenso.

18. LA REFORMA LABORAL: UNA EXTRAÑA COINCIDENCIA[32]

El final pactado de las negociaciones sobre la reforma laboral ha producido una peculiar coincidencia en las reacciones producidas frente a ella. Tanto el PP como las fuerzas políticas situadas en el extremo opuesto del arco parlamentario, Bildu, ERC, Más País e incluso el PNV, han respondido con la misma afirmación: no es nuestra reforma.

Por supuesto, en un régimen democrático todos tienen el derecho, y el deber, de defender sus ideas y someterlas al escrutinio parlamentario. Sin embargo, creo que ese tipo de reacciones insistiendo en que los contenidos de la reforma no son los que unos u otros defienden son las que confieren una indudable fortaleza a los

Al fin y al cabo, el diálogo social como forma de orientar la regulación laboral consiste precisamente en un ejercicio en el que sus protagonistas, Gobierno e interlocutores sociales, se comprometen a someter sus pretensiones a una negociación sincera y abierta sabiendo que su resultado nunca será el mismo que el que inicialmente configuraba sus reivindicaciones o sus programas electorales. Claro que la reforma acordada no es la reforma del PP, ni la de Bildu o la de ERC, pero tampoco es la reforma del PSOE o la defendida por Podemos.

Si el Gobierno de coalición hubiera renunciado al diálogo social decidiéndose por una reforma unilateral e impuesta, como hizo en su día el Gobierno del PP, es seguro que sus resultados permitirían decir a muchos que esa sí es 'su' reforma. Sin embargo, optando por el consenso y el diálogo, el Gobierno ha elegido una senda que nunca debería haber abandonado el PP en 2012. Porque si uno elige su camino y lo impone a los demás sin el menor gesto de diálogo, debe

---

32 Proviene de: Valeriano Gómez (202). "La reforma laboral. Una extraña coincidencia". *El confidencial.com*, 14/01/2022. Extraído de: https://blogs.elconfidencial.com/economia/tribuna/2022-01-14/reforma-laboral-extrana-coincidencia-dialogo-social3357828/

estar dispuesto a que, cuando pierde la mayoría parlamentaria, vea cancelada su iniciativa con la misma rotundidad con que en febrero de 2012, apenas un mes y medio después de tomar posesión, el Gobierno del PP aprobó por decreto ley 'su' reforma laboral.

Estas razones son las que hacen sorprendente la reacción del PP rechazando el acuerdo tripartito. Al fin y al cabo, la mejor forma de acabar con el contencioso abierto en 2012 que amenazaba con convertir nuestra legislación laboral en un eterno viaje de ida y vuelta en función de la evolución del ciclo político (como ha ocurrido en otros ámbitos trascendentales de las políticas públicas) es precisamente el acuerdo social entre el Gobierno y las organizaciones sindicales y empresariales. Porque lo que necesitamos no es la reforma de 'uno' u 'otro', sino una reforma con amplios consensos entre los que deben estar, sin ninguna duda, los interlocutores sociales.

La reforma laboral acordada hace unos días no es la primera que se alcanza en nuestro país durante los últimos 40 años. Es mejor dejar que transcurra el tiempo para calificarla de 'histórica'. Necesitamos tiempo para mirar hacia atrás como haría el ángel de la historia de W. Benjamín. Históricos fueron los Acuerdos de Grenelle que en 1968 dieron expresión y cauce de salida a las convulsiones sociales de mayo de 1968 en Francia o, un año más tarde, el acuerdo que generalizó legalmente la escala móvil de salarios en Italia. Históricos fueron también los acuerdos de Saltsjöbaden en Suecia (que configuraron el que con el tiempo se denominaría 'modelo sueco' de política laboral, fiscal y social) o los alcanzados en Alemania para impulsar el modelo de cogestión de las empresas a partir de 1976.

En España, solemos calificar de históricos, con justa razón, los acuerdos alcanzados en 1979 y 1980 que configuraron el armazón y la estructura del Estatuto de los Trabajadores. De una u otra forma, con diversos procedimientos y resultados, el diálogo social fue clave en el proceso de estabilización económica y social durante la primera década democrática. Aunque los Pactos de la Moncloa no son un ejemplo reseñable en nuestro ámbito —porque no tuvieron naturaleza tripartita—, a ellos le sucedieron todo un conjunto de acuerdos, el ABI de carácter bipartito pero que dio lugar al Estatuto de los Trabajadores, el Acuerdo Nacional sobre el Empleo, el Acuerdo Económico y Social (vigente hasta 1986 y que, entre otras cosas, vino a configurar el modelo de protección a los desempleados que, en lo esencial, todavía hoy existe) y los acuerdos sectoriales para el tratamiento laboral y social del proceso de reconversión en los grandes sectores de la industria naval, siderúrgica integral y del acero común, electrodomésticos, componentes electrónicos, etc., que pusieron sólidos cimientos al diálogo en el ámbito de las políticas sociales y laborales.

A lo largo de cuatro décadas, en diversas etapas y con resultados dispares, el diálogo social ha sido uno de los grandes activos de la política laboral y social en España. Frente a lo que una reflexión poco profunda podría sugerir, más que un método, más que un medio, el diálogo social es un fin en sí mismo. El objetivo es hablar, el fin no es otro que dialogar. Y hacerlo, desde la seguridad, avalada por los hechos, de que hablar y dialogar es el mejor camino para terminar haciendo buenas políticas. En materia laboral, es mejor huir de esa suerte de reformas ilustradas diseñadas en el laboratorio. La mejor reforma —aun la alejada de las pretensiones iniciales del gobernante— es la que se acuerda, la que es fruto de la deliberación y el contraste de ideas e intereses. La que, al huir de los términos 'nosotros' y 'ellos', termina encontrando una solución que suele ser superior a la construida analíticamente.

Si no fuera por las razones anteriores, resultaría innegable mantener la idea de que el Gobierno actual estaría legitimado para llevar a cabo su agenda social y laboral sin necesidad de buscar consensos con los principales interlocutores económicos y sociales. Después de todo, los anteriores gobiernos durante el periodo 2012-2015, en que contaron con mayoría absoluta, abordaron su estrategia sin abrir espacio alguno para el diálogo político o el consenso social.

El ejemplo más emblemático fue precisamente la reforma laboral de 2012, aprobada mediante decreto ley apenas unas semanas después de la toma de posesión del nuevo Gobierno.

Pero el carácter impositivo y unilateral de la nueva legislación se plasmó también en áreas clave de la política social, la reforma del sistema de actualización de las pensiones, o las reducciones y recortes en la protección por desempleo y el sistema de atención a la dependencia o la política fiscal, a través de una visión restrictiva —hoy afortunadamente superada en España y en Europa— contenida en la Ley de Estabilidad Presupuestaria aprobada en 2012.

Hasta entonces, ningún Gobierno democrático anterior había abordado reformas de tanta trascendencia sin apelación alguna al diálogo social o a la negociación política.

Lo importante en la reforma laboral actual no es cuánto permanece de la reforma laboral de 2012 y cuánto resulta transformado. Desde el momento en que el Gobierno abrió la posibilidad de someter al diálogo social su agenda laboral, estaba anunciando en realidad su voluntad de diseñar un nuevo marco fruto del acuerdo en el que era evidente que podrían permanecer algunas de las materias que configuraron la reforma de 2012. Sin embargo, la diferencia es que ahora el resultado es fruto del acuerdo, y ese resultado resuelve una situación que en 2012 había alterado profundamente el equilibrio en las relaciones laborales.

No debe olvidarse que esa ruptura del equilibrio —introducida en 2012 a través de aspectos como la superioridad del convenio de empresa sobre el sectorial, la supresión de la ultraactividad de los convenios colectivos o la posibilidad de modificación unilateral de las condiciones de trabajo por las empresas— produjo una intensa devaluación salarial y la expansión de fenómenos como la pobreza laboral.

Entre 2012 y 2017, el poder adquisitivo de los salarios se redujo en alrededor del 10% y lo peor es que el deterioro salarial afectó de forma mucho más fuerte precisamente a los salarios más bajos. Ese fue uno de los principales detonantes de la necesidad de recuperar un nivel salarial más justo a través de la revalorización intensa del SMI iniciada en 2017 —todavía bajo el Gobierno del PP tras un acuerdo con el entonces principal partido de la oposición— y continuada con más ímpetu por el nuevo Gobierno desde 2018. El nuevo marco diseñado en la reforma recientemente alcanzada permite que el convenio de empresa pueda modificar aspectos vinculados a la capacidad de adaptación y flexibilidad de las empresas, pero, esa es la clave, impide que esa adaptación se logre a través del deterioro de las condiciones salariales o el aumento de la duración de la jornada al margen de lo establecido en los convenios de sector.

Por supuesto, aunque los aspectos vinculados al reequilibrio de la negociación colectiva son muy importantes, la reforma de 2021 introduce mejoras de calado en la regulación de las contratas y subcontratas dificultando que su utilización por las empresas se convierta en un ineficiente instrumento para reducir y empeorar las condiciones de trabajo. Adicionalmente, una nueva regulación más exigente de la contratación temporal, manteniendo la posibilidad de uso justificado en las empresas y una restricción mucho más profunda de su uso en la Administración pública, debe ayudar a superar una de las peores disfunciones del mercado de trabajo español, que sigue manteniendo las tasas más altas de temporalidad entre los países miembros de la UE.

Junto a ello, una nueva regulación de los ERTE para convertirlos en instrumentos permanentes de adaptación de empresas y sectores sometidos a crisis coyunturales podrá permitir, como ya ocurre en otros países europeos (Alemania es aquí el ejemplo más reseñable), que la apelación a los ajustes de plantilla mediante despidos no sea el mecanismo más utilizado incurriendo en costes de rotación y de protección por desempleo mucho más altos que los que costará el nuevo mecanismo RED para la flexibilidad y la estabilización del empleo creado por la reforma.

No es necesario insistir en que el final dialogado de la reforma es el mejor modo de cerrar el conflicto regulatorio abierto en 2012. Ahora el Parlamento tiene la palabra. Ojalá que esa extraña coincidencia contra ella, aparecida en ambos lados del espectro político, pueda convertirse en un nivel aceptable de consenso en una regulación laboral moderna y equilibrada que vuelve a poner en primer plano el diálogo social en un país que necesita el entendimiento en una medida no menor que la exigida hace 40 años.

19. LA REFORMA LABORAL DE 2022 EN PERSPECTIVA ECONÓMICA[33]

Introducción

Sin duda, la evaluación de políticas públicas o reformas legislativas es un área del análisis económico que entraña enormes dificultades. Incluso aunque se trate de evaluaciones *expost,* en última instancia, se trata de realizar un ejercicio fáctico, en el que se intenta saber lo que hubiera ocurrido en caso de que no se hubieran llevado a cabo tales actuaciones y comparar con lo que sí ha ocurrido, al cabo de un determinado período y obviamente en términos *caeteribus paribus.* Por eso, en el campo que nos ocupa, el laboral, es habitual que en la arena política los gestores de las reformas llevadas a cabo se apunten éxitos e ignoren fracasos en los que han podido contribuir tales actuaciones, pero en concurrencia con otros múltiples factores, ajenos a las políticas aplicadas.

Es cierto que hemos avanzado bastante en la aplicación de técnicas de evaluación, con la modelización de ciertos supuestos, pero, aun así, predecir hacia adelante los efectos de modificaciones legislativas o cambios de políticas, en términos de eficiencia y eficacia de las mismas, sigue siendo un ejercicio plagado de incertidumbres.

Aquí trataremos de vislumbrar algo del futuro del mercado de trabajo español que puede estar condicionado por la aplicación de la reforma laboral aprobada por el Parlamento a principios del año 2022, que afecta a la institucionalidad reguladora de dicho mercado y, por tanto, cabe esperar introduzca modificaciones en el comportamiento de los agentes socioeconómico que en el operan y, por extensión, en la dinámica futura del mismo.

En este artículo se establecen algunas premisas básicas para dicho análisis, en primer lugar. A continuación, se revisa someramente la

---

33 Proviene de: Santos M. Ruesga y Ana Viñas (2022). "La reforma laboral de 2022 en perspectiva económica" (The 2022 labour market reform in economic perspective) *Labos,* Vol. 3, No. 1. Marzo. EISSN 2660-7360: 153-179. Extraído de: doi: https://doi.org/10.20318/labos.2022.6850.

trayectoria de las reformas laborales habidas tratando de identificar sus elementos sustanciales. Y, en tercer lugar, circunscribiéndonos a los contenidos más destacados de la reforma se analizan la evolución cuantitativa de las variables en los últimos años con el fin de vislumbrar posibles cambios en las tendencias a causa de los cambios introducidos en la regulación laboral. En la última parte del artículo se sintetizan los resultados alcanzados y se aportan algunas consideraciones sobre el posible impacto de la reforma en la dinámica futura del mercado laboral español.

El contexto jurídico laboral de la reforma

Como preámbulo al análisis económico de la reforma laboral en España, materializada en RDL 32/2021[34], de 28 de diciembre, conviene establecer algunas premisas básicas en el ámbito de las normas, particularmente en lo que acontece a los efectos de la regulación laboral. Se trata de contextualizar el espacio jurídico-laboral en el que se aplicará esta norma, para tratar de interpretar con cierta precisión la incidencia efectiva sobre la dinámica del mercado de trabajo, en particular y en la de la económica española, más en general.

En primer lugar, es preciso reiterar lo que juristas, politólogos o economistas suelen afirmar acerca de los efectos de las normas regulatorias de relaciones económicas o laborales. Es conocido que una ley, *a priori*, no cambia necesariamente los comportamientos de los sujetos que intervienen en una relación determinada. Se requiere que actúen incentivos diversos para que se incorporen los contenidos de la norma y sus desarrollos ulteriores, en dichos comportamientos, con el fin de promover los cambios deseados en el funcionamiento micro y macroeconómico de las relaciones objeto de transformación. Para ello es preciso que tales incentivos sean asumidos paulatinamente por los agentes que intervienen en la estructura, y las relaciones

---

34 Resolución de 3 de febrero de 2022, del Congreso de los Diputados, por la que se ordena la publicación del Acuerdo de convalidación del Real Decreto-ley 32/2021, de 28 de diciembre, de medidas urgentes para la reforma laboral, la garantía de la estabilidad en el empleo y la transformación del mercado de trabajo ("BOE" núm. 33, de 8 de febrero de 2022, páginas 16140 a 16140).

subyacentes a reformar, para que sus actitudes y comportamientos en y durante la praxis de dicha relación vayan modificándose.

El objetivo, en última instancia, de tales cambios normativos, consistiría, precisamente, en alterar el comportamiento interactivo de los agentes económicos, políticos y sociales que define tal relación a transformar. De ahí la preferencia, en los países europeos de forma reiterada, por procesos de reforma que cuenten con la participación de los representantes de dichos agentes en su definición y su aquiescencia en su contenido final. Ello significaría que la reforma en cuestión contribuirá a transformar los comportamientos de dichos agentes, sin resistencias notables, en dicha relación, en general, o en los aspectos concretos a modificar, en particular.

Así ocurre en el mercado de trabajo español y, en la subyacente y explicita trama de relaciones laborales a reformar. Sobre ello hemos visto numerosos ejemplos en los últimos cuarenta años, tras aplicarse varias decenas de reformas (Ruesga, 2014 y 2016), de mayor o menor calado, en la regulación de dicho mercado y/o en las relaciones laborales (tabla 1).

Son varias las ocasiones en las que el legislador o directamente el ejecutivo de turno han tratado de transformar, por ejemplo, las estructuras de la contratación laboral, modificando las normas o las políticas de mercado laboral específicas, que la regulan y/o incentivan en una determinada dirección, con el fin de reducir el elevado grado de temporalidad que ha caracterizada y caracteriza esta vertiente de las relaciones de trabajo. Y, han sido, varias también, las ocasiones en la que se ha observado, pasado un cierto periodo de aplicación de la nueva regulación, que el efecto ha sido nulo o inexistente, lo que los economistas denominamos "efecto peso muerto" de la reforma o de la política laboral específica aplicada (Toharia, dir., 2005). En la explicación de este peso muerto de determinadas medidas legislativas o políticas está la institucionalización de una cultura laboral (entre los empresarios, pero también entre los asalariados) reacia a los cambios en determinadas materias (como la contratación temporal)[35].

35 En este sentido, Toharia (Dir., 2005) señala que la perpetuación de la contratación temporal en España, en cifras muy por encima de los estándares europeos, está más relacionada con esa cultura empresarial anclada en la temporalidad

Tabla 19.1. Principales reformas de la legislación laboral tras la promulgación del Estatuto de los Trabajadores

Norma	Fecha	Modificaciones introducidas
Ley 14/1983	29/06/1983	Reducción de la jornada laboral máxima.
Ley 32/1984	2/08/1984	Flexibilización de la contratación temporal; fomento de la contratación temporal con subvenciones.
Ley 10/94	19/05/1994	Medidas urgentes de fomento de la ocupación.
Ley 11/94	19/05/1994	Flexibilidad de las relaciones laborales individuales (entrada, interna y de salida) y potenciación de la negociación colectiva y mejora de sus contenidos.
Ley 14/94	L1/06/94	Supresión del monopolio del INEM en materia de contratación y creación de Empresas de Trabajo Temporal (ETT's).
Ley 31/1995	8/11/195	Ley de prevención de riesgos laborales.
Ley 63/1997	26/12/1997	Medidas para el fomento de la contratación indefinida (procede del Acuerdo sobre Estabilidad en el Empleo).
RDL 15/1998	27/11/1998	Nueva regulación del contrato a tiempo parcial (Acuerdo sobre el Trabajo a Tiempo Parcial).
Ley 12/2001	9/07/2001	Medidas urgentes contra las excesivas tasas de temporalidad y modificación de la regulación de la contratación a tiempo parcial.
RDL 5/2002	24/05/2002	Reforma protección por desempleo (denominado "decretazo").
Ley Orgánica 3/2007	22/03/2006	Regula la igualdad efectiva de mujeres y hombres y establece mecanismos para su logro.
RDL 5/2006	9/06/2006	Reforma mercado laboral (procede del Acuerdo para la mejora del Crecimiento y el Empleo). Medidas para la promoción de la contratación indefinida y mejorar la utilización de la contratación temporal.
Ley 20/2007	11 /07/2007	Estatuto del trabajo autónomo.
RDL 2/2009	06/03/2009	Medidas extraordinarias para el mantenimiento y fomento del empleo y la protección de las personas desempleadas.
Ley 35/2010	17/07/2013	Abre camino al abaratamiento del despido.
RD 7/2011	10/06/2011	Medidas urgentes para la reforma de la negociación colectiva.
RDL 3/2012	11/02/2012	REFORMA LABORAL. Abarata despido, acaba con la ultraactividad de los convenios, facilita el descuelgue de los convenios. Prevalencia convenios de empresa.
RDL 4/2013 Ley 11/2013	22/02/2013 26/07/2013	Medidas de apoyo al emprendedor y de estímulo del crecimiento y de la creación de empleo.
RDL 3/2014	28/02/2014	Medidas urgentes para el fomento del empleo y la contratación indefinida.

que con la propia estructura productiva del país, abundante en sectores de alta estacionalidad en el empleo y, por este lado, muy demandante, *a priori*, de trabajo temporal.

Norma	Fecha	Modificaciones introducidas
RDL 8/2014	14 /07/2014	Medidas urgentes para el crecimiento, la competitividad y eficiencia.
RD 16/2014	19/12/2014	Programa de activación del empleo e itinerarios individuales y personalizados para los desempleados.
RDL 4/2015	22/03/2015	Reforma urgente del Sistema de Formación Profesional para el Empleo en el ámbito laboral.
RDL 6/2019,	1/03/2019	Medidas urgentes para garantía de la igualdad de trato y de oportunidades entre mujeres y hombres en el empleo y la ocupación. Modifica la Ley Orgánica 3/2007 de 22 de marzo, para la igualdad efectiva de mujeres y hombres.
RDL 18/2020	12/05/2020	Medidas sociales en defensa del empleo: modificación de la regulación de los ERTES.
RD 902/2020	13/10/2020	Igualdad retributiva entre mujeres y hombres.
Ley 10/2021	9/07/2021	De trabajo a distancia. Nueva regulación del Teletrabajo.
Ley 20/2021	28/12/2021	Medidas urgentes para la reducción de la temporalidad en el empleo público.
RDL 32/2021	28/12/2021	REFORMA LABORAL. Medidas urgentes para la reforma laboral, la garantía de la estabilidad en el empleo y la transformación del mercado de trabajo.

Fuente: Elaboración propia y Ruesga (2014)

En segundo lugar, la creciente digitalización del mercado laboral, que se estaba viviendo ya antes de la pandemia COVID-19, se ha acelerado aún más debido a la irrupción en nuestras vidas del virus SARS-2. Si hace cinco años solo el 20,1 por ciento de las empresas realizaban ventas por comercio electrónico, en la actualidad suman un tercio del total. Actualmente, en torno al 30 por ciento de las empresas compra algún servicio de *cloud computing*, cuando hace cinco años lo hacía menos del 20 por ciento (Ruesga y Pérez, 2021:243). Y si hace un lustro solo había un 6,5 por ciento de las personas ocupadas que teletrabajaran en algún momento de la semana, en el último trimestre de 2021 casi el 14 por ciento de las y los trabajadores habrían realizado su trabajo desde su hogar, con la modalidad de teletrabajo[36].

---

[36] No obstante, el fuerte crecimiento que ha experimentado este fenómeno del teletrabajo en los primeros meses de la pandemia, durante el subsiguiente confinamiento generalizado, ha tendido a moderarse, e incluso reducirse, al compás de la desaparición paulatina de la normativa sobre limitaciones a la movilidad

A ello se podría añadir la expansión de las denominadas plataformas digitales. Según estimaciones de la encuesta COLLEM[37], alrededor de un 10 por ciento de la población activa en la Unión Europea ha trabajado alguna vez en una de ellas. La irrupción de estas plataformas, que permiten fragmentar las tareas de cada trabajo, ha roto con las tradicionales formas de relación laboral establecidas entre trabajadores y empleadores, que con frecuencia se concretaba en un espacio o entorno determinado, como era la empresa o el establecimiento. Ahora el lugar de trabajo puede ser el propio hogar o incluso las bicicletas o patinetes que los repartidores de las plataformas utilizan para transportar pedidos. Y la relación de trabajo pasa de la clásica de asalariado a fórmulas diversas de "falso trabajo autónomo", en el terreno de lo que eufemísticamente la Organización Internacional del Trabajo (OIT) viene denominando como "formas atípicas de empleo".

La evolución reciente del mercado de trabajo muestra los profundos cambios que se están produciendo en el mismo y que se manifiestan en la proliferación de dichas formas atípicas de empleo. Las relaciones laborales se alejan de lo que, hasta hace unos años, se consideraba el estándar. Entre las formas atípicas de empleo se suelen considerar el empleo temporal, el trabajo a tiempo parcial, el trabajo temporal, por medio de agencias o terceros, el empleo por cuenta propia económicamente dependiente, el trabajo a domicilio o el teletrabajo, el empleo en plataformas digitales y otras variedades de prestación laboral inestable y de muy baja cualificación.

Y, junto a ello, persisten aún una buena parte de los desajustes históricos del mercado de trabajo español, como pueden ser las elevadas tasas de desempleo, en general, en contraste con las cifras habituales en los países europeos, o la de los más jóvenes, así como

---

de las personas. El teletrabajo ha sido regulado con mayor intensidad y precisión de lo existente hasta la fecha en la Ley 10/2021, de 9 de julio, de trabajo a distancia.

37 La encuesta COLLEN fue realizada en 14 países de la UE por el *Joint Research Centre* de la Comisión Europea, en el año 2018. Véase: Pesole, Urzi Brancati, Fernández Macias, Biagi y González Vázquez, (2018) y Urzi Brancati, Pesole y Fernández-Macías (2020).

la larga duración de los periodos de desempleo, sobre todo en la población activa de más edad o el *mismatch* ocupacional, entre otros.

Posiblemente, en este escenario se hace necesario, sin duda, replantear la estructura de las instituciones que ordenan y regulan un mercado de trabajo cambiante de forma acelerada. Puede que buena parte de sus principios básicos históricos sigan vigentes (protección al trabajador, la parte más débil de la relación laboral, eficiencia en el ajuste macro y microeconómico del mercado laboral, etc.) pero la rápida transformación de los sistemas productivos, con preminencia creciente para la innovación, la digitalización y el factor conocimiento, demandan nuevas herramientas.

En su momento, la opción adoptada por la Comisión Europea y los gobiernos de los países miembros para recuperar la senda del crecimiento tras la Gran Recesión[38] fue a través de reformas laborales implementadas a nivel nacional, tendentes a flexibilizar el trabajo. Esto ha tenido un efecto menor sobre la creación de empleo y mayor sobre la calidad de las condiciones laborales, de manera que ha predominado la expansión de nuevas formas de trabajo, de peor calidad y con remuneraciones más bajas, redundando en la precarización de las condiciones laborales, el aumento de los empleos atípicos, la devaluación salarial y, especialmente, la pérdida del papel regulador y eficiente de las instituciones del mercado laboral. No cabe duda de que es el momento de abordar reformas en profundidad, que busquen nuevas orientaciones para la regulación efectiva de las relaciones laborales en la era de la digitalización.

Y, en este contexto, la reforma laboral más reciente, de fines de 2021, apunta otras señales, en parte en una dirección que contrasta con lo realizado con anterioridad. A ello vamos a continuación.

Una historia de reformas laborales sin final

Circunscribiéndonos al caso español, el proceso de reforma institucional llevado a cabo en el mercado laboral español comenzó ya con los Pactos de la Moncloa, en 1977, y continúa hasta la fecha, con numerosas reformas del Estatuto de los Trabajadores, así como con la

---

38 Denominación con la que se suele conocer la crisis de 2008-2013.

firma de diferentes acuerdos entre los agentes sociales[39]. Existen diferencias, a veces sustanciales, en la orientación de las reformas habidas a lo largo de dicho periodo temporal. Por ejemplo, con el Estatuto de los Trabajadores se trataba de construir un modelo democrático de relaciones laborales, lo que culminaría con un paquete de normas orgánicas singulares. Con las reformas iniciadas poco después de la promulgación de dicho Estatuto se abre un proceso de flexibilización y desregulación de las relaciones laborales que mantiene como objetivo central el logro del mayor número de personas empleadas posible, dejando en un plano secundario la calidad del empleo generado. El punto de arranque es la reforma implementada en 1984 (Tabla 19.1), a partir de la cual se produce una fuerte expansión de la temporalidad en el mercado de trabajo español, que transita desde cifras inferiores al 15 por ciento del total de asalariados hasta más del 35 por ciento en su momento más álgido, en 2006, momento en el que la reforma llevada a cabo ese año contribuirá a voltear la curva de dicho índice de temporalidad hacia niveles en torno al 25 por ciento, cifra que se ha ido estabilizando hasta los años más recientes.

Siguiendo tal tendencia, con anterioridad a las reformas más actuales de 2009-2010-2012,-2022, los cambios normativos habían ido flexibilizado claramente (desregulando) el panorama del mercado laboral español, tendiendo a primar la flexibilidad en el inicio de las relaciones laborales, a través del impulso continuo a la temporalidad. En contraste, en los últimos episodios de reforma, el acento se ha puesto en la flexibilidad de las relaciones laborales internas en la empresa y en las externas, en particular, en lo relativo al coste del despido en sus diversas variantes, así como en la flexibilidad salarial.

En este sentido, conviene recordar como el diagnóstico previo a cualesquiera de las reformas aludidas solían hacer hincapié en la responsabilidad de la denominada "rigidez salarial", como el principal causante, a tenor de las interpretaciones ortodoxas, del desequilibrio en el mercado de trabajo[40] (Ortega y Peñalosa; 2012 y Wöfl y Mora-

---

39 Véase a este respecto Heredero de Pablos y Ruesga Benito (2019).

40 A partir del año 2000, con la integración de España en la Unión Económica y Monetaria, que ha restringido el uso de los instrumentos monetarios en los procesos de ajuste macroeconómicos, se otorga a las políticas de oferta un papel fundamental para incrementar la capacidad competitiva y adecuar la economía

Sanguinetti; 2012). Desde este punto de vista, por ejemplo, la negociación colectiva, como institución que regula las condiciones laborales, y sus efectos sobre la determinación salarial en la economía[41], al afectar en España a aproximadamente el 80 por ciento de los asalariados, ha sido objeto central para las reformas más actuales y ha polarizado, en buena medida, el objetivo de estas durante la Gran Recesión.

En este largo proceso de reformas han jugado un papel fundamental la concertación y el diálogo social, cuestión que desaparece en el episodio de 2012. Así pues, esta reforma rompe con el principio implícito en nuestro sistema de relaciones de trabajo de mantenimiento de un cierto equilibrio entre el poder negociador de las partes de la relación laboral, en un contexto de tradición pactista, de diálogo y de acuerdos (Pérez Ortiz, Fernández Rodríguez, Ibáñez Rojo, Ferrer Saís, Alonso Benito, y Ruesga Benito, 2018).

Pero en la crisis económica española del período 2008-2013 se podría haber ido más allá de una mera adaptación a una coyuntura económica adversa, considerando que la flexibilidad interna tendría una cabida más justificada como política a implementar para mejorar el ajuste de la oferta y demanda en el mercado laboral, teniendo en cuenta el legislador en su forma de actuar el carácter estructural de la recesión. Desde el comienzo de la crisis, los sectores más afectados han sido aquellos caracterizados por ocupar mano de obra de media-baja cualificación que poseen una menor movilidad hacia otros sectores y que requieran de habilidades y contenidos formativos diferentes, algo que dificulta su empleabilidad y potencia el paro de larga duración y, con ello, el ascenso del paro estructural (Ruesga, *et alter*, 2014 y ECB; 2012).

---

a los ciclos (Bentolila, Dolado y Jimeno; 2012). En este sentido la implementación de la flexibilidad interna y de la flexibilidad salarial ha centrado el objetivo principal de las tres reformas laborales llevadas a cabo, dos por el ejecutivo socialista y una, de carácter más integral, por los conservadores, durante el período de la Gran Recesión.

41 Cambios derivados en la productividad laboral —que en recesión pueden ser consecuencia de una caída en la demanda del producto— deben estar acompañados de un ajuste equivalente en los costes laborales (salario real), para evitar que el ajuste se produzca vía empleo, lo que daría lugar a una mayor inestabilidad en la ocupación (Cahuc y Zybelberg; 2004).

En torno a la finalidad de tales reformas, en particular la del 2012, hemos sintetizado en otro lugar que "a partir de este marco teórico, bien que dotado de un fuerte contenido ideológico, la reforma pretende actuar del modo siguiente:

a) Potenciar la flexibilidad externa de las empresas a través, principalmente, de los mecanismos de salida del empleo (despido);
b) aumentar la flexibilidad interna de las empresas, permitiendo una mayor adaptación de las condiciones de trabajo, como la jornada laboral, a los cambios en la situación económica de las empresas;
c) reforzar la flexibilidad salarial, sobre todo de los salarios reales, en función de los cambios que se produzcan en la situación del conjunto de la economía o de las empresas;
d) disminuir la "generosidad" del sistema de prestaciones por desempleo, limitando las condiciones de acceso y mantenimiento de esas prestaciones, y
e) favorecer los ajustes cuantitativos y cualitativos entre la oferta y la demanda de trabajo a través de una mayor participación de los servicios privados de empleo y del incremento de la movilidad geográfica y funcional de los trabajadores" (Pérez Infante *et alter*, 2013).
f) Y, en suma, impulsar la dinámica de devaluación salarial, que polariza el ajuste de rentas a la pérdida de riqueza derivada de la Gran Recesión.

Claro ejemplo de ello ha sido la intención de alterar el ámbito de negociación predominante en la negociación colectiva (el sectorial) al favorecer un proceso de descentralización que potenciara "la prevalencia de los convenios colectivos a nivel de empresa" (ECB; 2012: 56)[42], donde se confirma que las novedades más reseñables "se encuentran en la adaptación de la regulación a las nuevas realidades empresariales susceptibles de negociar convenios colectivos, como son los grupos de

---

42 [9] Objetivo ya expuesto, por ejemplo, en la disposición argumental del Real Decreto-ley 3/2012, haciendo referencia explícita al interés de la reforma en "garantizar dicha descentralización convencional en aras a facilitar una negociación de las condiciones laborales en el nivel más cercano y adecuado a la realidad de las empresas y de sus trabajadores" (BOE 36/2012).

empresas o las denominadas empresas en red surgidas en el marco de procesos de descentralización productiva" (Ibidem).

La reforma de 2011 y posteriormente, la de 2012, en mayor profundidad, han establecido la atribución de poderes unilaterales al empleador para que gestione él mismo los elementos de flexibilidad interna necesarios, evitando el cauce de la negociación con los representantes laborales (Cruz; 2012 y Malo; 2012). Sin embargo, la mayor disposición de poder por parte de la empresa para el establecimiento de la flexibilidad interna ha venido acompañado por un abaratamiento de los costes de despido, potenciando la flexibilidad externa (Bentolila; 2012), algo que, en un contexto de recesión y malas expectativas empresariales, tiende a desequilibrar la balanza a favor del despido.

La continua insistencia en la reducción de los costes de despido en las reformas habidas no deja de significar una confusión profunda en cuanto al papel de las indemnizaciones por despido y la ignorancia de la casi ausencia de costes de entrada a la actividad laboral. Lo que ocurre, en el caso español, es que al no ser significativos estos últimos, en la mayoría de los sectores en los que los sucesivos "crack de empleo" se han concentrado —por contar una estructura del empleo de baja o muy baja cualificación— se acude con asiduidad y reiteración a la reducción de los costes de renovación utilizando contratos temporales[43/44].

---

43 Esto explica, por ejemplo, que, en mercados laborales como el alemán, a diferencia del español, ante la presencia de *costes de entrada* (formación específica para adaptarse a un empleo cualificado, básicamente) significativos, la opción de las empresas, las industriales de forma destacada transiten más por la reducción de la jornada, la suspensión temporal de contratos o el recurso al empleo a tiempo parcial que por el recorte definitivo de la plantilla. Esta última opción encarecería notablemente la nueva contratación en la fase de recuperación económica. En el caso español, en algunos sectores productivos, como la construcción o los servicios tradicionales, los *costes de entrada* son muy reducidos o casi inexistentes, por lo que el empresario ante la recesión opta por la finalización del contrato y, eventualmente, por volver a contratar, en el supuesto de recuperación de la demanda. Los costes se minimizan de este modo en un tejido productivo idiosincráticamente abundante en empleos de baja o muy baja cualificación. Y así, la presión empresarial insiste una y otra vez en la reducción del coste del despido, manifestando su preferencia por esta vía de ajuste frente a la crisis (Ruesga, 2016).

Bajo estas premisas, la reforma puesta en marcha en el año 2012, por el gobierno presidido por Mariano Rajoy, se viene considerando como la más intensa y también extensa, desde la promulgación del Estatuto de los Trabajadores allá por el año 1978, 34 años antes.

Tal reforma tenía una intencionalidad flexibilizadora, en todos los ámbitos de la relación laboral, que iba mucho más allá, en esta dirección, que anteriores cambios reguladores llevados a cabo por gobiernos anteriores. Sobre los cambios introducidos en esta reforma, modificándolos, pivota la actual, implementada a través de un acuerdo entre los interlocutores sociales en diciembre de 2021. No olvidemos que el mensaje que inicialmente acompañaba a esta reforma era el de "derogar la reforma de 2012". Cosa que obviamente no se ha hecho; tan solo se ha afectado a algunos aspectos de esta, modificándose algunas de las novedades que aquella introdujo —con cambios legislativos ulteriores que desarrollaban la filosofía política de la misma—, así como otros aspectos del Estatuto de los Trabajadores.

A *sensu contrario*, son varios los contenidos de la reforma de 2012 que se mantienen vigentes en los mismos términos que ésta los materializó. Conviene destacar aquellos que hacen referencia a prerrogativas empresariales, que vienen siendo básicas en un modo de gestión de los negocios que enfatiza la moderación salarial como objetivo prioritario. Se trata, por ejemplo, de la regulación del descuelgue empresarial de lo pactado en los convenios (de todo ámbito) o la aplicación del principio de "modificación sustancial de las condiciones de trabajo, ante determinadas circunstancias económicas, tecnológicas o de producción, de la empresa, que se mantienen vigentes en el Estatuto de los Trabajadores modificado en 2012. Puede que la ausencia de modificaciones en torno a estos mecanismos facilitara la presencia de las organizaciones empresariales en el Acuerdo que sirvió preámbulo a la reforma de 2022.

---

[44] Es importante a este respecto observar la paulatina desaparición de los salarios de tramitación en sucesivas reformas: por ejemplo, la incluida en la Ley 45/2002, de 12 de diciembre (Malo Ocaña y Toharia Cortés, 2008) y la de 2012, ya referenciada. Lo que ha supuesto una reducción significativa del coste del despido en todos los tipos jurídicamente establecidos. Véase a este respecto https://www.cuestioneslaborales.es/los-salarios-de-tramitacion/.

La reforma laboral de 2022

Los contenidos esenciales de la reforma Podríamos tipificar los contenidos, a efectos de su análisis económico en tres escenarios concretos. Los relativos a la *flexibilidad externa* en la relación laboral, los que conciernen a la *flexibilidad interna* y los que afectan a la *flexibilidad salarial*, entendiendo que los que incorporan normas relacionadas con la formación de la mano de obra se pueden situar en los dos primeros planos. Esta tipología se refleja en la tabla 2.

Los contenidos de esta reforma responden, esencialmente, aunque no en su totalidad, y en dirección contraria, a los que introdujo en su día la reforma de 2012. No obstante, varios contenidos de singular interés para la configuración de la flexibilidad externa y salarial (como son los aspectos relativos al coste del despido o a la posibilidad de desvincularse de los aumentos salariales pactados o incluso de los vigentes) no se han alterado. Lo que, sin duda, ha supuesto desafecciones políticas en las filas del gobierno de coalición al no cumplir en su literalidad el compromiso electoral adquirido de "derogar la reforma laboral de Rajoy".

El proceso de flexibilización en las relaciones laborales fue avanzando a lo largo de estas cuatro últimas décadas con diferente intensidad, según las actuaciones de la política laboral y las políticas activas de empleo[45]. La tendencia, en general, desde la primera reforma del Estatuto de los Trabajadores, como se ha señalado más arriba, apunta hacia un ascenso creciente en la flexibilidad, centrada especialmente en la flexibilidad externa (contratación y despido) y, no obstante, con episodios señalados en los otros ámbitos de la flexibilidad (interna y salarial).

45 Para una perspectiva de largo plazo sobre la dinámica de rigidez/flexibilidad en las relaciones laborales en España, véase Gálvez Muñoz y Rodríguez Modroño (2006).

Tabla 19.2. Sinopsis de los contenidos de la reforma laboral de 2022

<table>
<tr><td rowspan="5">FLEXIBILIDAD EXTERNA</td><td colspan="2" rowspan="2">MODIFICACIÓN CONTRATACIÓN TEMPORAL</td><td>El contrato de trabajo se presume concertado por tiempo indefinido. Supresión contrato por obra.</td></tr>
<tr><td>Contrato de duración determinada: por circunstancias de la producción o por sustitución (máx. 1 año). Penalización para contratos de menos de 30 días.</td></tr>
<tr><td colspan="2">CONTRATO FIJO DISCONTINUO</td><td>Fomento de esta modalidad de contratación para trabajos de temporada. Nueva redacción.</td></tr>
<tr><td colspan="2">SUBCONTRATACIÓN</td><td>Contratas y subcontratas cumplirán convenio del sector de actividad</td></tr>
<tr><td colspan="2">SANCIONES</td><td>Endurecimiento de sanciones por incumplimiento grave asociados a contratación temporal.</td></tr>
<tr><td rowspan="3"></td><td colspan="2" rowspan="3">FORMACIÓN</td><td>Contrato formativo en alternancia</td></tr>
<tr><td>Contrato formativo en prácticas</td></tr>
<tr><td>Futura redacción de Estatuto del becario</td></tr>
<tr><td rowspan="3">FLEXIBILIDAD INTERNA</td><td rowspan="3">ERTE (Expediente de Regulación Temporal de Empleo)</td><td>CICLICO (fuerza mayor)</td><td>Suspensión empleo o reducción de jornada
Hasta un año con exoneraciones SS empresa.
Cobro subsidio desempleo</td></tr>
<tr><td>SECTORIAL (causas Económicas, Tecnológicas o Productivas-ETOP)</td><td>Suspensión empleo o reducción de jornada
Hasta dos años con exoneraciones SS empresa.
Cobro subsidio desempleo.</td></tr>
<tr><td>MECANISMO RED</td><td>Mecanismo financiero para la flexibilidad y estabilización del empleo</td></tr>
<tr><td rowspan="2">FLEXIBILIDAD SALARIAL</td><td rowspan="2">CONVENIOS COLECTIVOS</td><td>ULTRAACTIVIDAD</td><td>Retorno a la vigencia de la ultraactividad indefinida</td></tr>
<tr><td>PREVALENCIA CONVENIO SECTOR</td><td>Solo para salarios y complementos salariales prevalece el convenio de sector</td></tr>
</table>

Fuente: Elaboración propia sobre texto RDL 32/21

Es a partir de la reforma de 2006, que introduce incentivos destacados para la conversión de contratos temporales en indefinidos, cuando la temporalidad experimenta un descenso importante que, no obstante, se frenará en el inicio de la Gran Recesión.

Lo destacable de la reforma de 2022 es que apunta en dirección contraria a estas tendencias previas, poniendo el énfasis, por un lado, en la flexibilidad interna, a la búsqueda de reducir los efectos negativos que sobre el empleo se vienen produciendo periódicamente al albur de los diferentes ciclos contractivos de la economía española. Y, por otro, revertiendo lo aplicado en la reforma de 2012 e introduciendo algunos cambios que afectan a la flexibilidad salarial, en materia de negociación colectiva[46].

Flexibilidad laboral externa

Contratación temporal

Desde mediados de los noventa viene siendo una constante atribuir parte de los "males" del mercado de trabajo español a la excesiva temporalidad en la contratación, que arrancó con fuerza tras la reforma de 1984, alcanzando su punto álgido, por encima del 35 por ciento del total de la ocupación, hacia 1996.

A partir de esta fecha, se registra un descenso en la temporalidad, por efecto de la aplicación de los incentivos introducidos en la reforma de 2006, así como también de la reforma de 2002, que afectaba al coste efectivo del despido, que se alarga hasta la Gran Recisión, a partir de la cual la contratación temporal tiende a estabilizarse en términos relativos, situando la cifra de asalariados con este tipo de contrato sobre el total sobre el 25 por ciento (figura 1).

A este respecto y mirando al futuro es importante constatar como a partir de la reforma de 2012 la temporalidad en el sector público experimenta un ascenso significativo, de modo tal que superará la registrada en el sector privado a partir del primer trimestre del año 2019. En la perspectiva de alcanzar una reducción adicional de la tasa de temporalidad, tal como se plantea la reforma, en los años futuros puedes ser más relevante que las modificaciones introducidas por dicha reforma en las figuras de contratación temporal, lo establecido por la Ley 20/2021 con el fin de disminuir la contratación temporal en el ámbito de las administraciones públicas. No obstante, también las medidas incorporadas a la reforma en análisis pueden actuar en

46 Para un análisis del contexto de crisis, por la pandemia COVID-19, en el que se construye la reforma laboral de 2022, con el Acuerdo Social que la soporta, véase Ruesga Benito (2020).

esa dirección, particularmente en algunos de los sectores donde la temporalidad venía mostrando mayor intensidad (caso, por ejemplo, de la construcción) a causa de la desaparición del contrato por obra o servicio.

Figura 19. 1. Evolución de la tasa de temporalidad (% asalariados con contrato temporal /total), total, sector privado y público, según ciclos políticos en España

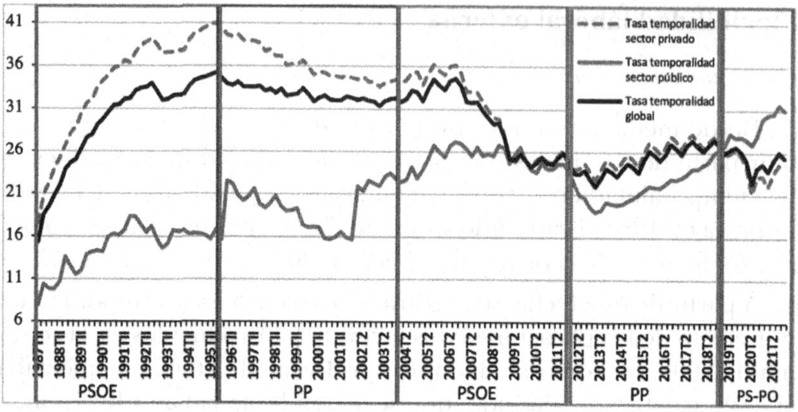

Fuente: Elaboración propia con datos EPA (INE)

En relación con los ciclos políticos experimentados en España en el periodo democrático, no se observan grandes diferencias, en la evolución de la temporalidad, según el perfil ideológico de los gobiernos de turno. El ascenso de la temporalidad se produce con un gobierno socialista, en los años ochenta del pasado siglo y se frena paulatinamente durante las dos legislaturas del gobierno popular a finales de los noventa y comienzo del siguiente siglo. En el segundo ciclo de gobierno del PSOE se registra un ascenso inicial en la temporalidad para después, tras la reforma de 2006, experimentar un descenso importante, que se consolida en el ciclo de gobierno del PP, aunque con ligera tendencia al alza, particularmente reflejado en el sector público. Y, como se ha señalado, en el último ciclo político, hasta la fecha, con un gobierno de coalición de izquierdas, se mantiene la tendencia de la temporalidad al alza en el sector público, en un contexto de reducción en el sector privado. No parece que, salvo con la reforma del 2006, el color político de los gobiernos haya alterado sustancialmente las tendencias de la temporalidad en el panorama laboral español

Despidos

Otro aspecto significativo que afecta a la flexibilidad externa hace referencia a la normativa que regula los despidos. En sucesivas reformas se ha ido abaratando el coste del despido, en sus diversas formulaciones[47]. Lo que es indicativo de la búsqueda de ajustes vía costes, como prioridad permanente, al menos en la perspectiva empresarial.

Resulta cuando menos sorprendente que se siga enfatizando en la necesidad de reducir el coste del despido como vía de mejorar la dinámica de creación de empleo en el mercado de trabajo español, a tenor de las cifras del coste del mismo y de su evolución más reciente. Con los datos más recientes del Ministerio de Trabajo y Economía Social, en el año 2018 (figura 19.2), la cuantía media de indemnización por despido ascendía a 9.300 euros, equivalentes a unos 5,5 meses de salarios, con una distribución muy asimétrica por sectores, tipos de contrato y otras características del asalariado[48].

---

47 "En este sentido es inevitable referirse a la reforma laboral de 2010 impulsada por el Gobierno socialista de José Luis Rodríguez Zapatero: en aquella reforma se abarató el despido de forma muy significativa al reducir la indemnización por despido improcedente a 33 días de salario y a 20 días, con un máximo de 12 mensualidades, si la empresa alega causas económicas para el despido.
Y si la reforma de 2010 abarató el despido, la de 2012, aprobada por el Gobierno de Mariano Rajoy no sólo lo abarató aún más, sino que además lo facilitó. /…/. Además de reducirse las indemnizaciones por despido improcedente tanto para los contratos ya existentes como para las nuevas contrataciones" (Maldonado, 2021). Véase también lo señalado a este respecto en la nota a pie de página 11 de este texto.

48 Un breve análisis actualizado sobre el coste del despido se puede ver en Martín (2021).

Figura 19.2. Número de despidos y su coste medio (en meses de salario medio)

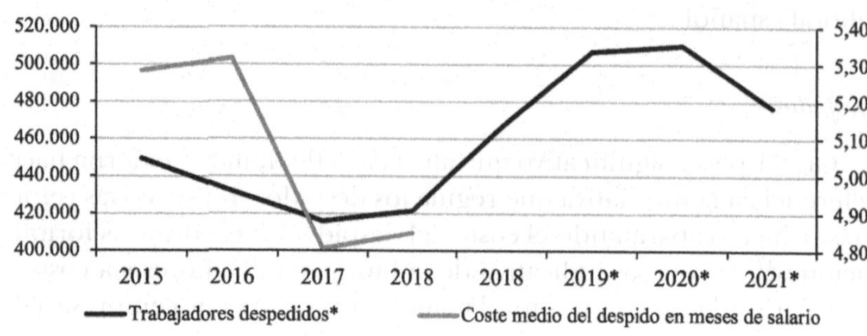

* Estimados a partir de las cifras de altas en subsidio de desempleo según origen.
Fuente: Elaboración propia con datos MTES.

Y, a pasar de estas cifras de indemnización en descenso, no parece que se siga recurriendo en mayores proporciones al despido, frente al recurso a la contratación temporal, como mecanismo de flexibilidad externa. Si en los primeros años del siglo XXI (2001-2006) la proporción de despidos anuales sobre el número de asalariados del sector privado se situaba entre el 5 y el 6 por ciento, según las estimaciones de Malo Ocaña y Toharia Cortes (2008:76) en el último lustro esta ratio se habría reducido a cifras por debajo del 4 por ciento[49].

La reforma de 2022 no entra en esta temática, dejando por tanto la situación tal como se reguló tras la reforma de 2012, que a su vez asumió los cambios de las modificaciones legislativas anteriores.

Rotación de las plantillas

Pero quizás la forma más adecuada de observar el avance en la flexibilidad externa de las plantillas, de un modo global, se obtiene atendiendo a la rotación a la que estas están sometidas a lo largo de un periodo de tiempo. Bajo esta premisa lo significativo, en el empleo asalariado, no sería solo la importancia relativa de los contratos temporales cómo las entradas y salidas al empleo que registran los

---

49 Estimaciones propias. Los despidos están estimados sobre los datos de altas en el subsidio de desempleo, según causa de la prestación, que ofrece el Servicio Público de Empleo Estatal (SEPE).

trabajadores en un periodo determinado. Este dato nos ofrece una idea más precisa de la movilidad de los asalariados en el mercado laboral. Según datos de la Tesorería de la Seguridad Social correspondería a cada asalariado, en media, siete movimientos anuales (altas y bajas en las empresas) en el momento inmediatamente anterior a la pandemia (año 2019), mostrando este indicador un proceso ascendente desde que contamos con información estadística al respecto (1989, figura 19.3).

Figura 19.3. Rotación del empleo. Altas y bajas de afiliación en la Seguridad Social. Altas+bajas/afiliados medios, por año

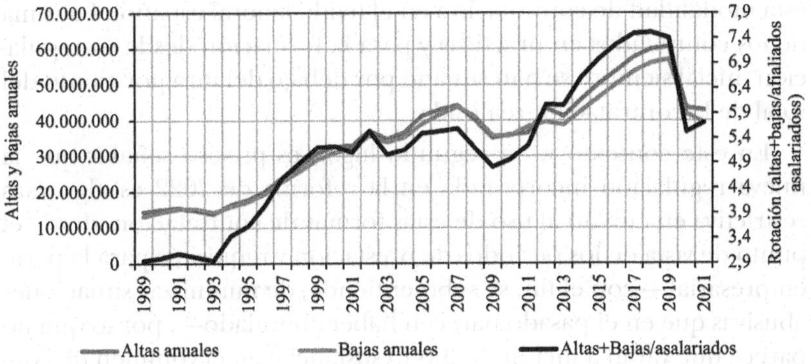

Fuente: Elaboración propia sobre datos MTES.

En este sentido, a tenor de la evolución en la rotación del empleo que muestra la figura 19.3, se puede observar un notable ascenso de la movilidad de la mano de obra asalariada en las últimas tres décadas, en las cuales el indicador utilizado se multiplica por más de dos. Este aumento de la rotación de la mano de obra se apoya no solo, en la dinámica de la temporalidad, sino también en la reducción de la duración de los contratos por tiempo indefinido (lo que indican también la cuantía monetaria de los despidos —que afectan fundamentalmente a los contratos indefinidos, en descenso. La inestabilidad en el empleo, característica, en parte, del deterioro de la calidad de este, no se ancla ya, solamente, en los contratos temporales y, o a tiempo parcial (contratos no deseados) sino que también se ensancha hacia el ámbito de la contratación indefinida. Un dato para retener para futuras reformas laborales en busca de unas mejores condiciones de trabajo.

Y adicionalmente, habría que sumar a esta transformación del mercado laboral, que abunda en la inestabilidad en el empleo de los asalariados, el aumento intenso de la salarización en dicho mercado, habiendo transitado desde un 70 por ciento (asalariados sobre total de ocupados) hasta un 18 por ciento en el momento actual.

Contratos formativos

La primera cuestión para considerar es la escasa incidencia de esta modalidad de contratación en el tejido laboral español. La suma de los contratados en prácticas y para la formación desde su regulación inicial siempre se han situado por debajo del uno por ciento del total de la contratación realizada.

En este contexto y, en segundo lugar, es preciso señalar que la nueva regulación incorporada en la reforma de 2022 es algo más restrictiva en cuanto al uso de estas formas de contratación, desde el punto de vista de los periodos de prestación y requisitos para la parte empresarial —con el fin, se sobreentiende, de minimizar situaciones abusivas que en el pasado parecen haber abundado—, por lo que no parece que vayan a incidir de modo sustancial en el volumen de contratación canalizado a través de estas modalidades. Probablemente, se requerirán medidas adicionales por parte de las políticas activas, que hagan más atractivo, a los ojos de los agentes responsables de la contratación, estos modos de inserción de los jóvenes en el mercado laboral. Hay que pensar, de modo singular, en dotar de medios efectivos al tejido de las pequeñas empresas para que puedan acceder a la contratación a través de estas modalidades (dotación de formadores, convenios entre PYMEs y entidades formativas, etc.).

Flexibilidad laboral interna

Flexibilidad en la jornada y contratación a tiempo parcial

Salvo en lo que refiere a los ERTEs la reforma de 2002 no introduce modificaciones significativas sobre la legislación precedente contemplada en el Estatuto de los Trabajadores.

Una primera cuestión por considerar es la relativa a la contratación a tiempo parcial, que también añade flexibilidad ascendente, en el orden de la flexibilidad, laboral interna de las empresas. A partir de principios de este siglo se observa un ascenso creciente de la importancia relativa de las horas totales trabajadas a la semana por los ocupados a tiempo parcial, al menos hasta finalizar este periodo depresivo. Desde estas fechas (2015) tal cociente no se ha movido de forma sustancial. De tal modo que esta cifra se ha multiplicado casi por cuatro desde mediados de los años ochenta del pasado siglo hasta el presente (figura 19.4).

Figura 19.4. Porcentaje de horas semanales trabajadas por ocupados a tiempo parcial/total horas semanales trabajadas

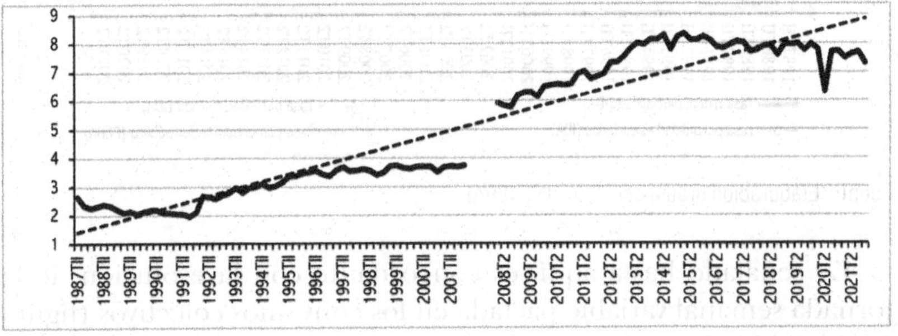

Fuente: Elaboración propia.

La misma tendencia se observa al analizar la evolución del número de ocupados a tiempo parcial, que experimenta un ascenso importante desde primeros de esta centuria. En este caso es el sector privado quien eleva las cifras de este modo de prestación laboral, en tanto que el sector público no supera el 10 por ciento de empleados a tiempo parcial sobre el total de su fuerza laboral (figura 19.5).

Parece, por tanto, que el sector privado está recurriendo con mayor asiduidad a esta fórmula de contratación, observándose un cierto *trade off*, desde la última década del pasado siglo, entre temporalidad y parcialidad en la ocupación. Lo que, desde el lado de la oferta de trabajo se corresponde con un ascenso creciente de la proporción de ellos que desea trabajar más horas. Mostrando este dato que el avance de esta forma de flexibilidad se hace a instancias e impulso de la parte empresarial (flexibilidad interna), con poca o nada connivencia por la parte asalariada (para conciliación de la vida laboral con la familiar o privada, por ejemplo).

Figura 19.5. Evolución de la tasa de parcialidad (% ocupados a tiempo parcial/total ocupados) para el total de los ocupados, los asalariados en total, en el sector privado y el sector público

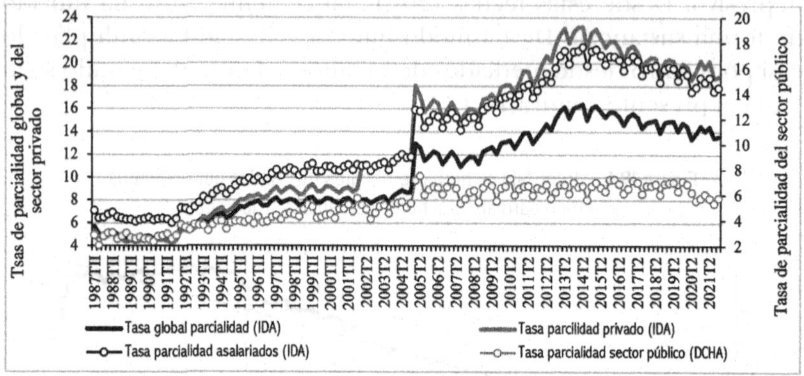

Fuente: Elaboración propia con datos INE (EPA).

Lo señalado hasta aquí, es concordante con la evolución de la jornada semanal variable pactada en los convenios colectivos (figura 19.6). Si bien la tendencia de esta es descendente desde mediados de la década de los ochenta del pasado siglo (en torno a un 4 por ciento en todo el periodo considerado), dicho valor ha experimentado una tendencia diferenciada en los convenios suscritos en el ámbito de empresa. Tras un descenso de la jornada pactada más acusado en este tipo de convenios, hasta el inicio de la Gran Recesión de 2008-9, con posterioridad inicia un proceso creciente, que puede corroborar lo dicho en el párrafo anterior sobre el deseo de una parte creciente de los ocupados de aumentar su jornada laboral.

Téngase en cuenta también, a este respecto, que la determinación de la jornada está sujeta también a la prevalencia del convenio de empresa, estando vigente lo legislado en 2012 a este respecto, puesto que la reforma de 2022 no modifica la norma anterior en esta materia.

Figura 19.6. Jornada anual pactada en totales y de empresa (horas año)

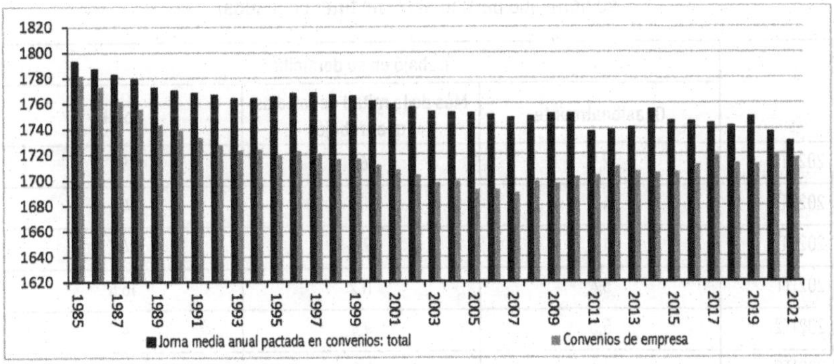

■ Jorna media anual pactada en convenios: total ■ Convenios de empresa

Fuente: Elaboración propia sobre datos MTES.

En la reforma de 2022, no se incorpora ninguna modificación normativa en la regulación del contrato a tiempo parcial que pudiera incidir, en una u otra dirección en su peso relativo en la oferta de trabajo.

Otro aspecto que considerar en torno a la jornada como elemento de flexibilidad interna, hace referencia a la utilización de jornadas “irregulares”. Es decir, la mayor o menos proliferación del trabajo en fines de semana, en turnos de 24 horas, u otras formas de prestación laboral consideradas no “regulares” o no habituales. Como se refleja en la figura 19.7, como botón de muestra el trabajo en domingos ha ido creciendo significativamente en las últimas décadas. En este terreno, la reforma de 2022 no aporta nada al respecto.

Figura 19.7. Ocupados que trabajan algún domingo al mes (% total ocupados)

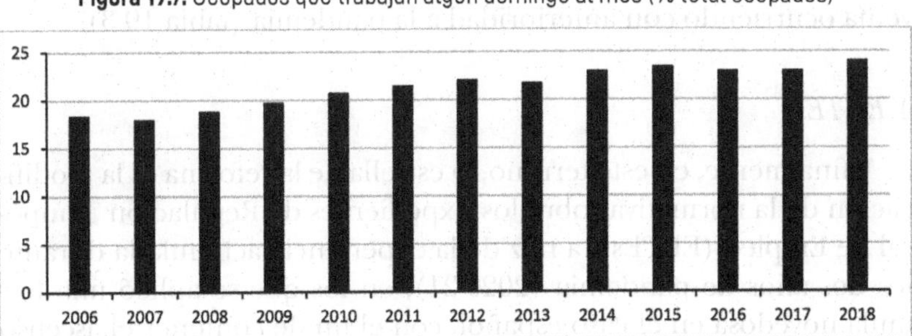

Fuente: Elaboración propia.

Tabla 19.3. Ocupados por frecuencia con la que trabajan en su domicilio particular (% de total ocupados)

	Trabajó en su domicilio		
	Ocasionalmente	Más de la mitad de los días que trabajó	Total
2020T2	2,9	16,2	19,1
2020T3	4,2	10,3	14,5
2020T4	4,8	9,9	14,7
2021T1	5,4	11,2	16,6
2021T2	5,3	9,4	14,7
2021T3	4,7	8,0	12,7
2021T4	5,7	7,9	13,6

Fuente: INE. Encuesta de condiciones de vida y trabajo.

Podríamos, no obstante, considerar como forma de prestación irregular el teletrabajo, sobre lo cual si bien el RDL 32/2021, arranque de la reforma, no añade nada a su regulación, en meses anteriores se promulgó la Ley 10/21, que sí incorpora un nuevo cuerpo legal para modificar y extender la normativa que afecta a esta forma de prestación laboral (véase tabla 19.2).

En este terreno del teletrabajo, las restricciones a la movilidad de las personas introducida por las medidas anti-COVID-19, ha impulsado esta fórmula, particularmente en las empresas de servicios empresariales, de comunicación o de enseñanza. Pero, los datos más recientes apuntan a una cierta retracción del fenómeno, con un retorno a cifras más moderadas, aunque bastante por encima de lo que venía ocurriendo con anterioridad a la pandemia (tabla 19.3).

Y ERTEs

Y finalmente, en este terreno, la estrella de la reforma es la modificación de la normativa sobre los Expedientes de Regulación Temporal de Empleo (ERTEs), a raíz de la experiencia acumulada durante los dos años de pandemia (2020-21), en los que se aplicó una formula novedosa en el caso español, con el fin de contener el ascenso esperado de las tasas de desempleo, como efecto de la contracción de la movilidad de recursos y bienes y servicios. Esto ha llevado a las autoridades laborales a pensar que la experiencia en un momento crítico puede ser trasladable a cualquier momento del ciclo económico; de ahí la nueva formulación introducida para los ERTEs. A este respecto, ya señalábamos en relación con la experiencia europea que "los resultados en términos macroeconómicos sobre el empleo en Europa muestran las fortalezas que las herramientas de suspensión y reducción del tiempo de trabajo han logrado para el mantenimiento de empleo y empresas, de familias y consumo privado. De hecho, son asimiladas por el conjunto de la UE como una necesidad económica del momento que debe sostenerse el tiempo que dure la pandemia. Existe consenso sobre el hecho de que una retirada antes de tiempo de la financiación supondría acelerar los procesos de flexibilidad externa en las empresas y sectores con mayores dificultades" (Ruesga y Viñas, 2021:104).

Bajo esta perspectiva conviene señalar que los ERTEs en España (como en la mayor parte de las versiones europeas) son instrumentos diseñados en la pre-pandemia, creados para mantener el empleo en situaciones de corta duración, y cuyo grupo objetivo son sectores o empresas con desajustes temporales de demanda. La realidad es que los ERTEs en años 2020-21-en cuantías notablemente distintas— han retrasado las decisiones de despido y cierre y, por tanto, han modificado las características del ajuste del empleo (figura 8). Pero si la pandemia se alarga o bien la recuperación económica se dilata en el tiempo, no lo podrán evitar una reestructuración laboral en aquellos sectores y empresas que, por falta de viabilidad o de solvencia, no puedan mantenerse en el mercado. La piedra de toque para su funcionamiento futuro estará también en la dotación de recursos económicos para la financiación de las ayudas a empresas y trabajadores que se contemplan. A tales efectos la ley de reforma ha creado un mecanismo de financiación "ad hoc", pendiente de configuración.

De aquí que la nueva legislación de la reforma 2022 diferencie entre ERTEs cíclicos, los que se han aplicado durante la pandemia y estructurales o sectoriales, aplicables a situaciones de crisis por causas económicas, tecnológicas o productivas (ETOP) en empresas o sectores concretos (ver tabla 2). De este modo trata de incentivar este instrumento con el fin de acentuar el uso de la suspensión de contrato o la reducción de jornada como alternativa al despido en los procesos de reajuste empresarial y/o sectorial.

Figura 19.8. Trabajadores despedidos por EREs y afectados por ERTEs y relación entre ambos

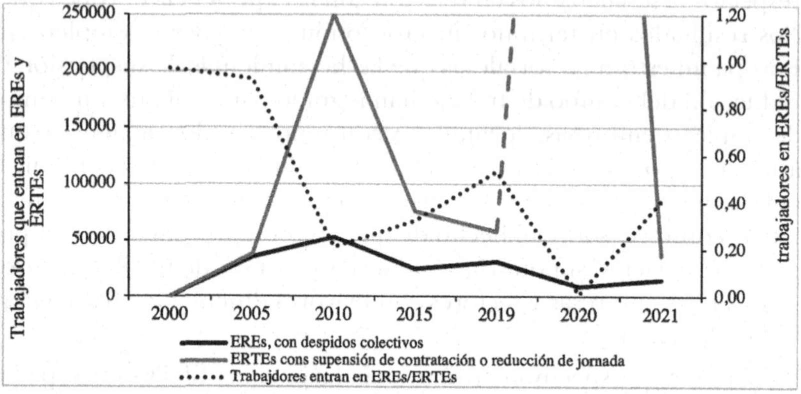

Fuente: Elaboración propia sobre datos SEPES

Por otro lado, se puede plantear que, con el uso de este instrumento, se estaría acentuando segmentación que separa a los que tienen empleo, sujetos de suspensión de contrato o reducción de jornada, y a los trabajadores en paro. Las desigualdades manifiestas por este hecho diferencial en el mercado laboral podrían agravarse, sobre todo en países como España, limitando el acceso a una nueva contratación y, como consecuencia, profundizando el problema del paro estructural y del desempleo oculto tras la inactividad involuntaria, deteriorando la posición de la mujer en el mercado laboral e impidiendo el acceso al empleo de los jóvenes (Ibidem).

Los factores intrínsecos al mercado de trabajo español que explicaban la escasa utilización de este mecanismo con anterioridad a la pandemia, en ausencia de incentivos monetarios, siguen vigentes. El valor añadido de la reforma de 2022 es estabilizar las ayudas a las empresas y a los trabajadores para incentivar su uso más recurrente, alternativa al despido. De momento en el año 2021, con una cifra muy elevada de trabajadores en ERTE, no se incrementó la cifra de nuevos suscritos, volviendo a cifras similares, más o menos, del año 2019. Se así constata, con la experiencia registrada también en los años de la Gran Recesión, que en los momentos críticos ya se producía un desplazamiento de los EREs por los ERTEs, aumentando relativamente los trabajadores que se inscribían en esta última situación contractual Así, por ejemplo en 2010, la relación entre trabajadores afectados por EREs, respecto a los que entraban en ERTES disminuye hasta un ratio de 0,21 al igual que ocurre en 202° cuando disminuye mucho más intensamente hasta 0,01.

En síntesis, si los incentivos monetarios se mantienen en el futuro a través del mecanismo RED, cabe esperar que la ratio entre trabajadores adscritos a ERES y a ERTEs se mantenga tan bajo como en los niveles de 2021, reduciéndose más aún en los periodos de descenso del ciclo. No obstante, el mecanismo de los EREs sigue compitiendo con unos costes de despidos relativamente bajos, particularmente en las PYMEs, relacionado con una mayor rotación en sus plantillas —con mayor proporción de temporales, pero también menor duración media entre los indefinidos— y por menores costes de entrada para los trabajadores menos cualificados, más abundantes en las empresas de menor dimensión.

Flexibilidad salarial. Cambios en la regulación de la negociación colectiva

Dos aspectos significativos se introducen en la reforma de 2022 a este respecto. De un lado, cambios en la prevalencia de los convenios colectivos según su ámbito de cobertura y, de otro, la restauración de la ultractividad de los convenios con carácter indefinido.

La modificación introducida en la reforma de 2012 acerca de la prevalencia de los convenios de empresa si parece haber tenido alguna incidencia en el avance de los acuerdos de este ámbito. Como se observa en la figura 19.9, el ligero aumento en el peso relativo de estos sobre el total de convenios no se refleja en el de trabajadores convenidos a este nivel, dado que las nuevas empresas con convenios propios muestran un tamaño muy reducido, lo que afectaría a la dimensión media de todas las empresas que han pactado convenio propio. Era el efecto esperado, lo que vendría afectando sobre todo a pequeñas empresas subcontratadas, particularmente en el sector servicios, que acudirían a suscribir convenios propios, dejando de lado el sectorial, con el fin de presionar los salarios a la baja, como medio para competir en el territorio de la subcontratación. En estos años se han registrados múltiples situaciones en esta dirección[50]. La modificación introducida en la reforma de 2022 dará al traste con esta intencionalidad al trasladar la regulación de las condiciones laborales —y por tanto las salariales— al convenio del sector en el que estén prestando sus servicios, lo que impedirá la búsqueda de salarios más bajos a través de este circuito de subcontratación-convenio de empresa.

Figura 19.9. Evolución de los convenios colectivos de empresa, de trabajadores con convenio de empresa (% total) y del tamaño de las empresas con convenio propio (trabajadores/convenios)

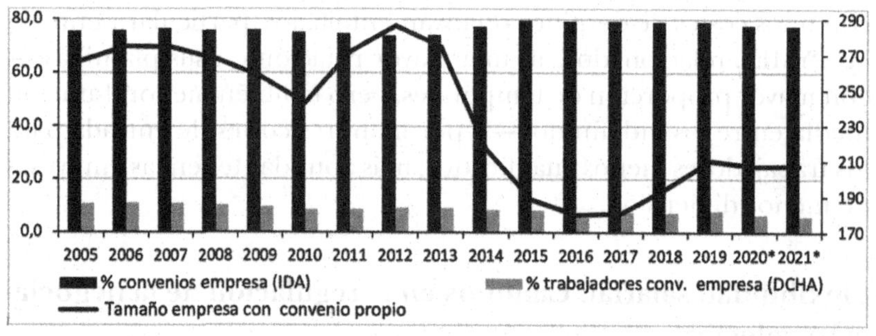

* Datos provisionales
Fuente: Elaboración propia con datos Ministerio de Trabajo y Economía Social

En términos agregados, la prevalencia del convenio de empresa habría constituido un factor más para impulsar la moderación salarial. Dado que los incrementos salariales suelen ser menores en los convenios de empresa que en los de ámbito superior (figura 19.10), cabe suponer que el aumento del número de aquellos trasladará un

---

50 Es el caso de las denominadas "empresas multiservicios", sobre las que se ha afirmado que "la reforma laboral de 2012 trajo consigo la prioridad aplicativa del convenio de empresa sobre el convenio sectorial, lo que ha permitido la proliferación de convenios colectivos de empresas multiservicios. La subcontratación a través de las empresas multiservicios permite pagar una retribución mucho más baja, generalmente el salario mínimo interprofesional, que la que correspondería a una persona empleada de la empresa y sin ningún tipo de sujeción al convenio colectivo correspondiente al sector de la actividad que realizan". (UGT-FeSMC, 2020:4)

impacto negativo a las cifras de aumento salarial. Lo que explica que los salarios pierdan dinamismo respecto a la evolución experimentada por el PIB en España, o, dicho de otro modo, las rentas salariales pierden peso relativo en la distribución funcional de la renta.

Los datos de las figuras 19.10 y 19.11, con orígenes diferentes, ponen de manifiesto la intensificación del proceso de moderación salarial. En la primera de ellas, una caída significativa en los incrementos salariales pactados en los convenios, tanto en los de empresa como en los de ámbito superior, que posteriormente, con la finalización de la recesión tienden a recuperarse. En concreto en 2012 y 2013 la tasa de crecimiento salarial, en término reales, se hace negativa. No es de extrañar pues que en estos años la distribución funcional de la renta evoluciones de modo adverso, en términos relativos, con relación a las rentas salariales.

Figura 19.10. Evolución de los incrementos salariales en convenios (de empresa y de ámbito superior) y crecimiento real de salarios y ganancia salarial (incr. salarial/incr. PIB) (en%)

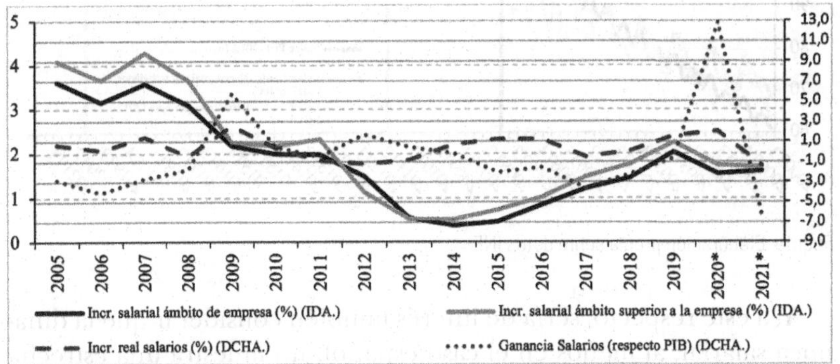

* Datos provisionales
Fuente: Elaboración propia con datos Ministerio de Trabajo y Economía Social.

Los datos de figura 19.11 ponen de manifiesto también tal tendencia a la moderación salarial en los años posteriores a la reforma de 2012, hasta los inicios de la crisis de la pandemia COVID-19— En este periodo el incremento de los costes salariales totales por trabajador discurre por debajo del registrado para el PIB (figura 19.11). Cuando la comparación se lleva a cabo con el incremento de los costes salariales por hora trabajada, la diferencia no es tan acusada, lo que indica que en el periodo se registra, simultáneamente un descenso en la jornada media trabajada, que compensa la caída salarial mensual.

En este sentido, las mayores facilidades para el descuelgue salarial de lo pactado en los convenios, así como las prerrogativas empresariales para imponer cambios unilaterales en las condiciones de trabajo, habrían coadyuvado en esa dirección de moderación salarial. Criterios ambos, no alterados por la reforma de 2022 y, por tanto, vigentes a futuro.

Figura 19.11. Evolución del Índice del Coste Salarial total por trabajador, del coste salarial total por hora y del PIB

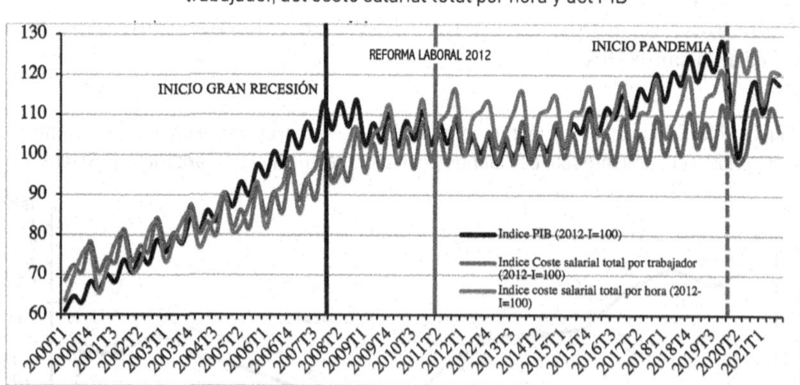

Fuente: Elaboración propia sobre datos INE.

Y, a este respecto, sería de interés también considerar que la dinámica salarial, al menos en el caso español, no muestra una estrecha relación con la marcha del empleo, en cantidad, aunque si afecta, como es obvio, a su calidad. Conviene tener presente, en tal sentido, que la elasticidad del empleo/desempleo respecto a los salarios, en el caso español, es muy baja. En la figura 19.12 se representa la relación entre la variación de los salarios y la variación de la tasa de desempleo (con 6 meses y un año o dos de retraso), que, aunque si es negativa, tal como indicarían los enfoques convencionales al uso, en ningún caso resulta ser significativa (con coeficientes de correlación entre ambas por debajo del 2%). Ello quiere decir que la insistencia en estrategias de negocio, de forma generalizada, que apuestan por la moderación salarial, no tienen una garantía efectiva de carácter positivo, sobre la dinámica del empleo, en tanto que, sí podría repercutir en la dinámica de crecimiento económico, tanto desde el lado de la oferta (incentivos a la productividad), como desde el de la demanda (impulso al consumo y, por extensión, a la demanda agregada).

Figura 19.12. Elasticidad de los salarios respecto al desempleo (retrasos en la variación de la tasa de paro de 6 meses, 1 año y 2 años con respecto al crecimiento de los salarios)

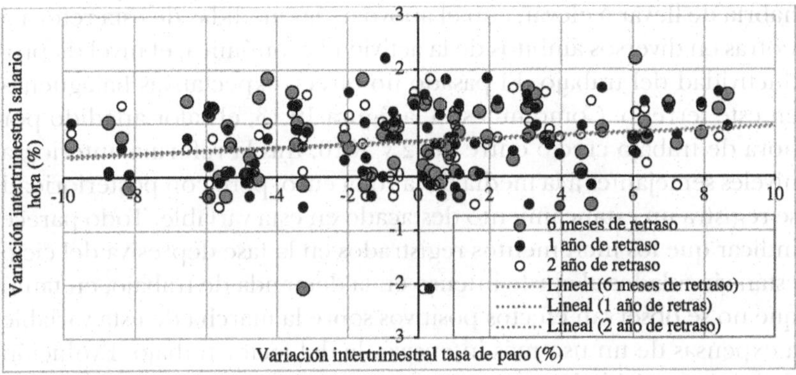

Fuente: elaboración propia con datos de EPA y ECL (INE).

Algunas conclusiones e interrogantes hacia el futuro

En la reforma laboral de 2022 subyace el objetivo político de reducir algunos de los considerados "excesos" de flexibilidad en el mercado de trabajo español que se consideran, por parte el ejecutivo de coalición de izquierdas, derivados de la reforma de 2012 (o anteriores). En este sentido se ha legislado, de forma parcial, en sentido contrario en materia de flexibilidad externa, particularmente en lo que hace referencia a la causalidad justificativa de los contratos temporales, restringiendo los requisitos para su utilización. Se han modificado algunos elementos regulatorios relacionados con la flexibilidad interna, buscando reducir los ajustes cíclicos o estructurales-sectoriales vía despido por la suspensión temporal de contratos o la reducción de jornada. Y, finalmente, se pone algún limite respecto a los promulgado en la reforma del 2012, a la flexibilidad salarial, modificando algunos aspectos de la normativa que regula los convenios colectivos.

Si duda, alcanzar un elevado grado de eficiencia en la aplicación de esta reforma significaría lograr cierta reducción de la tasa de temporalidad en el mercado laboral, al tiempo se produciría un efecto desplazamiento de los despidos colectivos por suspensiones de contrato o reducciones de jornadas en las fases contractivas y, en paralelo, todo ello derivaría en un mayor protagonismo de la negociación colectiva sectorial que limitará la moderación salarial registrada en años anteriores.

Pero el logro de una mayor eficiencia en el mercado de trabajo habría de llevar a elevar, con el apoyo de las medidas de esta reforma y otras en diversos ámbitos de la actividad económica, el nivel de productividad del trabajo. El pasado no ofrece expectativas halagüeñas en este terreno. Como muestra la figura 19.13, el valor añadido por hora de trabajo creció entre 2012 y 2016, tras la reforma anterior, a niveles semejantes a la media de la zona euro, pero con posterioridad se registra un estancamiento destacado en esta variable. Todo parece indicar que los incrementos registrados en la fase depresiva del ciclo están vinculados al ajuste intenso en la demanda de trabajo, en tanto que no se observan efectos positivos sobre la marcha de esta variable a expensas de un uso más intensivo de del factor trabajo. Evolución de la productividad, por tanto, que estaría en relación con la volatilidad del empleo característica del ciclo económico español y mucho menos con los resultados de las reformas laborales llevadas a cabo.

Figura 19.13. Evolución de la productividad del trabajo tras la reforma de 2012 (PIB per cápita por hora trabajada en PPA 2015)) (2012-2020) (2012=100)

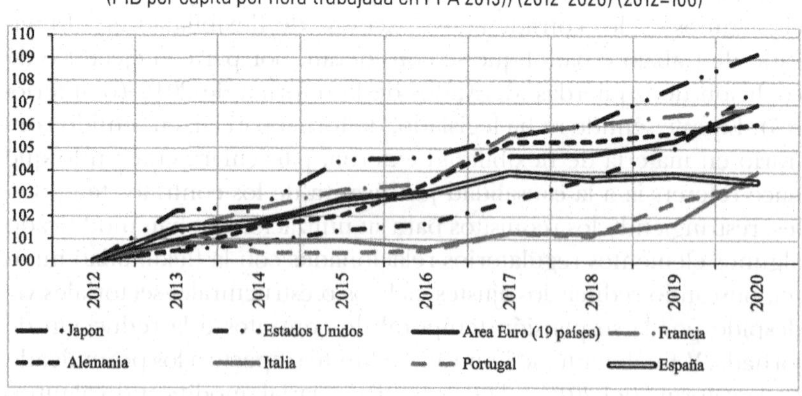

Fuente: OCDE, Statistical Data Base.

Pero incluso, en materia de flexibilidad externa, los logros habría de medirse más en términos de rotación del mercado de trabajo, que en tasa de temporalidad. Mientras persista como preeminente la estrategia de ajuste salarial —prevalente en el tejido empresarial español, como se ha señalado— las disminuciones en la rotación por temporalidad formal se trasladan a mayor rotación en otras formas contractuales, que a estas alturas no suponen aumentos de costes sustanciales para la empresa. Esto es lo que ha ocurrido en los últimos años y seguirá ocurriendo en los próximos años, aun contando con un cierto éxito de la reforma en términos de descenso de la temporalidad. En última instancia, caminamos hacia un modelo a modo de "contrato único", que no resuelve los problemas económicos de la intensa rotación laboral, sino que los tan solo los transforma de modo formal, pero no efectivo.

La flexibilidad interna impulsada en esta reforma, que se concentra en el incentivo al uso de los Erte's, puede significar una contención temporal del aumento del desempleo registrado o estimado, con cargo al erario público, sin duda, de singular importancia social, pero no opera de modo continuo para facilitar las transformaciones productivas necesaria en el escenario económico español, sino que en el mejor de los casos consistirá sobre todo en una contención de los efectos adversos en las recesiones de todo tipo sobre la tasa de desempleo.

En buena medida, las medidas contenidas en esta reforma, como en otra anteriores, profundizan —quizás con menor intensidad que las anteriores— en una de las características estructurales de nuestro mercado laboral, cual es dicha volatilidad cíclica. Las reformas, con sus distintas características, inciden, fundamentalmente, en el coste del factor trabajo, y escasamente en su productividad.

Como hemos apuntado en numerosas ocasiones, nosotros y numerosos especialistas en materia de economía laboral, los problemas del mercado de trabajo español hay que buscarlos más en el lado de la demanda y de los mecanismos de ajuste que en el de la oferta. Y para abordar esto se requieren de reformas en otros ámbitos de la estructura productiva española, que no solo en el laboral.

Así, pues los interrogantes hacia el futuro pivotan más sobre la capacidad y posibilidad de transformación de nuestro sistema productivo que sobre las insistentes reformas del marco regulatorio laboral, que, sin minusvalorarlo, habrían de contribuir, prioritariamente, a construir un contexto adecuado para dicha transformación.

III. SOBRE LAS POLÍTICAS LABORALES Y SOCIALES

20. ¿SE MANTENDRÁN LOS ERTE?[51]

La figura de los Expedientes de Regulación Temporal de Empleo (ERTEs) no supone ninguna novedad en la Europa continental. Tampoco lo es en el caso español, aunque sí lo es la profusión de su uso durante el año 2020, como medida específica orientada a paliar los efectos socioeconómicos de la COVID-19 y, también, en lo que a su forma de financiación se refiere. En España, se observan menores niveles de destrucción de empleo y de aumento del desempleo (medidos ambos en número de personas) que en crisis previas, asociados a una mayor protección del empleo vía ERTEs. Por el contrario, la caída en el número de horas efectivamente trabajadas (lo que nos ofrece de forma más clara una idea de la demanda de trabajo) ha sido mucho mayor que la del empleo en la actual depresión económica.

En España, tras la irrupción de la pandemia, la caída del empleo fue muy intensa en los primeros dos meses, si bien debido al proceso de desconfinamiento adoptado a partir de mayo, se produjo una cierta recuperación del mismo. Esto muestra una evolución que dibuja un perfil de crisis de empleo bastante diferente a las recesiones vividas con anterioridad.

El ajuste del empleo en la crisis del Covid

Desde el 12 de marzo hasta fin de abril el sistema productivo español perdió 947.896 afiliados a la Seguridad Social. A pesar de que en esos dos primeros meses la filiación cayó de forma intensa, posteriormente, el empleo registrado tendió a subir. No obstante, diciembre se cerró con una cifra alejada en más 356 mil personas sobre la misma fecha del año anterior. La comparativa con la tendencia en la ocupación que se venía registrando en la economía española, desde

51 Proviene de: Santos M. Ruesga y Ana I. Viñas (2021). "¿Se mantendrán los ERTE en 2021?", *El Confidencial.com*, 17/01/2021. Extraído de: https://blogs.elconfidencial.com/economia/tribuna/2021-01-17/se-mantendran-los-erte-en-2021_2909288/

el inicio de la recuperación de la Gran Recesión, muestra la dimensión real del crac de empleo habido en estos meses de pandemia.

Desde abril, se observa una mejora respecto a marzo, debido al freno que los ERTEs ha supuesto para la pérdida de empleo. El Real Decreto-ley 8/2020, de 17 de marzo, de medidas urgentes extraordinarias para hacer frente al impacto económico y social de COVID-19, introduce los ERTEs como medida de flexibilización de los mecanismos de ajuste temporal de actividad, para evitar despidos, incorporando a la regulación ya existente sobre esta herramienta (EREs de suspensión de contrato o de reducción de jornada) subvenciones públicas que rebajan los costes de su utilización para las empresas y mantienen un cierto nivel de rentas salariales para los trabajadores (el 70 por ciento de su salario previo).

El sistema de protección llegó a dar cobertura a 3,6 millones de personas (el 17 de abril se registraron 3.606.224 trabajadores en ERTEs), cerca del 20 por cien de las afiliadas a la Seguridad Social. Un porcentaje que, tras la desescalada en el confinamiento, en los meses de verano, se ha mantenido en el entorno del 4 por ciento, con un repunte en noviembre debido a la incidencia de la segunda ola de la pandemia.

La comparación entre la pérdida de empleo y las horas efectivas trabajadas refleja con contundencia el actual mantenimiento del empleo que se ha llevado a cabo con la aplicación de ERTEs. Mientras en la crisis pasada el ajuste se produjo vía puestos de trabajo (casi 2 millones perdidos en la primera crisis de 2008-2009 y un total de 3,7 entre 2008 y 2014), en 2020 son las horas efectivas trabajadas las que han caído con mayor intensidad.

Tabla 20.1. El ajuste en el empleo en la Gran Recesión y en la crisis del COVID-19

Período	% variación empleo (personas)	% variación horas totales trabajadas
2T 2009/2T 2008	-7,2	-9,4
3T 2009/3T 2008	-7,1	-7,3
2T 2020/2T 2019	-6,0	-26,6
3T 2020/3T 2019	-3,5	-7,2

Fuente: Encuesta de Población Activa. Instituto Nacional de Estadística.

En esta crisis, la financiación por parte del Gobierno de los costes asociados a los expedientes constituye, temporalmente, un dique de contención del cierre de empresas y de destrucción de empleo en determinadas ramas de actividad. Así, tanto el descenso de la ocupación, como el aumento del desempleo, son notablemente más moderados, hasta la fecha, en esta crisis que en la anterior. En esto último, se deja notar no solo el fuerte incremento del número de trabajadores en ERTEs, sino el volumen de expedientes, que experimentan un notable crecimiento entre marzo y diciembre de 2020 (absoluto y, sobre todo, relativo) sobre los resultados de años previos.

Pero, asimismo, se observa en los datos de 2020 un crecimiento inusual del número de personas en inactividad, consideradas como activas potenciales, que llegó a rozar el millón y medio en el segundo trimestre. La imposibilidad de buscar activamente un empleo (por el cierre de la actividad de las empresas) o la no disponibilidad para incorporarse a uno en las dos semanas siguientes (por ejemplo, por enfermedad o por cuidado de hijos, mayores, o dependientes) son causas por las que se ha ampliado este grupo. Ello ha contribuido también a aliviar, hasta el momento, las cifras de desempleo habitual estimado.

Como consecuencia, se puede constatar un aumento notable de la *tasa de desempleo ampliada* (que incorpora la actividad potencial y el subempleo por tiempo parcial involuntario), con un máximo en el segundo trimestre del 26 por ciento (3,8 puntos porcentuales más que un año atrás). La diferencia entre la tasa de desempleo normal y la ampliada se extiende hasta 10,7 puntos en ese trimestre, el valor máximo de las series estimadas hasta ese momento. Lo cual nos indica que también hay un desplazamiento de actividad hacia la inactividad involuntaria, que ayuda a moderar el crecimiento de la tasa de paro actual, pero que, ante un cambio de coyuntura, podrían incorporarse con inmediatez al mercado laboral.

El papel de los ERTES en la crisis

En otros países europeos (centro y norte de Europa), hace más de una década, durante la Gran Recesión, se utilizaron con intensidad este tipo de mecanismos y, ya entonces se podía afirmar que tales herramientas de reducción del tiempo de trabajo (es decir, el recurso a la flexibilidad interna en lugar de la externa) permitieron que las tasas de desempleo se mantuvieran relativamente estables, a pesar del shock de demanda de trabajo que entonces se vivía a causa del colapso financiero de 2007. Es lo que ha ocurrido en España ahora, a diferencia de lo sucedido en los inicios de la crisis anterior. En 2009 creció la tasa de paro en 6,5 puntos porcentuales en un año (del tercer trimestre de 2008 al tercero del siguiente), en tanto que entre el tercero del 2019 y el del 2020 ha ascendido tan solo en 2,3 puntos porcentuales.

No obstante, la incertidumbre sobre la duración de la pandemia y la profundidad de la crisis generada arroja dudas en las instituciones sobre la "eterna" efectividad del uso de estos instrumentos. Añadiendo, incluso, que no todos los efectos de tales tipos de medidas son positivos para el conjunto del mercado laboral.

Porque el ajuste vía reducción del tiempo de trabajo es eficaz cuando la recesión está acotada en el tiempo y, sobre todo, puede ser exitosa en economías con sectores de alto valor añadido, con plantillas altamente cualificadas y difícilmente sustituibles. En países como España, donde el mayor ajuste se produce en sectores con elevada temporalidad (como es el caso de la construcción y las ramas vinculadas al turismo y al ocio), y con exceso de oferta de mano de obra (porque no es necesaria, en términos generales, una elevada cualificación), para las empresas retener a dicha mano de obra no es la solución óptima, al preferir llevar a cabo medidas de flexibilidad externa (despidos o finalización de contratos).

Los ERTEs están constituyendo un escudo de protección de la estabilidad social, frenando el crecimiento del desempleo en estos meses de pandemia. En general, se espera de su aplicación evitar una disminución drástica del volumen de empleo, que podría suponer una pérdida por la propia inercia descendente en la dinámica de la producción de bienes y servicios.

Las fortalezas de esta herramienta, de mantenimiento de las rentas del trabajo y del consumo privado, de empleo y empresas, son asimiladas por el conjunto de la Unión Europea como una necesidad económica del momento. Además, en países como España, donde en la doble crisis pasada se impuso la devaluación salarial (interna) como método de ajuste, los Gobiernos pueden encontrar ventajas en los ERTEs, preservando un empleo de más calidad y limitando una mayor precarización laboral al contener un posible descenso de los salarios de reserva que se produciría en el caso de aumentar el desempleo. Se estaría de este modo evitando una mayor precarización laboral generada en la transición empleo-paro-empleo. Vía ERTE, inicialmente, se elimina el escalón del desempleo, conteniendo la presión a la baja de las remuneraciones.

Sin embargo, por otro lado, el alargamiento de la protección de una parte de la ocupación podría agravar el dilema planteado por el modelo que diferencia el rol de los trabajadores de dentro y de fuera (de las empresas) en la determinación de los salarios y, por extensión, del desempleo, ahondando así en la *dualidad* del mercado laboral y agudizando el problema del paro estructural (de muy larga duración y del juvenil) para determinados grupos de personas que sufren el desempleo o la inactividad involuntaria.

El futuro de los ERTES en la actual coyuntura económica española

En este escenario de incertidumbre, cabe plantear que prolongar indefinidamente la financiación de los programas (transfiriendo fondos desde los Presupuestos Públicos, para prestaciones por ERTEs y para cotizaciones a la Seguridad Social) no es una opción que pueda extenderse de forma permanente en el contexto del ciclo actual (con el Pacto de Estabilidad y Crecimiento Europeo acechando en la esquina.

Los ERTEs, al igual que la mayor parte de las versiones europeas de este instrumento, fueron diseñados en la pre-pandemia para mantener el empleo en situaciones de corta duración y cuyo grupo objetivo son sectores o empresas con desajustes temporales de demanda. En este sentido, el alargamiento de la pandemia sin un fin claramente definido pone en duda su validez estructural como mecanismo permanente de sostenimiento de empleo y empresas. El resultado es que los ERTEs han retrasado las decisiones de despido y cierre y, por tanto, el ajuste. Pero si la pandemia se prolonga no lo podrán evitar en actividades donde la reestructuración terminará sucediendo. El ajuste del empleo, inevitablemente, se irá produciendo en aquellas empresas que definitivamente no puedan mantenerse en el mercado.

En conclusión, el peligro futuro que acecha a economías como la española, que han empleado masivamente el recurso de la flexibilización interna, es que, si la recuperación económica no es rápida y sólida, los recursos públicos ya se habrán agotado (las empresas no tendrán más margen de maniobra, ni los trabajadores de ajustar sus salarios) y se terminará acudiendo a fórmulas de flexibilización externa.

Con la esperanza de que la pandemia vaya remitiendo a lo largo de este 2021, los ERTEs siguen siendo la apuesta de Gobierno e interlocutores sociales ante la debilidad de la economía. La finalización de la actual prórroga el 31 de enero, les obliga a negociar a lo largo de este mes un cuarto acuerdo que prolongue esta medida, en este caso hasta mayo de 2021, en términos similares a los vigentes (I Acuerdo en el RDL 18/2020 de 12 de mayo; II plasmado en RDL 24/2020 de 26 de junio; y III en el RDL 30/2020, de 29 de septiembre).

Con ello se logrará contener un flujo masivo del empleo al desempleo, especialmente en los sectores de actividad más afectados por la pandemia. Pero esta medida deberá ir acompañada de otras que miren a más largo plazo al mercado laboral y la economía española. Porque, a pesar del esfuerzo de los ERTEs, la pandemia está teniendo consecuencias drásticas sobre el mercado de trabajo, en términos de desempleo y desigualdad.

21. LA REVOLUCIÓN DIGITAL Y LA RENTA BÁSICA UNIVERSAL[52]

Los defensores de la creación de una renta básica universal suelen apoyarse para su defensa de tal instrumento en las dificultades de encontrar empleo en el futuro, ante las incertidumbres que agobian al trabajo productivo como resultado del avance de la revolución digital en las últimas décadas. Así se argumente, ante la ausencia de rentas del trabajo para una buena parte de las sociedades futura la garantía de una para todos los ciudadanos, financiada con los recursos de estos, evitaría los desequilibrios sociales derivados de la expansión de una masa intenté de ciudadanos sin trabajo.

A efectos de expresar nuestra opinión al respecto, conviene, de un lado aclarar que se entiende por renta básica universal, como instrumento de política social/fiscal y hasta donde las predicciones del fin del trabajo tienen una base científica, mínimamente sustentable. Por renta básica universal de viene definiendo como una prestación monetaria porque parte de las Administraciones Públicas, probable a todos los ciudadanos a través de algún mecanismo fiscal (deducción en la cuota del impuesto sobre la renta, por ejemplo), instrumento diferenciado de la renta mínima, que exigiría una definición de sujetos objetivo, o de renta de inserción (vinculada a la situación laboral) o complemento salarial.

Recientemente se ha venido intensificando un debate ya antiguo en sus orígenes, pero con perfiles novedosos, sobre la necesidad y oportunidad de poder percibirla por todo aquel ciudadano del país que no tuviese fuente alguna de renta. Hasta en el conocido Foro de Davos, en su última edición, se abrió, para tan trascendente asunto, un hueco en el debate que allí mantienen anualmente los poderosos e influyentes del planeta.

Uno de los economistas más destacados de la llamada Escuela de Chicago, Milton Friedman, adalid del más exquisito discurso neoclá-

---

52 Proviene de: Santos M. Ruesga (2018, "La revolución digital y la renta básica universal". *Temas para el debate,* ISSN 1134-6574, N°. 280 (marzo), 2018:23-28.

sico, formulaba esta idea hace medio siglo. Abogaba por una ayuda pública para los indigentes (sic) en forma de un impuesto negativo sobre la renta, resaltando el uso de este instrumento fiscal como modo adecuado de minimizar los posibles efectos adversos —generadores de incentivos negativos— para la actividad económica y laboral derivados de tal medida. No deja de sorprender que desde posiciones conservadoras se apoye e incluso se trate de impulsar este tipo de medidas de contenido social y, sin embargo, se muestre una oposición radical al establecimiento, por ejemplo, de un salario mínimo o al aumento de su cuantía allí donde esté aplicándose.

¿Dónde está la diferencia? Precisamente en la existencia de una relación directa o definida con el trabajo. La consideración de la renta básica universal como un derecho subjetivo de todos los ciudadanos, desvinculado de la situación del individuo en el mercado laboral, tiene un marcado carácter diferencial de lo que se viene denominando renta de inserción, que en su plasmación práctica vendría a ser una extensión del subsidio de desempleo, elemento esencial del entramado institucional que regula el mercado laboral en las economías desarrolladas.

En esta perspectiva, las diferencias entre uno y otro concepto no son meramente de carácter terminológico o semántico, sino que responden a enfoques ideológicos con diferencias acusadas.

De un lado, la propuesta de renta básica universal conectaría bajo ciertos supuestos con una filosofía de corte compasivo que concibe al Estado como algo ajeno al devenir de los mercados —en particular el del trabajo— y la establece como un modo de moderna institución benéfica que aborda los aspectos más execrables de la indigencia en una sociedad de individuos libres. Se trataría, más que hacer a los ciudadanos libres respecto a las obligaciones de la propia existencia, de reducir los efectos sociales de la expansión de una enorme cantidad de individuos y familias sin recurso alguno para su subsistencia. Como en el tránsito entre las sociedades medievales y las modernas sociedades capitalistas, se iría institucionalizando una cohorte social de indigentes que asumen su marginalidad social, autorreproduciéndose como en un bucle, y que, por tanto, no alteraría sustancialmente el "estatus quo" vigente, subsistiendo en el entorno de los umbrales de la pobreza gracias a la ayuda del Estado.

De otro, el concepto de renta de inserción vincula la percepción de un beneficio estatal, monetario o en especie, a la vinculación del beneficiario con el mercado laboral a través del requisito de búsqueda activa de empleo. La perspectiva cambia aquí de forma radical instituyéndose una suerte de derecho al trabajo para todos los ciudadanos y, por tanto, ayudando por parte del Estado, garante de los derechos subjetivos de las personas, a los que de modo circunstancial o temporal no encuentran un empleo en el que desarrollar sus capacidades. En las versiones más actuales de este enfoque, modelos de flexiguridad, el derecho al trabajo conlleva no solo un subsidio monetario en ausencia de empleo, sino también el acceso, como derecho y también como obligación, a mecanismos que mejoren la empleabilidad (probabilidad de encontrar un empleo) del individuo en la perspectiva de su inserción en el trabajo.

Esta segunda óptica enlaza con lo que ha venido siendo, desde hace más de un siglo, la tradición socialdemócrata de organización de la sociedad, en la que el trabajo constituye el eje básico de articulación de las relaciones sociales, la fuente fundamental de renta para la mayor parte de la población y de sus diferentes formas de distribución e incluso, en última instancia, el factor que conforma nuestros hábitos sociales y culturales, para dibujar una forma determinada no solo de bienestar sino también de *bienser*.

En el horizonte, al parecer no muy lejano, dibujado por la intensificación del cambio tecnológico, que habría de llevarnos hacia un mundo robotizado, son insistentes las voces que claman por la vigencia del fin del trabajo, como idea seminal. En este escenario el trabajo ya no sería el factor determinante en la generación de recursos, ni el eje articulador de la sociedad humana. No. En una economía robotizada, altamente productiva, se generalizarían otras formas de asignación y distribución del valor añadido generado, no vinculados al trabajo. Ahí, en ese escenario, la "renta básica universal" constituiría un requerimiento "imprescindible" para la estabilidad social, cubriendo las necesidades mínimas de un parte de la población creciente que carecería de recurso alguno para acceder a retribuciones propias.

Pero tal escenario no deja de ser una falacia retórica, hoy por hoy, cercana a la ciencia ficción, no solo por su indeterminación temporal sino por su determinismo conceptual. Más bien, lo que se dibuja en el mundo económico desarrollado es una exacerbación de nuestra sociedad laboral donde la productividad del trabajo asciende de forma acelerada, algo habitual desde el nacimiento del capitalismo, con sus diversas variantes, en un marco de creación y destrucción de actividades productivas —al modo schumpeteriano—, que traslada de un lado a otro, de una actividad a otra, la demanda de trabajo. Podríamos interpretar incluso que vivimos una fase de destrucción creativa, en los momentos más intensos de destrucción de empleo, pero ello es algo que, a la vista de la evolución del empleo en el conjunto de las economías del planeta no es, ni mucho menos, refrendable, aquí y ahora, para todas. La expansión laboral en las economías emergentes es todavía muy superior a las pérdidas de empleo en algunas de las economías más avanzada y, junto a ello, las tasas de ocupación en Estados Unidos, Canadá, Australia y otros países europeos no parecen avalar esta interpretación.

Pero, además, y esto es quizás la novedad hacia el futuro, lo que si se está instalando en nuestros mercados laborales es una profunda dualidad, de modo intenso y radical, de la demanda de trabajo, entre unos empleos que requieren bajos niveles de conocimientos, buena parte de los cuales podrán ser sustituidos por robots, al tiempo que aparecerán otros de alta cualificación, de más compleja y lenta sustitución por maquinas. Unos empleos, estos últimos, que acumulan una parte sustancial y creciente del valor añadido en el proceso de producción, en paralelo a formas de distribución de la renta generada que retribuyen de forma generosa a los propietarios de la nueva maquinaria y al conocimiento requerido para su creación.

De ahí que no sea el destino final —un mundo sin trabajo— lo que ahora deba preocuparnos, sino el camino que se recorrerá en los próximos años. Un camino que no será indiferente a los postulados ideológicos presentes casi siempre bajo el ropaje de propuestas supuestamente apoyadas en la ciencia o en la técnica. Por eso no es lo mismo promover una renta básica universal que una renta para la inserción en el trabajo. La primera anticipa un escenario de indigentes nutridos y resulta muchas veces acompañada de otras medidas como el denominado complemento salarial, que vendría a sustituir el papel del salario mínimo, una institución absolutamente inconveniente para los defensores de estas ideas. La segunda, desde una perspectiva vinculada al trabajo como fuente de ciudadanía, ancla su visión en el derecho a un empleo digno para todos los ciudadanos y en la presunción, bien fundada en la historia económica moderna, de que no hay democracias duraderas sin un profundo compromiso de sus instituciones con el pleno empleo.

22. ¿CÓMO REVALORIZAR LAS PENSIONES?[53]

Hace algo más de tres años, al final de 2013, el Gobierno decidió abordar una reforma del sistema de pensiones que desconocía prácticamente todos los consensos que habían presidido la orientación de la política de pensiones en España a lo largo de más de dos décadas. Uno de esos afortunados consensos residía en el hecho de que nuestro sistema de Seguridad Social parecía haber mostrado una capacidad de adaptación a las circunstancias económicas y demográficas no desdeñable y, algo aún más importante, lo había hecho apelando al diálogo entre el Gobierno y los interlocutores sociales.

Por supuesto, junto al diálogo social existía también un marco de referencia político alrededor del Pacto de Toledo, pero ambos tendían a complementarse. No era imaginable alcanzar acuerdos parlamentarios en el Pacto de Toledo que fueran a contracorriente de la negociación entre los interlocutores sociales. Tampoco hubo ejemplos de acuerdos sociales que no alcanzaran respaldo entre la mayoría de las fuerzas políticas.

Que este modelo no resultó inocuo a la hora de fortalecer el sostenimiento de nuestro sistema de pensiones públicas lo muestra, por ejemplo, el hecho de que con anterioridad a la reforma de 1985 el periodo de cómputo de las bases de cotización para el cálculo de la pensión eran los dos últimos años (algo difícilmente compatible con la existencia de un modelo contributivo). Progresivamente, de una forma siempre dialogada aquellos dos años se fueron elevando hasta alcanzar los últimos 25 años en que se situará el periodo de cómputo en el año 2022.

Aunque para los más escépticos, el diálogo social suele ser considerado más como un engorro, cuando no un auténtico obstáculo a la

---

[53] Proviene de: Valeriano Gómez y Santos M. Ruesga (2017). "¿Como revalorizar las pensiones?". *El confidencial.com*, 27/03/2017. Extraído de https://blogs.elconfidencial.com/mercados/tribuna-mercados/2017-03-27/como-revalorizar-las-pensiones_1355602/

hora de abordar reformas, lo cierto es que si hay un ámbito en que tal juicio resulta erróneo es precisamente en el terreno de las pensiones. A lo largo de los últimos veinte años se han sucedido nada menos que cuatro importantes reformas todas ellas acordadas entre gobiernos de distinto signo político y las organizaciones sindicales y empresariales. La excepción a esta regla es la reforma de 2013 y, precisamente por ello, es muy probable que sea la de vida más corta.

El principal elemento de la reforma de 2013 fue la eliminación de la garantía del mantenimiento del poder adquisitivo de las pensiones. Desde entonces España se ha convertido en uno de los pocos países europeos, en realidad el único junto a Lituania, que, en la práctica, no tienen en cuenta la evolución de los precios a la hora de actualizar sus pensiones. Es cierto que en ocasiones a los precios como factor de revisión de las pensiones se añaden los salarios, o una combinación de ambos, pero eso solo hace la comparación más desfavorable a la situación en España porque, salvo en momentos puntuales de crisis, los salarios suelen crecer por encima de los precios permitiendo así que las pensiones puedan recoger, al menos, una parte de las ganancias de productividad de la economía.

Durante 2014 y 2015 la evolución negativa del nivel de precios permitió que la pensiones mantuvieran e incluso ganaran poder adquisitivo. Sin embargo, resultaba obvio que cuando los precios recuperaran una senda de normalidad, la regla establecida solo permitiría una revalorización del 0,25% con la consiguiente pérdida de capacidad de compra de las pensiones. Por ejemplo, en 2016 el IPC de diciembre (1,6%) superaba ampliamente la actualización del 0,25 y todo parece indicar que durante 2017 la reducción de poder adquisitivo en las pensiones será aún mayor. Tendencialmente la pérdida de poder adquisitivo, que se irá acumulando, puede alcanzar alrededor de un 10 por ciento en solo un lustro.

Con la fórmula "ad hoc" elaborada por una comisión de expertos en 2013, que hizo suya el Gobierno en la reforma de 2013, se pretendía, de un lado, dotar de cierto "automatismo" en el mecanismo de revalorización de las pensiones públicas —cuestión que, en buena medida, ya existía en la formulación anterior al revalorizar según la evolución del Índice de Precios al Consumo (IPC)—. Se trataba, en definitiva, de materializar una suerte de *demonización* de la política —o de los políticos—, considerada como instrumento ineficiente en el ajuste financiero del sistema de pensiones, porque, contemplados de esta forma, los responsables públicos decidirían con criterios clientelares, no racionales desde el punto de vista económico. Sin embargo, la fórmula de revalorización establecida dejaba al arbitrio del gobierno de turno algunos parámetros importantes (la definición del denominado coeficiente alfa, que define el periodo en el que se realiza el ajuste) o la elaboración de las proyecciones necesarias para el cálculo del Índice de Revalorización de las Pensiones (IRP).

De otro lado, dicho IRP vincula la evolución del valor de la pensión a la situación financiera de la Seguridad Social, de tal modo que los déficits se habrían de corregir a base de reducciones del valor de la pensión, en cuantías lo suficientemente importantes como para que en un periodo de tiempo dado (alfa) desapareciera la diferencia entre gastos e ingresos. Y vuelta a empezar en un periodo subsiguiente, de modo tal que si se mantuviera la tendencia al déficit —a causa de la continuidad en el descenso de los ingresos, por ejemplo—, las pensiones seguirán disminuyendo.

Pero, además, la aplicación del IRP produce algunos resultados más que discutibles, tales como cargar sobre la revalorización de las pensiones vigentes el mayor valor de las nuevas (cuando sea el caso) o cargar doblemente sobre dicha revalorización el aumento del nivel de dependencia (coeficiente pasivos/activos).

Es verdad que la referida fórmula de revalorización de las pensiones no excluía la posibilidad de aumentar los recursos dedicados a su financiación provenientes de otros ámbitos de las Administraciones Públicas (por ejemplo, de los Presupuestos Generales del Estado o de las Comunidades Autónomas). De actuar así, la reducción de la pensión por aplicación del IRP sería menor a la inicialmente estimada. Sin embargo, ni en la reforma de 2013 ni en los presupuestos preliminares de la misma se contemplaba tal eventualidad. Por el contrario, en su filosofía estaba implícito que el desequilibrio financiero del sistema se corregía por medio de la reducción del poder adquisitivo de la pensión. A ello, además, se añadían los efectos depresivos sobre la pensión derivados de la aplicación, a partir del año 2019, del *factor de sostenibilidad*, que la reducirá en cuantía equivalente al ascenso de la esperanza de vida para la población mayor de 67 años.

En todo este proceso definido por la reforma de 2013, no se contempla, por supuesto, el impacto de estos mecanismos sobre la suficiencia de las pensiones. Las estimaciones menos pesimistas sitúan en el entorno del 40 por ciento, la caída para mediados de este siglo en el *coeficiente de suficiencia* (valor de la pensión inicial sobre media de las bases de cotización durante todo el periodo considerado para el cálculo de esta).

Algunos defensores de la reforma suelen advertir que la manera de impedir que la aplicación de la peculiar fórmula de revalorización recorte las pensiones de una manera tan drástica es realizar transferencias desde el Estado que equilibren el sistema de Seguridad Social. Sin embargo, la respuesta es obvia, ¿entonces cómo es que en las proyecciones derivadas de la reforma de 2013 el gasto en pensiones permanece a plazo en un nivel prácticamente similar al actual? Con casi 6 millones más de pensionistas respecto de los 10 millones de hoy, si el gasto en proporción al PIB permanece constante respecto de su nivel actual, ello solo puede ser posible con los recortes intensos que el IRP y el factor de sostenibilidad producirán en la cuantía de las pensiones.

Así pues la filosofía que inspiraba la reforma de 2013 descansa en dos pilares básicos: a) los problemas financieros de las pensiones públicas en el sistema vigente de reparto y financiación con cotizaciones provendrían básicamente de la evolución demográfica de la población española —con un fuerte envejecimiento que llegará a su cenit en la mitad de la próxima década, con la incorporación al sistema de pensiones de los nacidos en la generación del "baby boom"— y b) el ajuste financiero requerido para equilibrar las cuentas de la seguridad social recae en exclusiva sobre la cuantía de la pensión. Como efecto colateral importante, se anima a los españoles, desde ciertas instancias políticas, académicas y económicas, a buscar fuentes complementarias (sic) de ahorro para la jubilación a través de la suscripción de fondos en un mercado, hasta la fecha, muy poco animado a pesar de las desgravaciones fiscales que todavía disfruta.

Pero, si tenemos en cuenta las tendencias económicas y laborales registradas antes, durante y tras la Gran Recesión —acentuadas, en el caso del mercado laboral por los efectos negativos en la evolución salarial y en la calidad del empleo de la singular reforma laboral de 2012 y episodios legislativos ulteriores— no es aventurado prever dificultades adicionales para el balance financiero del sistema de la seguridad social. Por eso, al aplicar los instrumentos diseñados en la reforma de 2013, solo cabe esperar un descenso paulatino en la "suficiencia" de las pensiones públicas, que llegará a ser muy intenso a lo largo de la vida del pensionista.

En nuestra opinión, tendría más sentido social y político, y también económico, mantener un mecanismo de revalorización de las pensiones que efectivamente permitiera un coeficiente de suficiencia similar al actual en los próximos años y, en particular, para cada pensionista a lo largo de su vida. Ello requeriría recuperar un mecanismo de revalorización que mantuviera el poder adquisitivo de la pensión, tal como ocurrió en el pasado y ocurre en la inmensa mayoría de los países de nuestro entorno. Desde luego, no creemos que la solución sea la de asegurar el poder de compra de las pensiones mínimas y mantener congeladas *de facto* el resto de las pensiones. Al fin y al cabo, ello supondría tener dentro de un par de décadas un sistema de tipo asistencial en el que poco importarían las contribuciones realizadas durante la vida activa.

Por supuesto, siempre cabe la posibilidad de buscar fórmulas mixtas que contemplen la evolución de los precios y un cierto nivel o *standard* de vida, al modo en que lo hace Bélgica, por ejemplo. Algo parecido ocurriría si además de los precios se introdujera la evolución de los salarios con el fin no solo de hacer partícipes a los pensionistas de las tendencias que experimenten las retribuciones del conjunto de los asalariados. Una formula así podría tener en cuenta la evolución del ciclo económico, de modo que el ajuste financiero se realizaría en un periodo más amplio que el anual. De igual modo, se podría definir alguna forma de ajuste que tratara de evitar efectos de espiral entre precios y pensiones indexando estas a los indicadores de inflación prevista, en vez de a la pasada.

Todo esto exigirá obviamente, la implantación de esquemas de financiación adicional provenientes de fuentes tributarias para lograr el equilibrio a plazo del sistema, un aspecto sobre el que ya hemos escrito con anterioridad.

23. UNA COTIZACIÓN MÁS JUSTA[54]

El actual sistema de aportación a la Seguridad Social de los autónomos es ineficiente y distorsionador logran hacerse un hueco en la actualidad económica y política. Pero en esta ocasión buena parte de los argumentos empleados parecen tener más un componente político afectado, como casi todo en España en estos últimos meses, por intereses de corte electoral.

El contenido literal del acuerdo citado plantea "reformar, dentro de 2019, el sistema de cotización de los trabajadores autónomos para vincularlo a los ingresos reales, de manera que se garantice a los autónomos con menos ingresos una cotización más baja". Lo cierto es que no hay nada especialmente novedoso en esta pretensión salvo la de hacer real de una vez un viejo objetivo en la política española de Seguridad Social: acabar con un modelo injusto y a la vez ineficiente y distorsionador que establece todavía hoy, en pleno siglo XXI, la cotización de los autónomos sobre la base de que cada uno elija su nivel da igual cuánto gane.

Los ciudadanos deben saber que, al permitir que el trabajador autónomo elija su base de cotización con independencia de cuál sea su renta real, casi el 90% de los autónomos eligen cotizar por la base mínima. Por supuesto, se trata de una elección generada por un cierto efecto de miopía respecto del futuro a medio y largo plazo porque como consecuencia de ello las pensiones generadas por una cotización así están en un nivel muy inferior a las de los trabajadores asalariados. Los problemas no acaban aquí. En un sistema contributivo la pensión tiene que ver con lo que se ha cotizado a lo largo de la vida laboral. Pero nuestro sistema de Seguridad Social tiene un suelo mínimo en la pensión de tal forma que el Estado (a través de impuestos, no de cotizaciones sociales) financia un complemento para asegurar esa cuantía mínima de la pensión. Pues bien, fruto de este peculiar sistema de cotización, casi el 40% de todas las pensiones generadas

---

[54] Proviene de: Valeriano Gómez y María José Landaburu (2018). "Una cotización más justa". El País, 09/11/2018. Extraído de: https://elpais.com/elpais/2018/11/06/opinion/1541527609_240807.html.

entre los autónomos necesitan un complemento de mínimos financiado con impuestos de todos.

Pero lo peor es que el actual es también un modelo enormemente injusto porque favorece mucho más a los que tienen más renta, que cotizan mucho menos de lo que ganan, en perjuicio de los que tienen menos ingresos. Como existe una base mínima de cotización, un trabajador autónomo que tenga una renta inferior al salario mínimo cotiza en cambio por una base superior a lo que gana, con lo que su renta disponible se reduce adicionalmente al tener que pagar una cotización muy superior a la que le correspondería en función de su ingreso real. Por eso, aquellos que dicen que no se debe permitir que los autónomos coticen ni un euro más ocultan una realidad muy desigual. Los que hoy con rentas superiores a 40.000 o 50.000 euros cotizan por la base mínima deben cotizar más, mucho más, de lo que ahora lo hacen. Mientras que aquellos que ni siquiera obtienen rendimientos inferiores al salario mínimo deben cotizar menos, bastante menos.

Si se construyera un sistema de cotización en el que, en líneas generales, la cotización estuviera vinculada a los ingresos reales, sería posible lograr un nuevo equilibrio más eficiente, y desde luego mucho más justo, que el que se obtiene en el sistema actual. Con la información tributaria actualmente disponible, más de 1,5 millones de autónomos con rentas inferiores a los 15.000 euros al año podrían cotizar menos de lo que hoy tienen que cotizar a la Seguridad Social. Aun así, los ingresos del Régimen Especial podrían ser incluso superiores a los actuales porque más de un millón de autónomos con rentas superiores a los 30.000 euros mensuales cotizarían como lo hacen los asalariados del Régimen General y generarían ingresos que triplicarían los que hoy se obtienen. Así pues, el cambio de modelo no tiene por qué incrementar el déficit financiero del sistema, sino que contribuiría a corregirlo.

Hay más de medio millón de autónomos que pagan sus cotizaciones sociales por bases mínimas cuando sus ingresos deberían hacerles cotizar por la base máxima. Un sistema basado en la cotización por los ingresos reales, como el planteado en el acuerdo PSOE-Podemos acabaría con estas situaciones y supondría un gran avance para la Seguridad Social en España. Por supuesto, lo más recomendable en este ámbito sería un diseño progresivo y gradual. Pero plantear que ningún autónomo cotice por un euro más (evitar el sablazo como algunos dicen) es seguir manteniendo la injusticia de que una buena parte de los autónomos tenga que seguir cotizando mucho más de lo que le corresponde.

24. EL NUEVO CONTRATO SOCIAL. PENSIONES. REFORZAR EL FUTURO[55]

Durante los últimos años, las enormes inconsistencias de la reforma del sistema de pensiones abordada en 2013 han reorientado el debate sobre el futuro del modelo español de pensiones públicas hacia las vías de transformación abiertas en la reforma llevada a cabo dos años antes, en 2011. Las inconsistencias de la estrategia de 2013 no solo descansaban en la forma en que se adoptó, sin apelación alguna al diálogo político y social, o en las dificultades políticas a la hora de sostener en el tiempo una política de pensiones que, de una u otra forma, se apoyaba en la congelación de facto de su cuantía al margen de la evolución de los precios, sino en sus propios contenidos de fondo.

Al centrar la reforma de 2013 en la congelación de facto de la cuantía o incluso en su reducción, al aplicarse una versión muy restrictiva y unívoca del factor de sostenibilidad (que hacía descansar sobre la cuantía de la pensión futura, reduciéndola, todo incremento registrado en la esperanza de vida en el momento de la jubilación) se consolidaba una estrategia tendente a rebajar el gasto a plazo del sistema a base de reducir la cuantía media de la pensión percibida. Al propiciar un ajuste semejante la pregunta a responder no residía solo en las razones por las que España, a diferencia de la mayoría de las principales economías europeas, no podía garantizar una actualización razonable de la cuantía de sus pensiones, sino, sobre todo, para qué queremos un sistema de pensiones que congele la cuantía inicial de la pensión durante todo el resto de la vida de los jubilados, los actuales y los futuros. Unos jubilados que vivirán en media más de 20 años tras haber alcanzado la edad de retiro y que se encontrarían con que su pensión podría verse reducida su capacidad de compra en alrededor del 40% durante la última etapa de su vida.

---

55 Proviene de: Valeriano Gómez (2020). “Reforzar el futuro”. *El País*, 10/10/2020. Extraído de: https://elpais.com/ideas/2020-10-09/reforzar-el-futuro.html.

Son tales razones las que ha hecho posible volver a reencontrar, en un espacio de consenso, el camino emprendido en la reforma de 2011. Retomar aquella estrategia es, en lo esencial, continuar con las políticas que la sustentaron entonces: diálogo social y político; actualización periódica de la cuantía de acuerdo con la evolución de los precios; alargamiento progresivo del periodo de cómputo hasta alcanzaren un plazo razonable el conjunto de la vida laboral; diseño de un factor de sostenibilidad más complejo que el que se realizó en 2013 (que se limitaba a reducir la pensión a medida que crece la esperanza de vida), nuevas medidas de estímulo a la prolongación de la edad de jubilación y, junto a ello, poner en pie una estrategia financiera a medio plazo que establezca las condiciones para una asunción progresiva del nivel actual de déficit (en buena medida no directamente vinculado a las prestaciones contributivas del sistema) por parte de los ingresos del Estado, para evitar que el nivel actual de las cotizaciones sociales no tenga que crecer adicionalmente. Por supuesto, ello podría ser compatible con una operación de intercambio de cotizaciones entre protección de los desempleados y pensiones que permitiera aumentarla cotización por contingencias comunes (la que financia las pensiones contributivas) y reducir el nivel dela cotización por desempleo (que antes de la actual crisis presentaba un escenario de superávit a plazo). Se trata de reformas de calado, no cabe ninguna duda, pero creo que diseñadas con inteligencia y explicadas con convicción pueden reunir, a diferencia de lo sucedido en 2013, un amplio grado de respaldo social.

25. PENSIONES PÚBLICAS: LOS ARBOLES Y EL BOSQUE[56]

Los árboles

Estamos asistiendo a una poco rigurosa reedición del debate público sobre nuestro sistema de pensiones. En esta ocasión se ha articulado alrededor de propuestas muy específicas sobre los parámetros definitorios del cálculo de la pensión inicial (dejar a voluntad del futuro pensionista la elección de los años —¿cuántos?— para el cálculo de su base reguladora) propuesta por el Gobierno y, obviamente dada la forma en que se presenta, tan plagada de ambigüedades que nos sabemos si anuncia otro final vinculado a la obligatoriedad de extender el periodo de cálculo de dicha base a toda la vida laboral del futuro pensionista. Y, junto a ella, la simplificación mediática de otras propuestas de contenido más integral, como la que hace algunos días formuló el Secretario General del PSOE, que no debería terminar en una corta disputa sobre la idoneidad de la justificación de un tributo sobre los beneficios de la banca con una indudablemente escasa capacidad recaudatoria.

Cambios en el bosque

Tras dos reformas de gran calado realizadas por gobiernos de distinto signo político —en 2011 llevada a cabo por el gobierno de Rodríguez Zapatero y en 2013 por el de Mariano Rajoy— el desequilibrio financiero del sistema de pensiones ha alcanzado niveles sustanciales en el último lustro. Ello hace imprescindible la búsqueda de nuevos recursos adicionales a los habituales representados por cotizaciones, a cargo de empresarios y trabajadores, y transferencias del Estado para complementar las pensiones mínimas y las pensio-

56 Proviene de: Valeriano Gómez y Santos M. Ruesga (2018). "Pensiones públicas: los árboles no dejan ver el bosque". *El Confidncial.com,* 05/02/2018. Extraído de: https://blogs.elconfidencial.com/espana/tribuna/2018-02-05/pensiones-publicas-los-arboles-y-el-bosque_1516730/

nes no contributivas. Las razones son claras: el deterioro económico causado por la crisis y la dinámica perversa de nuestro mercado de trabajo con la recuperación han sido más rápidos que los resultados esperados por las reformas en el equilibrio financiero de la Seguridad Social.

En la reforma de 2011 se introdujeron modificaciones en los criterios de cálculo de las pensiones (periodo de cotización para la cuantía de la base reguladora de la pensión, años para alcanzar máximo en este parámetro, etc.). A la vez se alargó en dos años la edad de entrada habitual a la jubilación (aunque se mantenía los 65 años para más de la mitad de los trabajadores con carreras laborales superiores a los 38,5 años). La estimación realizada en su día por el gobierno que la promulgó estimaba los efectos de reducción del gasto en pensiones a largo plazo (a la altura de 2050) en algo más de 3 puntos porcentuales del PIB. De esta forma las proyecciones de gasto en pensiones, situadas antes de la reforma en alrededor de 17 puntos de PIB, alcanzarían una cifra más próxima al 13% del PIB correspondiente a 2050. La reducción prevista en el gasto en pensiones no se obtendría tanto del ajuste de la pensión media (que seguiría creciendo en paralelo con la evolución de la productividad) como del progresivo aumento de la edad de jubilación efectiva, al tiempo que los ingresos crecerían como consecuencia del alargamiento de los periodos de cotización y la adaptación de todos los parámetros del sistema a la evolución demográfica (así era la visión mucho más amplia que aquella reforma tenía del papel asignado al factor de sostenibilidad de las pensiones). Las medidas se irían aplicando en una secuencia que en algunas de las medidas contempladas llegaría hasta el año 2027. La reforma estaba diseñada para hacer frente, de manera paulatina, a los efectos del cambio demográfico que estamos experimentado desde hace décadas, con una repercusión intensa y ascendente hasta el año 2050, momento en el que habría finalizado el impacto entre la población jubilada de las cohortes de población nacidas durante los años del *baby boom*, allá por el último tercio del pasado siglo.

La segunda reforma, la de 2013, tenía objetivos más inmediatos en el tiempo y un cariz distinto. Como es sabido, el gobierno no se molestó en tratar de consensuarla a través del diálogo social y político. El objetivo no fue otro que el de acelerar el reequilibrio financiero del sistema público de pensiones intensificando la reducción de la pensión media, su devaluación en términos reales, suprimiendo la actualización anual en función de la evolución de los precios, y limitando el valor de la pensión inicial mediante el anclaje de su cuantía a la evolución (previsiblemente ascendente) de la esperanza de vida de la población española mayor de sesenta y cinco años. La primera medida (el denominado Indicie de Revalorización) entró en vigor en 2014 y la segunda (el llamado Factor de Sostenibilidad) lo hará en 2019.

Para tener una idea del impacto adicional de la reforma de 2013, baste recordar que, de cumplirse las previsiones gubernamentales, a la altura del año 2050 España gastaría algo más del 10% del PIB en pensiones públicas, más o menos el nivel de gasto alcanzado en 2013, eso sí, con un número de pensionistas mucho más elevado, por encima de los 15 millones, frente a los 9,5 millones en el año de la última reforma. Lo que esto significa es que el equilibrio financiero del sistema público de pensiones se alcanzaría con una reducción de la pensión media en términos reales, de su poder adquisitivo, de más del 40% de su valor en el año 2013.

El panorama se complica

En el transcurso de los últimos 5 años hemos observado con nitidez dos fenómenos adicionales que afectan sustancialmente a la dinámica financiera del sistema público de pensiones.

El primero, muy previsible, hace referencia al hecho de que las medidas adoptadas para moderar a corto plazo la evolución del gasto todavía no generan reducciones significativas, salvo como consecuencia de la deficiente actualización de las pensiones (anclada en el 0,25% anual). Los factores que afectan al crecimiento del gasto siguen operando al alza a través del incremento del saldo neto de pensionistas y de la pensión media inicial (tasa de reemplazo) como consecuencia de los salarios crecientes en buena parte de su historia laboral de las cohortes entrantes en la jubilación. Ello sitúa en algo más del 3% la tasa de crecimiento anual del gasto en pensiones.

Pero, además, aquí es donde debiéramos visualizar el bosque, los ingresos del sistema no responden a las expectativas apuntadas para una fase de recuperación como la que estamos viviendo desde el año

2015. La principal razón tiene que ver con la devaluación salarial registrada en los años más recientes. El crecimiento del empleo acumulado desde 2014 está lastrado por un efecto de composición intenso, en dirección contraria al que mantuvo durante la crisis, de forma que el salario medio disminuye a causa de la mayor presencia relativa de empleos menos cualificados (*bad jobs*) y de un intenso proceso de renegociación (o de imposición) de nuevas condiciones laborales a la baja facilitado por la reforma laboral de 2012.

El resultado de estas tendencias en gastos e ingresos a la altura del inicio del año 2018 es un déficit enorme entre el volumen de gasto en pensiones y el de los ingresos procedentes de cotizaciones y transferencias del Estado que podría alcanzar los 20 mil millones de euros en el último año.

No basta con apelar, como hace el gobierno, al carácter coyuntural de tal desfase. Mientras escribimos, el Presidente Rajoy acaba de decir en televisión que con 20 millones de empleos se arreglará la situación. No es cierto. Para taponar el déficit habría que crear alrededor de 3,2 millones de empleos con las bases medias de cotización actuales y más de 4,3 millones con los salarios medios de los nuevos empleos. Por eso, de no intervenir cambios significativos en la demografía, la estructura productiva o la regulación del mercado de trabajo, el déficit puede continuar creciendo en los próximos años. En las condiciones actuales, su carácter ya es estructural.

No se ve el bosque

La perspectiva del actual gobierno parece ser, también en un asunto crucial para la sociedad española, la de no hacer nada. Dejar las cosas como están, y esperar a que las reformas introducidas hagan su trabajo. Una congelación *de facto* de las pensiones y la introducción a partir de 2019 del factor de sostenibilidad, con un diseño centrado en disminuir el importe de la pensión inicial producirían una paulatina reducción del déficit hasta su reabsorción final en las próximas décadas. Al fin y al cabo, el escenario a largo plazo tras la reforma unilateral de 2013 es un gasto en pensiones situado en el 10% del PIB, un nivel similar al que hoy registran los ingresos del sistema.

Hay que insistir, una vez más, en que esta perspectiva es absolutamente irreal. Incluso logrando un nivel de crecimiento anual del empleo similar al actual durante la próxima década, si no se adoptan medidas complementarias, ello sólo servirá para estabilizar el déficit, eso sí, a costa de mantener congeladas las pensiones durante todos estos años.

Pero esta visión es algo más que irreal si, al mismo tiempo, se anuncia la pretensión de llevar a cabo una rebaja de impuestos a lo largo de los próximos años, inmediatamente antes de la previsible celebración de elecciones. Es absolutamente irresponsable que con un déficit del sistema de pensiones que se acerca al 2% del PIB, un régimen de protección del desempleo que solo cubre apenas a la mitad de los desempleados y, en general, un sistema de bienestar que tiene que recuperar el pulso perdido tras una crisis como la sufrida en estos lustros, el gobierno pretenda rebajar impuestos en un país que tiene una de las presiones fiscales más bajas del mundo desarrollado (más de 7 puntos del PIB, casi 4 veces más que el déficit del sistema de pensiones, es el nivel que separa a España de la presión fiscal media de la eurozona).

Reforestar

Una opción alternativa a esta estrategia, que agudizará las tensiones sociales y políticas con muy escasos réditos económicos para el país, pasaría por girar la vista hacia el lado de los ingresos públicos, manteniendo la suficiencia de las pensiones públicas, al menos, en el nivel de capacidad adquisitiva actual. No es sólo un objetivo socioeconómico posible y deseable para una sociedad desarrollada como la nuestra, sino también, conviene no olvidarlo, el cumplimiento de un mandato constitucional que conmina a los poderes públicos a garantizar la "suficiencia económica" de pensiones adecuadas y actualizadas periódicamente (Art. 50 de la Constitución Española). La pregunta es inmediata. ¿Por qué no puede España revalorizar sus pensiones de acuerdo con los precios o los salarios y lo pueden hacer prácticamente todos los demás países europeos?

En nuestra opinión el modelo actual de pensiones es sostenible. Por supuesto, con más esfuerzo. Hay que decirlo claramente. Y es mejor decirlo así que, seguir sembrando dudas sobre la viabilidad del sistema público, pretendiendo con ello abrir más a los modelos privados de pensiones una puerta que lleva abierta más de 30 años, con un importante flujo de fondos públicos destinados a ello a través de generosas deducciones fiscales.

Junto a ello, resulta imprescindible abrir un debate para completar medidas de racionalización del gasto público y, en particular, de la estructura del gasto en pensiones. En este contexto, algunas de las medidas que se están proponiendo consideran a la Seguridad Social como un sistema presupuestario cerrado en sí mismo, y solo significan meras transferencias internas dentro de los presupuestos de las Administraciones Públicas (por ejemplo, trasladando gastos de personal de la Seguridad Social a la Administración del Estado). Con este tipo de medidas tan sólo se habrán realizado operaciones de ajuste contable que no alteran la magnitud del déficit público.

En esta perspectiva sí cabe, en cambio, revisar todo el capítulo de deducciones en las cuotas de la Seguridad Social, subvenciones, en definitiva, vinculadas a ciertas actuaciones de los agentes económicos —en materia de promoción de empleo u otras— que como ha venido demostrando prácticamente toda la literatura empírica, no tienen ningún efecto —o es nulo o es mera sustitución— sobre el objetivo previsto. Hablamos de "tarifas planas", incentivos a la contratación, etc. El objetivo debe ser eliminar estas partidas de gasto ineficiente que no mejoran el funcionamiento del mercado laboral y no proceder a trasladar su financiación a otra área de los PGE (el total del gasto en este capítulo podría rondar los 3.500 millones de euros anuales). Algo parecido debería ocurrir, en una perspectiva más general: revisar los *gastos fiscales* que proliferan en los impuestos directos, particularmente en el que grava los beneficios de las sociedades y en el IRPF. Son subvenciones de dudosa eficiencia cada vez más alejadas de los objetivos perseguidos.

La virtud de buena parte de las propuestas actuales, insuficientemente reflejadas en los medios de comunicación, es que ponen sobre la mesa del debate la necesidad un aumento sostenido de los ingresos para abordar los desequilibrios derivados del sistema público de pensiones.

La recuperación de los ingresos podría venir también de una política que pusiera fin a la intensa devaluación salarial en estos años.

Ello exigiría corregir algunos en buena medida la reforma laboral de 2012, porque son las alteraciones producidas en la regulación de la negociación colectiva las que están detrás del deterioro salarial de estos años. Y, en paralelo, continuar durante algún tiempo con la política de revalorización del SMI iniciada en 2017 y mantenida en el acuerdo recientemente firmado por los agentes sociales y el Gobierno. Esto es importante, sí, pero no será suficiente. Aun recuperando todo el recorte salarial producido en el periodo transcurrido desde 2012 el déficit seguiría situado en el entorno de los 10.000 millones de euros.

El incremento paulatino de la presión fiscal requiere más un debate razonado que continuar con la vieja práctica de realizar anuncios cuando se acerca la cita electoral. Ni siquiera es necesario hablar de reformas fiscales de gran calado: con las figuras tributarias existentes, modificando algunos de sus parámetros y contenidos, podría alcanzarse un incremento significativo de la recaudación. Otra cosa es que, además del objetivo de dotación de recursos para las pensiones públicas o hacia el sistema sanitario o de atención a la dependencia, se pretendan alcanzar otros objetivos económica y socialmente deseables (ambientales o de reequilibrio territorial) que requerirían el desarrollo de nuevas figuras tributarias.

En el ámbito del nuevo diseño financiero para las pensiones públicas es mejor pensar en un conjunto de medidas que tratar de buscar soluciones con una solo receta.

Por ejemplo, eliminar progresivamente los topes de cotización vigentes para los salarios más altos no solo sería bueno desde el punto de vista distributivo, sino que produciría, en el límite, un importante flujo de ingresos (su mera supresión podría llevar a la mejora de los ingresos en más de 7.000 millones anuales). Sin embargo, tales medidas deben aplicarse paulatinamente y considerar sus efectos sobre los topes máximos actuales del sistema de pensiones. Por su parte, cada aumento en un punto de cotización para todos los afiliados asciende a más 3.500 millones de euros. Sabemos que este tipo de instrumentos suele afectar al empleo, pero no debemos olvidar que el tipo de cotización actual es muy inferior (más de 4 puntos) al existente hace 30 años. Durante este periodo los tipos no se han movido prácticamente en el ámbito de las contingencias comunes y se han reducido en otras (FOGASA, ITE). Tampoco hay que dejar de considerar que aumentar los costes laborales en uno o dos puntos no es comparable a la reducción de más del 10% experimentada en estos años de devaluación salarial.

La creación de nuevas figuras tributarias, bajo la perspectiva que aquí se plantea, no es imprescindible. Pero, como antes se indicaba, ello no es óbice para que se haga complementando otros objetivos a lograr con los nuevos tributos. En cualquier caso, no es tampoco imprescindible la creación de impuestos finalistas adscritos al pago de pensiones u otros fines de la política social (como la contribución social generalizada desarrollada en Francia desde la década de los 90 el siglo pasado).

El abanico de posibilidades va desde el incremento de los tipos de tributación en algunas figuras de la imposición directa e indirecta, incrementando la progresividad existente, hasta la armonización, a efectos de mantener el principio de la unidad de mercado, de algunos tributos relacionados con el patrimonio. Lo que de verdad no cabe es no hacer nada. Porque cuando despertemos, evocando a Monterroso, el dinosaurio todavía estará ahí.

26. LA TASA "GOOGLE" Y LA FINANCIACIÓN DE LAS PENSIONES[57]

Elusión fiscal de las transnacionales

El fenómeno de la "elusión fiscal" por parte de algunos de las grandes transnacionales hace tiempo que está sobre la mesa. Aprovechando su tamaño y presencia en múltiples mercados, importantes compañías y grupos multinacionales vienen desarrollando una suerte de "ingeniería tributaria" para minimizar sus costes impositivos de forma global. Las diferencias de tratamiento fiscal de los beneficios empresariales entre diferentes países incentiva a estas empresas a trasladar a la contabilidad de sus subsidiarias instaladas en los países con menos fiscalidad una parte sustancial de sus rendimientos obtenidos en países con tasación más alta.

Este proceso de arbitraje es realizado por algunas de ellas, utilizando diversas variantes de "precios de transferencia" y otras, como las denominadas "tecnológicas", modificando a efectos fiscales, el lugar de origen de los servicios "online" que proveen. De un modo u otro, se sustraen —a través de "estresar" la legislación legal vigente— millones de euros a las arcas de los países consumidores o productores del servicio o el bien en cuestión, respectivamente. El objetivo para alcanzar por ambos tipos de empresas transnacionales, en la mayor parte de los casos, no es otro que eludir la fiscalidad directa, fundamentalmente el impuesto de sociedades.

La "tasa Google"

Frente a esta situación, la UE viene discutiendo desde hace tiempo la necesidad de implantación en el territorio europeo de un im-

57 Proviene de: Valeriano Gómez y Santos M. Ruesga (2018): "La 'tasa Google' y la financiación de las pensiones". *El Confidencial.com*, 16/06/2018. Extraído de https://blogs.elconfidencial.com/espana/tribuna/2018-06-16/tasa-google-financiacion-de-las-pensiones1579844/

puesto que grave de alguna forma los beneficios de estas sociedades mercantiles.

Al contemplar la versión hispana de este nuevo tributo (al que en los medios periodísticos se le denomina "tasa Google", en honor a una de las principales empresas destinatarias de esta) cabe realizar algunas reflexiones. En primer lugar, nos situamos en el plano de la política económica comunitaria. El desarrollo de un proyecto de armonización fiscal es imprescindible para completar de forma efectiva eso que denominamos el Mercado Único y para avanzar hacia un mayor grado de coordinación económica, requisito necesario para el objetivo final de la integración económica en el marco de la Unión Económica y Monetaria. Precisamente eso es lo que hemos echado en falta en los tiempos de crisis, de imposición a ultranza de las "políticas de austeridad". Suena, por tanto, esta tasa o impuesto a las tecnológicas como una manifestación de impotencia por parte de las autoridades europeas, en parte consistente con los tiempos de regresión/dilución del proceso integrador que se vive en su seno. Como no resulta políticamente factible armonizar los impuestos directos, en particular el que grava las ganancias —como sí ocurrió en su día, siquiera parcialmente, con la fiscalidad indirecta, con el IVA que grava al consumidor—, se articula un sucedáneo para aquellas sociedades que eluden, hasta ahora con bastante éxito, los tributos de los países que gravan en mayor cuantía los resultados empresariales.

Desde el punto de vista de la economía política, la significación de ambas figuras, impuestos sobre beneficios e impuestos sobre tecnología, difieren sustancialmente. Pero, tal como se este último configurando este último, también lo hacen en cuanto a sus efectos recaudatorios. Las diferencias en este terreno, a tenor de las primeras estimaciones que han realizado algunos técnicos en la materia, son sustanciales: la recaudación esperada en cada territorio nacional en este nuevo impuesto será sustancialmente inferior a la cuantía de la fiscalidad que eluden. Ello implica que seguiremos con comportamientos claramente divergentes dadas las diferencias en materia de legislación tributaria en los países miembros. En última instancia, como nos apuntan los inspectores de tributos, la justificación del impuesto se apoyaría en una triste expresión, "al menos se recauda algo", que refuerza la idea de la impotencia comunitaria frente a estas nuevas materializaciones de la globalización.

Las propias empresas tecnológicas abundan en argumento contrarios, incluso en términos legales, sobre la sustentación política y económica que se esgrime en el ámbito comunitario sobre este nuevo proyecto tributario (con claras reminiscencias francesas). Sin duda, tanto en el caso español como en el futuro tributo comunitario, habrá batalla legal, tanto sobre la figura en sí misma (por discriminatoria) como sobre sus parámetros (determinación de la base imponible, tipos, exenciones, etc.). No parece incluso adecuado clamar por la innovación tecnológica y gravara específicamente a las empresas más "tecnológicas".

Y si el argumento es el uso de un espacio (de transmisión de datos) público, grávese la utilización de este, pero de manera generalizada, considerando que hoy por hoy es el consumidor final quien financia tal uso a través de las tarifas de las proveedoras de los servicios de telefonía y datos.

En el caso español, lo primero que se observa es un cierto grado de improvisación en la definición y anuncios preliminares del tributo. En última instancia, aquí radica la singularidad española en la anunciada finalidad del impuesto, no acabamos de entender la vinculación finalista del mismo con la financiación de las pensiones públicas.

¿Para financiar pensiones?

Un tributo finalista, más allá de su lógico fin recaudatorio, busca moderar e incluso minimizar el consumo de algún bien (alcohol, tabaco, etc.) que se considera socialmente nocivo. O, alternativamente, la financiación de alguna necesidad considerada temporal o extraordinaria. Obviamente, no parece que financiar pensiones públicas se pueda vincular a algunas de estas categorías de bien o servicio perjudicial o evento de carácter extraordinario. Pero además, si se acude a un concepto más teórico de "impuesto finalista", concibiéndolo como un tributo que se afecta a la financiación de un gasto especifico, en este caso a las pensiones públicas, habría que explicar por qué existiendo ya uno que cumple con el requisito —la cotización social a la Seguridad Social, que grava las rentas del trabajo— se habrían de crear otro u otras —dado que el aludido sería insuficiente— de carácter indirecto y mucho más fácilmente trasladable a los consumidores en un contexto de redes empresariales con un marcado carácter oligopólico.

La pregunta es si el gobierno seguirá disponiendo de nuevos tributos para alcanzar un volumen de recursos suficientes como para financiar el déficit generado por un gasto ascendente y unos recursos finalistas, las cotizaciones sociales, con perspectivas de crecimiento insuficiente.

Si el modelo a seguir es este, para alcanzar la recaudación necesaria para cubrir el desfase financiero en el sistema público de pensiones, se requerirían al menos diez tributos de similar envergadura, de entre 1.000 y 2.000 euros de recaudación anual. Se abre por tanto la veda para identificar los correspondientes sujetos pasivos que acompañen a las "tecnológicas" (bancos, apartamentos turísticos, "economía colaborativa", ...).

A nuestro juicio, es el momento de abordar un cambio de calado en cuanto a la financiación del sistema público de pensiones. Si el objetivo a lograr es mantener un grado de seguridad razonable en el poder adquisitivo de las pensiones públicas, es mejor asumir que parte de los recursos para financiar las pensiones públicas han de provenir del conjunto del erario, como expresión de un gasto social al que contribuyen el conjunto de las rentas, no sólo las obtenidas a través del trabajo. Ello no significa que no puedan ajustarse al alza las actuales cotizaciones sociales, si así se considerase oportuno (de hecho, el tipo de cotización actual está muy por debajo del vigente durante buena parte del último medio siglo en España). Pero sería consistente con la visión de un mundo en el que las ganancias de productividad tardan en trasladarse a las rentas salariales que, a su vez, se estancan en un marco en el que el empleo crece menos como consecuencia de los avances en la automatización productiva.

El problema, político, que ello conlleva es asumir la necesidad de una tendencia ascendente en la presión fiscal —cerrando, en parte, la amplia brecha que aún nos separa de nuestros socios comunitarios— si no se quieren intensificar más los recortes en otras políticas sociales o reducir el valor real de las pensiones. Por supuesto, se trata de un camino ya recorrido en otros países europeos. Y sin embargo sigue siendo un asunto tabú a ambos lados de nuestro espectro político.

27. PENSIONES ACTUALIZABLES Y SOSTENIBLES[58]

Una vez más, como habitualmente sucede en periodos electorales, el debate sobre las pensiones vuelve a abrirse camino. En esta ocasión la discusión presenta dos direcciones. Una de ellas se preocupa por la forma mientras que la otra pretende atender al fondo. Por supuesto, las formas en que se toman las decisiones públicas no es un asunto poco importante en democracia. El gobierno en funciones ha anunciado su intención de proceder a revalorizar las pensiones de acuerdo con la evolución del IPC (se supone que en esta ocasión se está refiriendo a la inflación prevista para el próximo año) incluso aunque se dé la circunstancia de que todavía permanezca como gobierno en funciones, y al hacerlo se han desatado las consiguientes objeciones. Sin embargo, aquí reside una de las novedades del debate, una parte de las críticas no se han referido tanto al fondo del asunto —¿hay o no que revalorizar las pensiones con arreglo a la evolución de los precios?— sino a la capacidad del gobierno para tomar una medida de esa relevancia incluso cuando todavía no ha sido investido por la Cámara.

Los pronunciamientos del Tribunal Constitucional han venido a configurar una doctrina que respalda ampliamente la capacidad del gobierno para disponer de los instrumentos de revalorización de la cuantía de las pensiones a través de la figura del Decreto-Ley. Gobiernos de distinto signo político han utilizado esta vía para suspender la aplicación de la revisión de la cuantía de las pensiones establecida en la legislación vigente o alterar su actualización cuando los precios rebasaban en el transcurso del año el límite previsto inicialmente. Si algún grupo parlamentario (con 50 diputado o igual número de senadores) u otra institución legitimada objetara una medida como la reseñada, el recurso ante el Tribunal Constitucional abriría la vía

58 Proviene de Valeriano Gómez / Santos M. Ruesga (2019). "Pensiones actualizables y sostenibles". *El confidencial.com*, 17/10/2019. Extraído de: https://blogs.elconfidencial.com/economia/tribuna/2019-10-17/pensiones-actualizables-sostenibles2287059/

de su pronunciamiento de acuerdo con lo establecido en nuestra legislación.

El debate crucial en este asunto no reside, pues, en la forma. La cuestión de fondo es si el sistema español puede asumir el coste de la actualización periódica de sus pensiones sin que se agudicen los riesgos sobre su equilibrio a largo plazo. Y, en nuestra opinión, el ejercicio no consiste en saber cuánto cuesta revalorizar las pensiones en un horizonte de 15 o 20 años, eso ya lo sabemos. Al cabo de 20 años, un sistema que mantenga congeladas sus pensiones costaría, un 35% menos (en torno a 2,5 puntos de PIB) que otro que las revisara cada año el 1,5%. La pregunta derivada es para qué queremos un sistema de pensiones que congele la cuantía inicial de la pensión durante todo el resto de la vida de los jubilados, los actuales y los futuros. Unos jubilados que vivirán en media más de 20 años tras haber alcanzado la edad de retiro y que se encontrarán que su pensión puede haber visto reducida su capacidad de compra en alrededor del 40% durante sus últimos años de vida.

Algunos tratan de reducir el impacto real de una política de congelación de facto de las pensiones aduciendo que, al fin y al cabo, el escenario de evolución a plazo de la inflación es el de un nivel de precios estancado secularmente, la congelación no tendría efectos reales en un mundo semejante. Sin embargo, si ese fuera el futuro más previsible, tampoco habría razones para temer una política de mantenimiento del poder adquisitivo de las pensiones que no tendría que responder a movimientos significativos en el nivel de precios. A lo que hay que temer, en mucha mayor medida, es a un estancamiento en el crecimiento económico y en la productividad del trabajo porque en ese contexto la demografía española y europea impulsarían el gasto en pensiones, y en otros significativos renglones del gasto social, a niveles tan altos que podrían poner en peligro la sostenibilidad del estado de bienestar que tanto esfuerzo ha costado edificar.

De ahí que la estrategia de reformas en el sistema de pensiones español debe volver, en un espacio de consenso político y social, a continuar el camino emprendido en la reforma de 2011. Es inútil mantener una reforma, la llevada a cabo en 2013, que, alejada en toda medida de sostén político y social, descansaba única y exclusivamente en una política de congelación a plazo de la cuantía de las pensiones. De lo que se trata es de continuar con las políticas que sustentaban las reformas de 2011: consenso, alargamiento progresivo del período de cómputo hasta alcanzar toda la vida laboral, diseño de un factor de sostenibilidad más complejo que el que se realizó en 2013 (que se limitaba a reducir la pensión a medida que crece la esperanza de vida) y, junto a ello poner en pie una estrategia financiera a medio plazo que establezca las condiciones para una asunción progresiva del nivel actual de déficit (en buena medida no directamente vinculado a las prestaciones contributivas del sistema) por parte de los ingresos del Estado para evitar que el nivel de las cotizaciones sociales no tengan que crecer adicionalmente.

En cierta medida, la situación actual tiene algún paralelismo con la que España atravesó durante el último cuarto del pasado siglo. A lo largo de la década de los años 60 y 70 del siglo XX, la financiación proceso de expansión del gasto sanitario descansó sobre los ingresos del sistema de seguridad social. La primera gran red hospitalaria pública, más allá de la existente en el ámbito municipal y provincial (financiada por los algunos municipios y, sobre todo, las Diputaciones Provinciales), fue una red creada con los ingresos procedentes de las cotizaciones sociales de empresas y trabajadores. Ello fue posible en la medida en que el gasto en pensiones presentaba niveles suficientemente bajos y el sistema tenía un significativo excedente si solo hubiera soportado el gasto en pensiones. Pero cuando el gasto en sanidad alcanzó niveles que superaban entonces el 5% del PIB (prácticamente la mitad de los ingresos por cotizaciones) se hizo necesario transformar el modelo. Fue la Ley General de Sanidad de 1985 la que, al universalizar las prestaciones sanitarias, concedió insuflar un nuevo aliento financiero al sistema de seguridad social, que permitió incluso reducir los tipos de cotización, al establecer la financiación tributaria de prácticamente la totalidad del gasto sanitario. Nadie se atrevió entonces a afirmar que el sistema de seguridad social español estaba en quiebra cuando durante más de un cuarto de siglo contribuyó a construir un sistema sanitario moderno, y muy eficiente en términos comparados, financiado en lo esencial por cotizaciones sociales.

Ahora corresponde hacer una operación similar asumiendo desde los ingresos tributarios una parte de los gastos del sistema de pensiones que no deben, ni pueden, descansar sobre las espaldas del sistema de seguridad social. Ello exigirá, como ocurrió a partir de 1985, mayor esfuerzo —sí, mayor esfuerzo fiscal—, hay que ser valientes y decirlo con claridad. El reto de lograr mantener un sistema de protección social como el construido en Europa durante la segunda mitad del siglo XX, y en España con un retraso de alrededor de dos décadas, es enorme. Pero nadie puede asegurar, desde la razón, que nuestro sistema de pensiones es insostenible.

28. ADELANTARSE AL FUTURO[59]

Estar preparados para lo inesperado es posiblemente el mayor reto al que se enfrentan nuestras sociedades. Una tarea cada vez más compleja en un mundo en el que los cambios se aceleran y la incertidumbre marca el futuro. Debemos desarrollar y fortalecer aquellas capacidades que nos permitan responder a lo que nos depare el mañana. Prepararnos y preparar a las generaciones futuras para anticiparse y adaptarse.

La educación y la formación son las mejores herramientas de las que disponemos para hacer frente a esta tarea, pero debemos asumir también el reto de transformarlas y modernizarlas para hacer quemaren hacia el mañana. España se encuentra en un momento en el que es fundamental asentar los cimientos que nos permitan construir un futuro mejor para todos y todas. Se habla de transformar nuestro sistema productivo, de plantear un nuevo modelo económico. Un escenario futuro hacia el que caminaremos impulsados por la digitalización, la transición ecológica y la reindustrialización. Un escenario en el que muchas de las profesiones presentes cambiarán radicalmente o desaparecerán en los próximos años, generando una incertidumbre laboral que deberemos afrontar.

En este contexto, la mejora del sistema educativo, y en particular de la formación profesional y de la formación profesional para el empleo, es una necesidad para garantizar el acceso y el mantenimiento desempleo de calidad y deberá acompañar a la transformación de nuestro sistema productivo, que ya no tiene vuelta atrás.

Para ello será necesario un sistema que, por un lado, dote a la juventud de hoy de las herramientas necesarias para afrontar el mañana, y por otro ayude a las personas trabajadoras o en desempleo adquirir nuevas habilidades que les permitan encabezar esta transformación del modelo productivo y garantizar que, en este camino hacia el futuro, no se quede nadie atrás. Un sistema integrado que

---

59 Proviene de Valeriano Gómez (2021). "Adelantarse al futuro". *El País*, 17/08/2021. Extraído de: https://elpais.com/opinion/2021-08-17/adelantarse-al-futuro.html

posibilite una fuerza de trabajo adecuada y permanentemente formada; que será motor económico y garantía de bienestar social.

Contamos con una herramienta fundamental para poder afrontar este reto: la Formación Profesional para el Empleo (FPE). El sistema de Formación Profesional para el Empleo cumple un papel imprescindible en nuestro mercado laboral: contribuye al desarrollo personal y profesional de las personas trabajadoras, ya estén en activo o desempleadas. De esta manera, mejora sus habilidades y capacidades, al tiempo que refuerza la competitividad empresarial.

La FPE es un elemento clave en la modernización y dinamización de la formación profesional y del mercado laboral. Será, por tanto, uno de los ejes vertebradores de este nuevo modelo económico y uno de los pilares de la transformación de nuestro sistema productivo. Juega, así mismo, un papel clave en el mantenimiento de la empleabilidad de las personas trabajadoras y en el desarrollo de su capacidad de resiliencia ante cambios en el mercado de trabajo.

Para responder a esta exigente demanda social y afrontar los retos que se le presentan, la FPE, junto con otros sistemas formativos y educativos, deberá someterse, ella misma, a un proceso de transformación y modernización que le permitan adaptarse a las nuevas tendencias, marcadas por la digitalización, la transición ecológica y la reindustrialización. Pero que se consolida como una herramienta clave para la formación a lo largo de la vida.

Nos encontramos en un momento crucial para llevar a cabo esta transformación hacia una formación moderna y de calidad que responda a las necesidades de nuestra sociedad. El propio Ministerio de Educación y Formación Profesional es muy consciente de esta necesaria transformación y se ha embarcado en un ambicioso plan de modernización e impulso que busca ordenar e integrar el sistema. La FPE ha dependido tradicionalmente del Ministerio de Trabajo, vinculada a las políticas activas desempleo. Con la intención de integrar la FPE y la FP del Sistema Educativo, en mayo de 2020 parte de las competencias sobre la FPE pasan al Ministerio de Educación y Formación Profesional y actualmente este Ministerio se encuentra desarrollando el marco normativo necesario.

Se trata de una oportunidad sin precedentes para modernizar el sistema y que puede reportar enormes beneficios a trabajadores, alumnos y empresas por igual. No obstante, esta integración entre la FPE y la del sistema educativo, como todo gran cambio, debe realizarse con cautela y atención. Debe tener encuentra a todos los actores implicados, valorar las particularidades de cada sistema y apoyarse sobre unas bases inspiradas en los principios de igualdad, de buena regulación, de protección de la confianza legítima y de buena administración, así como en la no lesión de las libertades de enseñanza y empresa

Tengo la convicción de que, a través de la colaboración y la integración, este proceso de transformación generará un sistema formativo que acompañará a las personas a lo largo de su trayectoria profesional, facilitando su actualización continua, garantizando la empleabilidad y la justicia intergeneracional y contribuyendo a sentar las bases un nuevo modelo productivo, equitativo, sólido, justo y sostenible. Una formación que permita a las personas lograr ser aquello que tienen motivos para desear ser.

29. CÓMO GASTAR MEJOR LOS FONDOS PÚBLICOS PARA LA FORMACIÓN[60]

A lo largo de los últimos cinco años, algo más de 3.500 millones de euros de los presupuestos destinados a formación profesional para el empleo, incluyendo los fondos transferidos para este fin a las comunidades autónomas, no se han ejecutado. Aunque se trata de una cifra que supera el 25% de lo presupuestado, no es infrecuente que por razones muy diversas pueda ocurrir que, excepcionalmente, se produzcan excedentes no gastados en cualquier renglón del presupuesto público. Pero si ese excedente se produce uno de los programas que es habitualmente subrayado como esencial para nuestro desarrollo social y económico y adquiere a la vez la doble característica de ser un fenómeno recurrente y de dimensiones extraordinarias, es obligación de todos preguntarnos qué está detrás de esta preocupante situación, cuáles son sus causas y cómo ponerles remedio.

El excedente de fondos no ejecutados comenzó a crecer desmesuradamente a partir del año 2015 tras la aprobación de la Ley 30/2015 reguladora del Sistema de Formación Profesional para el Empleo que, por desgracia, contenía más buenos propósitos que adecuados diseños para satisfacerlos. Además, la formación de demanda desde las propias empresas no ha dejado de descender a lo largo de los últimos años y, lo que es peor, cada vez se ha reducido más el papel de aquellas que más lo necesitan, que no son otras que las pymes.

El Gobierno ha anticipado la necesidad de abordar una reforma en profundidad del modelo deformación profesional para el empleo, tras la reciente aprobación de la Ley de Ordenación e Integración de la Formación Profesional. Además, es cierto que durante los últimos años se nota una mejora evidente en la capacidad de gestión mostrada desde el Servicio Público de Empleo Estatal (SEPE) y la Fundación Estatal para la Formación en el Empleo (Fundae), dos

60 Proviene de: Valeriano Gómez (2022). "Cómo gastar mejor los fondos públicos para la formación". *El País,* 25/08/2020. Extraído de https://elpais.com/opinion/2022-08-25/como-gastar-mejor-los-fondos-publicos-para-la-formacion.html

instrumentos fundamentales en el desarrollo de la formación profesional continua en España.

Respecto del diseño de la nueva reforma, creo que resulta fundamental incrementar el nivel de participación de los interlocutores sociales en la gobernanza del modelo y en el desarrollo y evaluación de sus principales instrumentos de gestión, evitando, eso sí, caer en el riesgo de privatizar estos instrumentos por el carácter público de la cotización de la formación profesional, obligatoria para todas las empresas y trabajadores. La reforma debe asegurar el mejor uso posible de los fondos y la vinculación máxima de los interlocutores sociales, pero ello no debe abordarse sin fortalecer los requisitos de concurrencia competitiva y transparencia en el uso de los recursos adscritos a este fin.

Junto a ello, la ley debería también seguir reforzando el principio de garantía del derecho individual a la formación de las personas trabajadoras y la posibilidad de que también la formación pueda llegar al ámbito de las pequeñas y medianas empresas a través de un sistema de oferta formativa potente y adecuadamente diseñada. Como muestra la experiencia del funcionamiento de otros modelos (en este caso el ejemplo danés es seguramente el más procedente), fortalecer los esquemas de formación de oferta para todos los trabajadores es un complemento imprescindible del modelo de demanda pensado y diseñado desde el ámbito de las grandes y medianas empresas. A estas alturas, es indiscutible que las empresas deben tener la posibilidad de organizar con amplio grado de autonomía en el marco de la negociación colectiva sus propios programas, y así lo hacen las que por su tamaño pueden organizar sus propios servicios formativos, pero el sistema tiene que asegurar que en aquellos segmentos de nuestra economía donde ello no es posible haya una oferta formativa eficiente y de calidad que asegure el acceso ella de toda la población ocupada.

Uno de los principios que deberían mantenerse en la futura ley es el de concurrencia competitiva entre entidades participantes en la formación para el empleo, evitando la discrecionalidad y la intervención de aquellas que no aportan valor añadido real, salvo en condiciones muy tasadas y justificadas.

De hecho, la nueva ley debería garantizar una convocatoria anual, siendo recomendable, como mínimo, convocatorias bienales, tal y como se hace ya en diferentes comunidades autónomas, de forma recurrente estable para impulsar la eficiencia del sector prestador de servicios y permitir el mayor acceso de todos los ciudadanos en condiciones de igualdad.

Los fondos anunciados por el Gobierno para dignificar la Formación Profesional van a ayudar, sin duda, a dar más visibilidad a uno de los ejes clave de las políticas de empleo, pero no dejan de ser fondos que vienen a complementar los recaudados ya por la cuota de los trabajadores y que gestionan el SEPE y el Ministerio de Educación junto con las comunidades autónomas. La clave es diseñar un modelo eficiente en el que la participación de todos (especialmente de los agentes sociales) asegure el buen uso de los fondos asignados a una política clave para nuestro futuro.

30. LA SENDA DEL PASADO Y LOS RETOS DEL FUTURO PARA LA SOCIALDEMOCRACIA EUROPEA[61]

En una afirmación poco conocida, el canciller Bismarck declaró en 1889, tras la aprobación por el Parlamento alemán de la ley que establecía el primer sistema público de pensiones en un país europeo, que el auténtico objetivo de aquella reforma no era otro que "expulsar a estos monstruos de la vida política". Aquellos monstruos no eran otros que los socialdemócratas alemanes, el SPD, que durante los años anteriores había desencadenado una gran movilización contra el trabajo infantil y en favor del establecimiento de seguros obligatorios contra los accidentes de trabajo y la pobreza en la jubilación.

La historia no dio la razón al canciller alemán. Es verdad que su iniciativa terminaría configurando una de las señas de identidad de la historia europea a lo largo del siglo XX: el impulso de la cohesión social a través de sistemas de bienestar, la protección de los derechos y libertades de sus ciudadanos y el acceso a bienes públicos fundamentales, como la educación, la sanidad, el apoyo a la vivienda, la cobertura del desempleo, o la regulación de derechos en el trabajo, hasta límites que casi nadie creía posibles en aquellos tiempos. Y, sin embargo, el objetivo confeso de reducir la creciente fuerza de la socialdemocracia alemana haciendo realidad una de sus grandes reivindicaciones resultó un inmenso fracaso. A lo largo del medio siglo que transcurrió desde entonces hasta el estallido de la Segunda Guerra Mundial, prácticamente todos los países europeos tuvieron en algún momento gobiernos socialdemócratas. Bismarck no vivió para contemplar que uno de los más duraderos fue precisamente el gobierno socialdemócrata del Estado Libre de Prusia, que solo fi-

---

61 Proviene de: Valeriano Gómez y Santos M. Ruesga (2017). "La senda del pasado y los retos del futuro para la socialdemocracia europea. *El confidencial.com*, 12/02/2017. Extraído de: https://blogs.elconfidencial.com/economia/tribuna/2017-02-12/senda-pasado-retos-futuro-socialdemocracia-europea1329861/

nalizó tras su disolución por el Gobierno de Von Papen meses antes del ascenso al poder de Hitler y el hundimiento de la República de Weimar.

El camino que llevó a la expansión general del estado de bienestar en Europa estuvo plagado de dolor y guerra. Al fin y al cabo, el Informe Beveridge, la Conferencia de Bretton Woods o el Plan Marshall pueden también ser contemplados como el reconocimiento de los tremendos errores que llevaron a una Segunda Guerra Mundial, apenas dos décadas después de que finalizara la Primera. Cómo no recordar entre ellos, la incomprensión de los gobiernos europeos durante el periodo de entreguerras de que el mundo había cambiado y que era inútil tratar de volver al patrón oro en medio de sociedades que ya no aceptaban que fueran los salarios y las condiciones de vida las que se ajustaran a las caprichosas e injustas exigencias del mantenimiento de un régimen de tipos de cambio fijo —como el que se derivaba de dicho patrón oro—; la insistencia en que las mejores respuestas a la crisis y la depresión eran un presupuesto equilibrado y una política monetaria estricta; la absurda convicción de que el Estado poco o nada podía hacer para que las economías retornasen a la senda de la recuperación (un error que, salvo por la política llevado a cabo en Suecia a partir de 1932, también compartió la izquierda socialdemócrata y laborista de la época); y, finalmente la expansión del proteccionismo que sucedió a la quiebra definitiva del patrón oro durante la década de los años 30.

La *etapa dorada* que sucedió a la Segunda Guerra abrió una nueva época. Por primera vez en la historia, un continente entero, decenas y decenas de millones de personas podían disfrutar plenamente, en medio de un contexto general de progreso económico y técnico, de bienes públicos esenciales, educación y sanidad universales, pensiones, acceso a la vivienda, o sistemas de apoyo al desempleo que hacían posible el ejercicio de la ciudadanía en un marco de libertades cívicas.

Lo que vino a continuación durante el último cuarto del siglo pasado fue una etapa de cuestionamiento intenso de aquellos logros. Los argumentos no eran, ni son, solo económicos (nuestras sociedades, se decía y se dice, no pueden seguir financiando la expansión de los costes del bienestar social), sino que también apelaban a la excepcionalidad histórica: la era socialdemócrata solo fue posible en unas condiciones específicas difícilmente reproducibles como lo eran la experiencia del fascismo, el temor a la Gran Depresión, la aversión al comunismo (más intensa a medida que se conocían los horrores del estalinismo) y el gran auge económico que Europa y buena parte del mundo experimentó tras la Segunda Guerra Mundial.

Aunque España se incorporó tardíamente a esta etapa, a través de un camino no menos doloroso que el del resto de Europa, hoy es una sociedad plenamente integrada en ella. Hay medio siglo de distancia entre la creación en Gran Bretaña del primer sistema de protección de los desempleados en 1911 y el establecido en España a comienzos de la década de los años 60 del pasado siglo. Pero desde la restauración democrática nuestra economía y también nuestros niveles de cohesión y bienestar social, han protagonizado un proceso de convergencia intenso con los demás países europeos. Todavía estamos a una distancia apreciable de los más adelantados, pero no debemos renunciar a la idea de seguir avanzando social y económicamente. Fue la democracia, la apertura a Europa, el fin de nuestro aislamiento político y económico y también, por qué no decirlo, más de dos décadas de gobiernos socialistas los que contribuyeron a dar forma a esta nueva etapa. Ya sabemos que hay quien contempla esta parte de nuestra historia como un periodo, un régimen se dice, a cancelar. Pero contemplada a la luz de nuestro pasado más vale recordarla con simpatía porque, con toda seguridad, es de lo mejor de nuestra historia común.

Europa, y con ella también los partidos socialistas y socialdemócratas, se encuentra hoy en una encrucijada trascendental. Es también una encrucijada española. Pero en realidad es la misma. Su recorrido está vinculado porque su origen es el mismo. Hay elementos específicos, como no. Pero lo importante está en las consecuencias sociales y políticas de la crisis económica.

Como en la Europa de entreguerras las políticas aplicadas son insuficientes, cuando no contraindicadas. Esa insistencia en la austeridad a toda costa aplicada de forma generalizada en el continente amenaza con acabar condenando a una generación entera en los países más afectados por el desempleo. Para cuando España y buena parte de Europa recupere los niveles de empleo previos a la crisis habrá millones de personas que solo hayan conocido el desempleo y la precariedad laboral durante buena parte de su vida activa. Una política monetaria que ha tenido que esperar casi cinco años en medio de lo peor de la crisis y la expansión de desempleo, para reaccionar con contundencia a la amenaza de ruptura del euro. Una política fiscal que habiendo recorrido durante las últimas décadas en todos los países desarrollados un camino hacia la injusticia y la evasión masiva, es hoy la gran ausente en el ámbito de una Unión Europea que sigue sin poder desarrollar instrumentos propios para combatir la crisis y adelantar la recuperación. Una moneda única que solo podrá subsistir si de verdad Europa avanza en su integración económica y política, en lugar de insistir en la apertura de enormes fosas de fragmentación y de aversión entre los europeos. Y unas instituciones europeas incapaces de liderar una nueva fase en la construcción europea y enfrentarse de forma abierta a las poderosas fuerzas que hoy están detrás del cuestionamiento del proyecto europeo.

Si la socialdemocracia en España y en Europa tiene hoy un sentido, que es lo mismo que decir que tiene un futuro, será sobre los cimientos de aquel edificio construido tras la Segunda Guerra Mundial. Es una obra vieja, sí, pero todavía sólida. Tras más de tres décadas de ataques intensos sigue en pie. Al fin y al cabo, mantener un equilibrio adecuado entre Estado y globalización, impulsar una era de bienestar y de igualdad social en un marco de crecimiento económico desconocido hasta entonces y saber que esto solo puede hacerse concediendo un papel esencial a la política fiscal, no solo fueron rasgos de fortaleza e inteligencia en un siglo, el pasado, turbulento y dramático, sino que constituyen, hoy, piezas imprescindibles para reconstruir Europa tras la crisis.

ARTÍCULOS UTILIZADOS PARA ESTE LIBRO

- ✓ Ruesga, S. M. (2020). "El shock de empleo", *El confidencial.com*, 12/04/2020. https://blogs.elconfidencial.com/espana/tribuna/2020-04-12/shock-empleo-seguridad-social-coronavirus2543715/
- ✓ Ruesga, S. M. y Viñas, A. I. (2022). "Dos años de pandemia en el mercado de trabajo español". *El Confidencial.com*, 19/03/2022. Extraído de: https://blogs.elconfidencial.com/economia/tribuna/2022-03-19/dos-anos-pandemia-mercado-trabajo-espanol3394037/
- ✓ Gómez, V., Ruesga, S. M. (2021). "El fin del trabajo". *El Confidencial.com*, 02/12/2109. Extraído de: https://blogs.elconfidencial.com/espana/tribuna/2019-12-02/fin-trabajo-instituciones-maquinas-robot2358776/.
- ✓ Ruesga, S. M. (2019). El trabajo del futuro: más ocupación y menos jornada laboral (The work of the future: more occupation and less working hours). *Revista de Derecho de la Seguridad Social. Laborum*, nº 21 (4º Trimestre 2019). Economía y Sociología de la Seguridad Social y del Estado Social. ISSN: 2386-7191 - ISSNe: 2387-0370: 251-262. Extraído de: https://revista.laborum.es/index.php/revsegsoc/article/download/389/435.
- ✓ Gómez, V. y Ruesga, S. M. (1920). Si lo hacen los robots, trabajaremos menos repartiendo los empleos. *El confidencial.com*, 11/01/2020. Extraído de: https://blogs.elconfidencial.com/economia/tribuna/2020-01-11/si-lo-hacen-los-robots-trabajaremos-menos-repartiendo-los-empleos2406620/.
- ✓ Gómez, V. y Ruesga, S. M. (2016). "Mario Draghi y los salarios". *El confidencial.com*, 21/10/2016. Extraído de: https://blogs.elconfidencial.com/economia/tribuna/2016-10-21/draghi-salarios-europa_1277753/
- ✓ Gómez, V. y Ruesga, S. M. (2018). "La formación de los salarios en España (I)". *El confidencial.com*, 16/05/2018. Extraído de: https://blogs.elconfidencial.com/economia/tribuna/2018-05-16/formacion-salarios-espana-precio-productividad-competencia1563960/
- ✓ Gómez, V. y Ruesga, S. M. (2018). La formación de los salarios en España (II). *El confidencial.com*, 16/05/2018. Extraído de: https://blogs.elconfidencial.com/espana/tribuna/2018-05-19/salarios-espana-ultimo-medio-siglo1565857/.
- ✓ Gómez, V. y Ruesga, S. M. (2023). "Política de rentas y salarios: muchos problemas y pocas soluciones en España y en Europa". *El confidencial.com*, 9/12/2022. Extraído de https://blogs.elconfidencial.com/espana/tribuna/2022-12-09/politica-rentas-salarios-problemas-soluciones-espana-europa3536430/.
- ✓ Baquero, J., Gómez, V. y Santos Miguel Ruesga. (2018). *Revista de Derecho de la Seguridad Social-Laborum*, nº 19. ISSN: 2386-7191: 265-274. Extraído de: https://revista.laborum.es/index.php/revsegsoc/article/view/360

- ✓ Gómez, V. y Ruesga, S. M. (2017). "La brecha salarial de género (seguimos con armas para niños y muñecas para niñas)". El Confidencial.com, 26/03/2017, en: https://blogs.elconfidencial.com/espana/tribuna/2018-03-26/brecha-genero-salarios-horarios1540397/
- ✓ Gómez, V. y Ruesga, S. M. "El retorno de la política sobre el salario mínimo". *El confidencial.com*, 12/12/2016, Extraído de https://blogs.elconfidencial.com/espana/tribuna/ 2016-12-12/politica-salario-minimo-acuerdo-pp-psoe-economia-laboral_130164
- ✓ Gómez, V. y Moraleda, F. (2020). "La agricultura española y el salario mínimo". *El País*. 14/02/2020. Extraído de: https://elpais.com/elpais/2020/02/13/opinion/1581591800_299534.html
- ✓ Gómez, V. (2018). El salario mínimo en el acuerdo PSOE-Podemos. *El confidencial.com*, 21/10/2018. Extraído de: https://blogs.elconfidencial.com/economia/tribuna/2018-10-21/salario-minimo-smi-900euros-acuerdo-psoe-podemos-presupuestos_1632363/
- ✓ Ruesga, S. M. y Gómez, V. (2022), "El salario mínimo en España y su evolución previsible durante 2023". *El confidencial.com*, 22/10/2022. Extraído de https://blogs.elconfidencial.com/economia/tribuna/2022-10-22/salario-minimo-espana-evolucion-previsible-2023_3510346
- ✓ Gómez, V. y Ruesga, S. M. (2022). "¿Por qué penalizamos salarialmente a los funcionarios y nos parece justificado?" *El confidencial.com*, 22/12/2022. Extraído de https://blogs.elconfidencial.com/economia/tribuna/2022-12-22/penalizar-salarialmente-funcionarios-justificado_3544037/
- ✓ Gómez, V. y Ruesga, S. M. (2019). "Diálogo social y reformas (I)" *El confidencial.com*, 20/07/2019. Extraído de: https://blogs.elconfidencial.com/espana/tribuna/2019-07-20/dialogo-social-reformas2126843/
- ✓ Gómez, V. y Ruesga, S. M. (2019). "Diálogo social y reformas (II)" *El confidencial.com*, 21/07/2019. Extraído de: https://blogs.elconfidencial.com/economia/tribuna/2019-07-21/dialogo-social-y-reformas-desempelo-crecimiento-economico2135331/.
- ✓ Gómez, V. y Ruesga, S. M. (2018). "Reforma laboral, sí. Para restaurar el equilibrio perdido". El *confidencial.com*, 18/02/2018. Extraído de: https://blogs.elconfidencial.com/amp/economia/tribuna/2018-02-22/reforma-laboral-restaurara-equilibrio-perdido1525374/
- ✓ Gómez, V. y Chozas, J. (2020). "La hora de los interlocutores sociales". *El confidencial.com*, 23/04/2020. Extraído de https://blogs.elconfidencial.com/economia/tribuna/2020-04-23/coronavirus-crisis-economica-empleo-recesion-soluciones2560831/.
- ✓ Gómez, V. (2021). "El diálogo social y nosotros", *El confidencial.com*, 19/11/2021. Extraído de https://blogs.elconfidencial.com/economia/tribuna/2021-11-19/dialogo-social-nosotros3326928/
- ✓ Gómez, V. (202). "La reforma laboral. Una extraña coincidencia". *El confidencial.com*, 14/01/2022. Extraído de: https://blogs.elconfidencial.com/

economia/tribuna/2022-01-14/reforma-laboral-extrana-coincidencia-dialogo-social3357828/

✓ Ruesga, S. M. y Viñas, A. I. (2022). "La reforma laboral de 2022 en perspectiva económica" (The 2022 labour market reform in economic perspective). *Revista de Derecho de la Seguridad Social-Labos,* Vol. 3, No. 1. EISSN 2660-7360: 153-179. Extraído de: doi: https://doi.org/10.20318/labos.2022.6850.

✓ Ruesga, S. M. y Viñas, A. I. (2021). "¿Se mantendrán los ERTE en 2021?", *El Confidencial.com,* 17/01/2021. Extraído de: https://blogs.elconfidencial.com/economia/tribuna/2021-01-17/se-mantendran-los-erte-en-2021_2909288/

✓ Ruesga, S. M. (2018, "La revolución digital y la renta básica universal". *Temas para el debate,* ISSN 1134-6574, Nº. 280 (marzo), 2018:23-28.

✓ Gómez, V. y Ruesga, S. M. (2017). "¿Como revalorizar las pensiones?". *El Confidencial.com,* 27/03/2017. Extraído de https://blogs.elconfidencial.com/mercados/tribuna-mercados/2017-03-27/como-revalorizar-las-pensiones_1355602

✓ Gómez, V. Landaburu, M. J. (2018). "Una cotización más justa". El País, 09/11/2018. Extraído de: https://elpais.com/elpais/2018/11/06/opinion/1541527609_240807.html

✓ Gómez, V. (2020). "Reforzar el futuro". *El País,* 10/10/2020. Extraído de: https://elpais.com/ideas/2020-10-09/reforzar-el-futuro.html

✓ Gómez, V. y Ruesga, S. M. (2018). "Pensiones públicas: los árboles no dejan ver el bosque". *El Confidencial.com,* 05/02/2018. Extraído de: https://blogs.elconfidencial.com/espana/tribuna/2018-02-05/pensiones-publicas-los-arboles-y-el-bosque_1516730/

✓ Gómez, V. y Ruesga, S. M. (2018): "La 'tasa Google' y la financiación de las pensiones". *El Confidencial.com,* 16/06/2018. Extraído de https://blogs.elconfidencial.com/espana/tribuna/2018-06-16/tasa-google-financiacion-de-las-pensiones1579844/

✓ Ruesga, S. M. (2019). "Pensiones actualizables y sostenibles". *El confidencial.com,* 17/10/2019. Extraído de: https://blogs.elconfidencial.com/economia/tribuna/2019-10-17/pensiones-actualizables-sostenibles2287059/

✓ Gómez, V. (2021). "Adelantarse al futuro". *El País,* 17/08/2021. Extraído de: https://elpais.com/opinion/2021-08-17/adelantarse-al-futuro.html

✓ Gómez, V. (2022). "Cómo gastar mejor los fondos públicos para la formación". *El País,* 25/08/2020. Extraído de https://elpais.com/opinion/2022-08-25/como-gastar-mejor-los-fondos-publicos-para-la-formacion.html

✓ Gómez, V. y Ruesga, S. M. (2017). "La senda del pasado y los retos del futuro para la socialdemocracia europea. *El confidencial.com,* 12/02/2017. Extraído de: https://blogs.elconfidencial.com/economia/tribuna/2017-02-12/senda-pasado-retos-futuro-socialdemocracia-europea1329861/

REFERENCIAS BIBLIOGRÁFICAS

Bentolila, S. (2012). Los despidos colectivos tras la reforma laboral de 2012. *Nada es gratis*: http://www.fedeablogs.net/economia/?p=29218.

Bentolila, S., Dolado, J. J. y Jimeno, J. F. Reforming an insider-outsider labor market: the Spanish experience. *IZA J Labor* Studies, 1, 4 (2012). https://doi.org/10.1186/2193-9012-1-4.

Blau, F.C. y Kahn, L-M. (2017). The Gender Wage Gap: Extent, Trends, and Explanations. Journal of Economic Literature, VOL. 55, NO. 3, September: 789-865.

Cahùc; P. and Zybelberg; A. (2004). *Labor Economics*. MIT Press, Boston (USA).

Castells, M. (1997). La era de la información: Economía, sociedad y cultura.: I. La sociedad red. Alianza Editorial, Madrid.

European Central Bank (ECB) (2012). Euro Area Labour Markets and the Crisis. *European Central Bank Structural Issues Report* October 2012, Frankfurt.

Gálvez Muñoz, L. y Rodríguez Modroño, P. (2006): Rigidez y flexibilidad en los mercados de trabajo en la España del siglo XX. Una visión de largo plazo, *Temas Actuales de Economía*, I: 199-234.

Guillon, C. (2001). *Economía de la miseria*. Alicornio Ediciones. Barcelona.

Heredero de Pablos M. I.; Ruesga Benito S. M. (2019). Instituciones laborales en Europa. Cambios durante la Gran Recesión. *Tirant lo Blanch. Valencia*. ISBN 978-84-9190-869-2.

Keynes, J. M. (2010). *Essays in Persuasion*, Springer: 321-332. (DOI: 10.1007/978-1-349-59072-8_25).

Krugman, P. (2019). Democrats, Avoid the Robot Rabbit Hole. The automation obsession is an escapist fantasy. *The New York Times*, October, 17.

López del Paso, R. (2013) ¿Cómo ha evolucionado la jornada laboral en España desde una perspectiva histórica?, *eXtoikos*, Nº 11: 99-100.

Maddison, A. (1998). *Historia del desarrollo capitalista. Sus fuerzas dinámicas*. Editorial Ariel, Barcelona.

Maldonado, J. O. (2021). El coste del despido. Radiografía del despido en España: fácil, barato y desigual. *Público*. 01/01/2022. (https://www.publico.es/economia/coste-despido-radiografia-despido-espana-facil-barato-desigual.html) (revisado 25/02/2022).

Mandl, I. y Vargas Lave, O. (2019). ICT-enabled flexible working - all plain sailing? *Social Europe*, 11th June (https://www.socialeurope.eu/author/irene-mandl-and-oscar-vargas-llave).

Manifiesto de los 700 (2009). El trabajo, fundamento de un crecimiento económico sostenible, *Revista de Derecho de Extremadura*, ISSN 1888-5519, Nº. 5: 481-483

McKinsey Global Institute (2019). *Jobs Lost, Jobs gained: workforce transitions in a time of automation*. McKinsey&Company,

OIT (2019a). *Declaración del centenario de la OIT para el Futuro del Trabajo.* OIT, Ginebra. En https://www.ilo.org/global/about-the-ilo/mission-and-objectives/centenary-declaration/lang–es/index.htm (tomado 23/10/2019).

OIT (2019b). *Trabajar para un futuro más prometedor* - Comisión Mundial sobre el Futuro del Trabajo. Oficina Internacional del Trabajo. Ginebra: OIT, ISBN 978-92-2-132803-2

Ortega, E. y Peñalosa, J. (2012). Claves de la crisis económica española y retos para crecer en la UEM. *Documentos Ocasionales,* N° 1201. Banco de España. Madrid.

Pérez-Ortiz, L. y Ruesga Benito, S. M. (2003). La reducción de la jornada laboral como forma de creación de empleo. Una revisión de la aplicación en Europa, *Revista de Economía Contemporânea,* Rio de Janeiro, 7(1): 57-80.

Pérez Ortiz, L., Fernández Rodríguez, C. J., Ibáñez Rojo, R. Ferrer Saís, A., Alonso Benito, L. E. y Ruesga Benito, S. M. (2018). Un análisis sobre el dialogo social en la perspectiva regional, *Revista de Derecho de la Seguridad Social, Laborum.* Núm. 14: 1er Trimestre: 257-283. 2018

Pesole, A., Urzi Brancati, M. C., Fernández Macias, E., Biagi, F.; González Vázquez, I. (2018), *Platform Workers in Europe Evidence from the COLLEEM Survey,* Publications Office of the European Union, Luxembourg, doi: 10.2760/742789, JRC112157.

Rifkin, J. *The End of Work.* Putnam Brothers. New York. 1996.

Ruesga Benito, S. (2020). La economía española y el covid-19: ¿hacia una "nueva" normalidad? *Economía UNAM.* Vol. 17 Núm. 51: 101-125. https://doi.org/10.22201/fe.24488143e.2020.51.550.

Ruesga, S. M. y Murayama, C. (1999). El reparto del trabajo: hacia las 32 horas en cuatro días a la semana. *Temas para el Debate,* núm. 50: 72-75

Ruesga Benito, Santos M., and Laura Pérez Ortiz. (2005). El debate económico sobre la jornada de trabajo en la Unión Europea. *Economía UNAM* 2.5 (2005): 56-77.

Ruesga, S. M. y Viñas, A. I. (2021). Desempleo y ERTEs: un dilema para España ante la pandemia de COVID-19 / Unemployment and STWS: a Challenge for Spain in Face of the COVID-19 Pandemic. *Economía UNAM.* Vol. 18 Núm. 52: 87-106.

Schor, J. B. (1991.) *The Overworked American: The Unexpected Decline of Leisure.* Basic Books, New York, NY. https://doi.org/10.1177/027046769301300454.

Skidelsky, R. (2019). Las consecuencias económicas de la automatización. Proyect Syndicate, Sep. 18. (https://www.project-syndicate.org/commentary/automation-impact-jobs-unemployment-by-robert-skidelsky-2019-09).

Toharia, L. (Dir.) (2005). *El problema de la temporalidad en España.* Ministerio de Trabajo y Seguridad Social. Madrid.

UGT-FeSMC (2020). Análisis de las empresas multiservicios. Acción Sindical. Gabinete Técnico (https://negociacioncolectiva.fesmcugt.org/2020/09/11/publicado-el-analisis-de-empresas-multiservicio-de-ugt-del-ano-2020/) (Consulta: 20/02/2022)

Urzi Brancati, M. C., Pesole, A. y Fernández-Macías, E. (2020). New evidence on platform workers in Europe: Results from the second COLLEEM survey. *JRC Working Papers.* JRC118570, Joint Research Centre. Seville.

Wölfl, A. y Mora-Sanguinetti, J. S. (2012). Improving the functioning of the Spanish labour market - Why the 2010 and 2011 reforms were not yet sufficient. *Moneda y Crédito* 234. 129-161

LOS AUTORES

Valeriano Gómez Sánchez, es economista por la Universidad Complutense de Madrid. Su carrera profesional ha estado vinculada a diferentes empleos en el campo de la Administración pública.

Ha sido Secretario General de Empleo, en el Ministerio de Trabajo y Asuntos Sociales (2004-2007) y Ministro de Trabajo e Inmigración (2010-2011).

Miembro del Consejo de Administración de diferentes empresas (Izar, Navantia, Duro Felguera).

Participado en comisiones de expertos, para diferentes instituciones (Gobiernos, Consejo económico y Social, etc.), en cuestiones relativas al mundo del trabajo y de las políticas laborales y sociales.

Ha publicado numerosos artículos de difusión sobre el trabajo y las relaciones laborales, así como artículos académicos en revistas especializadas y capítulos de libros sobre la misma materia

Colaborador de prensa diaria (El País, el confidencial.com, Expansión, etc.).

En la actualidad ejerce como asesor económico-laboral en diferentes entidades públicas y privadas.

Santos Miguel Ruesga Benito, doctor en Ciencias Económicas por la Universidad Autónoma de Madrid, en la actualidad ejerce como Catedrático de Economía Aplicada en la Universidad Autónoma de Madrid. Docente en esta Universidad desde el año 1981. Ha impartido docencia y dictado conferencias en numerosas Universidades y otros centros académicos españoles y extranjeros (U. California, UNAM, U. Stanford, U. Lima, U. Erasmus, Universidad de São Paulo, U. Buenos Aires, U. Complutense, U. Sevilla, U. de A Coruña, etc.). Director del Máster Universitario en Economía del Desarrollo y Políticas Públicas de la UAM, desde el 2014.

Economista, consultor de diversas instituciones nacionales e internacionales, especializado en economía laboral.

Desde hace 40 años viene investigando en el campo de las Ciencias Sociales, en particular en los aspectos relacionados con el Trabajo, con especialización en las instituciones laborales, sus transformaciones y los efectos sobre la dinámica laboral y económica.

He participado en diversas comisiones de expertos, para diferentes instituciones, siempre en materias relacionadas con las relaciones laborales o las políticas sociales.

Coordinador del grupo de investigación "Socioeconomía del trabajo", que reúne investigadores de la UAM y otras Universidades españolas y extranjeras.

Durante su vida académica he publicado: más de cuarenta libros en solitario o colectivos, propios o en coordinación, más de cien colaboraciones en libros colectivos y más de 200 artículos en revistas científicas y académicas, así como números artículos de divulgación científica en revistas y periódicos nacionales y extranjeros.

En la actualidad es Presidente de la Society for Advancement of Sociecoomic (SASE).